本书由云南财经大学"2022 – 省级 – 供应链管理"项目、国家自然科学基金项目（72202202、72362026）和云南省基础研究计划项目（202301AU070086、202301AT070458）资助

MULTI-OBJECTIVE MODEL AND ALGORITHM

for Loading, Transportation and Delivery Optimization Problems

装载—运输—配送优化问题的多目标模型与算法

罗蓉娟　李作成　◎著

中国财经出版传媒集团

经济科学出版社
Economic Science Press

·北京·

前言
PREFACE

现代物流业作为"第三利润源泉"，是我国国民经济的支柱性产业之一。我国当前社会物流总费用与国民生产总值（gross national product，GNP）的占比约为14.7%，仍高于发达国家约为10%的占比水平，物流成本偏高。提高物流系统的柔性和降低物流成本以应对激烈的市场竞争和满足日益增长的客户需求仍是发展现代物流的首要目标。由于物流系统是一个庞大而又复杂的系统，涉及的环节众多，各环节业务特征和优化目标等不同，相对比较独立，难以通过对整个物流系统进行优化获得系统最优。同时，物流系统具有可分性，可以通过"分而治之，逐个解决"的方法，将物流系统根据不同的环节划分为多个子系统，并对各个子系统进行优化以提高物流系统的效率。

作为物流系统中最关键的三个环节，装载、运输和配送优化始终是物流领域的核心问题，对于提高物流系统的效率至关重要，受到了学术界和企业界的高度关注，并成为学术界的挑战性课题。近年来，关于物流系统中的装载、运输和配送优化问题的研究已取得了大量的研究成果，但已有研究成果大多只对其中的一个环节下的优化问题进行研究或将其中的两个环节进行联合优化，鲜有从三个环节出发，考虑不同环节的业务特征和不同的优化场景进行较为全面的研究。此外，已有的研究大多从提高经济绩效的角度出发，将所研究的问题构建为只考虑一个目标的单目标优化问题。实际上，在物流系统中，由于物流成本和物流服务水平之间的效益背反现象普遍存在以及新时期企业需要考虑降低经济活动对环境的影响等因素，常常需要考虑多个优化目标。因此，立足物流系统中装载、运输和配送三个关键环节，针对不同环节的作业特征，结合实际应用情景，系统地研究物流系统中的多目标装载—运输—配送优化问题具有重要的理论意义和实际应用价值。

本书针对装载—运输—配送优化问题的多目标模型和算法进行了理论与应用的研究，主要研究成果如下：第一，从装载环节出发，建立了考虑资源消耗均衡的多目标多维货物装载问题的双目标优化模型，目标为最大化所装载的货物的总利润和各维度上资源消耗的均衡；第二，在仅考虑单一运输方式的运输情景下，建立了考虑产销不平衡的多目标公路货物运输问题的数学模型，以最小化总成本和产销不平衡量为目标，此外，还提出了一种基于汽车理论的燃油消耗机理模型用于计算燃油消耗；第三，在多式联运的运输情景下，建立了考虑多源采购的多目标多式联运问题的双目标优化模型，以最小化总成本和各个货源地的最大的运输时间为目标，并将碳排放成本纳入总成本中；第四，从配送环节出发，建立了考虑能源消耗的多目标"最后一公里"配送快递柜分配问题的双目标优化模型及代理模型以最小化总成本和能源消耗为目标；第五，从配送环节出发，受现实生活中城市"最后一公里"物流网络设计问题的启发，提出了一个多目标快递柜网络设计问题，以优化网络的总成本和客户可到达性为最终目标。建立了基于特定问题特征的多目标快递柜网络设计问题的数学模型，并且提出了相关启发式。

目录 ◆
CONTENTS

第一章

绪　论

▶ 第一节　研究背景

　　物流是一个兼具装载、运输和配送等基本环节和功能的系统,宏观上连接着生产与消费,微观上与居民的生活息息相关,是国民经济循环的主要纽带之一,物流业也成为国民经济的重要部门(戢守峰,2004)。随着经济全球化的加速和电子商务行业的蓬勃发展,作为"第三利润源泉"的服务行业,我国物流业对当前经济的影响越来越明显且取得了较快的发展。根据中国物流与采购联合会2023年发布的统计数据显示,2022年全国社会物流总额为347.6万亿元,同比增长3.4%。尤其是伴随着互联网的飞速发展,云计算、大数据、人工智能和物联网等新兴技术与传统物流的深度融合,推动着传统物流系统不断向现代模式转变(Kong et al.,2015;Gang et al.,2016)。我国的物流业正处于由高速发展走向高质量发展的转变关键时期和技术转型升级阶段,依托于新兴物流技术和物流设备的发展,如智慧物流理念的提出、将多式联运上升为国家战略、使用智能快递柜解决"最后一公里"配送等,创新理念和技术逐步渗透到物流系统中的各个环节。

　　然而,随着物流技术的发展和变革,以及消费结构升级带来客户的需求越来越个性化、多样化，物流系统面临的多样性特征也日益突出，对物流服务的多元化要求不断提升，加之物流价格持续走低，物流企业面临前所未有的激烈竞争。物流系统面临的多样性具体表现在产品品种及数量的多样性、各物流环节上物流功能实现方式的多样性和客户需求的多样性等方面（甘俊伟等，2020；丁秋雷等，2021；Shoja et al.，2019）。因此，提高物流系统的柔性是物流企业应对复杂的市场环境和满足客户多样性需求的必然选择，也是物流系统未来的主要发展方向之一，已成为物流管理的前沿（许志端，2005；Bai et al.，2013；于亢亢等，2014）。提高物流系统柔性的重点在于针对上述的内外部环境的多样性，合理地组织和实施物流作业以满足客户的需求。例如，随着生产技术的进步和市场需求的多元化，促使产品品种繁多，产品的形状、重量、体积和质地各不相同，且经常需要将不同品类的产品进行组合，这就需要在装载过程中可供调配的装载工具能够适应不同体积形态的货物的装载。另外，基础物流设施的不断完善和新兴物流技术的熟练使用，在同一物流环节上，可通过不同的服务模式实现物流功能，这就涉及需要根据具体的应用特征选择合适的服务模式，如既能提供单一运输方式下的大宗物品运输服务，也能提供在全球采购中的多式联运服务。客户需求的多样性既体现在时间需求的多样性，由于客户的心理和个性特征不同，对时间的要求千差万别，也体现在客户需求的产品类型的多样性，如生鲜类产品和常温产品，需要有灵活的配送方式以满足客户的多样性需求。

由于目前新兴模式在物流实践中的应用仍然十分有限，利用这些新兴的物流技术提高物流系统的柔性具有很大的空间。例如，我国多式联运行业应用主动性依然很低，目前，多式联运总运量占总货运量的2.9%，远低于欧洲的35%和美国的40%，海铁联运货运量约占港口吞吐量的1.5%，公铁联运比率不足1.5%，公水联运仅限于国际海运和疏港运输领域；作为物流业的主要创新模式之一，快递柜能够有效地解决客户取货时间和取货地点多样性的问题，虽然在我国物流配送中取得了较快的发展，但目前快递柜入柜率约为10%，远远不能满足客户的需求，且存在快递柜系统经营成本过高和投放量不合理等问题。因此，如何充分发挥已有的物流技术的优势和价值以提高物流系统内的柔性，并将其转化为企业的市场竞争力是物流企业迫切需要解决的问题。

物流系统中环节众多，各个环节的经营主体和作业特征不同，且运行的对象"物"，涉及全部社会物质资源，集全部国民经济产品的复杂性于一身，导致物流系统是一个非常庞大而又复杂的系统，难以通过整体优化获得系统最优。但由于物流系统本身具有可分性，各个环节相互作用却又彼此独立，并呈现出细分化和专业化的发展特征，可以根据各个环节的作业特征和功能将物流系统划分为多个子系统（张锦，2004；Lourenço，2005）。因此，可以从物流系统的整体出发，采用"分而治之，逐个解决"的思路，对各个环节进行独立优化，提高各个子系统的运行效率，进而提高物流系统的效率。将装载、运输和"最后一公里"配送作为物流系统优化的三个关键环节，对发展现代物流业具有重要意义，如何根据实际应用场景的需求，有效地解决装载、运输和"最后一公里"配送问题是物流系统中亟待解决的重要课题，吸引了众多学者利用运筹学和智能优化等方法对其进行理论和实际应用研究。

在物流的运输或配送过程中，将货物装入车辆或其他装载容器，如集装箱、火车等，是一个必不可少的操作环节。装载是实现货物运输和最终将货物交付到客户手中的前提。对货物进行合理化装载，可以降低车辆的空载率、降低车辆的使用数量、提高物流配送效率，进而降低物流的成本。货物装载的难度在于，实际中由于货物品种繁多，体积形态等各个维度上的规格不一，且货物的利润不同，而装载容器在各个维度上能提供的资源总量有限，会不可避免地形成虚载，无法达到理想的货物装载状态，如何选择合适的货物进行装载以实现装载货物的利润最大化具有十分重要的意义。实际中，装载问题优化需要考虑多个目标，如车辆各维度上资源被充分利用、装载货物的价值最大等，增加了装载决策的复杂性。物流系统的实际操作中，装载过程主要依靠操作人员的经验或是依次摆放的方式对货物进行装载，容易造成较大的空载和人力浪费，提高装载的合理性是提高物流系统效率亟待解决的问题。

运输是物流系统的核心功能，所有产品的产和销都离不开运输，它贯穿于从原材料采购到最终产品销售的整个生产流通过程。因此，运输环节成为提高物流系统效率的重中之重。物流的运输成本占物流总成本的50%～

54%，因此对运输环节进行优化可以有效降低物流系统成本。例如，对物资进行合理的调运可以降低运输成本，并减少由于供给侧的产量和需求侧的需求不匹配带来的库存成本和生产不连贯等弊端；合理规划运输路径，可以减少行驶里程；依托运输网络的基础设施，选择合适的运输方式，使各种运输方式相互协调和互补，可以提高运输的灵活性。从环境角度来看，约80%的碳排放来源于化石燃料的燃烧，交通运输业作为能源密集型产业，是碳排放的主要来源，其能源消耗约占全球能源消耗的19%（Yin et al.，2015；Demir et al.，2014）。因此，发展以节能减排为特征的绿色运输是可持续发展的重要一环（Rudi et al.，2016；Zheng et al.，2015；Tan et al.，2020）。

物流配送的目的是在末端节点将货物送到客户手中，以满足客户的需求。配送作为物流系统中最关键的环节之一，完善的配送体系对提高物流服务有重要影响。到目前为止，电子商务已经成为我国增长速度最快的经济体之一，电子商务物流是现代物流的重要组成部分。2022年，快递业务量完成1105.81亿件，同比增长2.1%，业务规模占全球的一半以上，连续9年稳居世界第一。但随着快递业务规模的增长，由于其配送网络的布局优化及配送模式滞后于业务规模增长的速度，导致快递投递服务问题，如丢件、破损、短少和配送延迟等现象普遍存在，其配送问题没有得到有效的解决。在直接面向客户的"最后一公里"配送中，由于客户的地理位置分布不均，呈高度分散状态，是供应链中成本最高、效率最低和污染最严重的部分，一直被视为发展现代物流的最大障碍之一（Guiffrida et al.，2014；Goodman et al.，2005）。赫法尔特等（Gevaers et al.，2014）指出，虽然"最后一公里"配送从距离上看仅占的整个物流过程的很小一部分，但物流系统中超过20%的成本和60%的时间花费在"最后一公里"配送中。因此，提高物流配送的效率，如引入高效的配送模式和优化配送网络，是现代物流系统发展的重要动力。

在社会生产的各个领域中，人们始终期待以尽可能少的成本获得最大的效益，而成本的最小化和效益的最大化通常互相冲突，如果同时考虑两个方面，就是一个典型的多目标优化问题（multi-objective optimization problem，MOP）（Srinivas et al.，1994）。在物流系统中的许多具体问题往往涉及多个目标。作为服务业，物流系统中的利益相关者众多，物流服务提供商总是希望降低物流成本，而客户通常期望获得最高的服务水平，且消费者的需求日益多元化，如最快的交付、最小的运价和最小的物流设施能源消耗等（Demir et al.，2014；Alexiou et al.，2015；Hammer et al.，2015）。由于物流成本和物流服务水平之间普遍存在效益背反，其中一个目标的改善往往伴随着其他目标性能的下降，如在多式联运中，通常希望运输成本尽可能少，运输时间尽可能短，但缩短运输时间可能意味着需要选择价格更高的运输方式，导致成本的增加，因此需要从多目标优化的角度出发在多个目标之间寻找合理的折中。此外，运输经济效益的提升不能以牺牲环境效益为代价，在提高客户满意度和降低物流成本的同时，应尽可能减少能源消耗以及对环境的影响，为物流系统各环节的多目标优化增加了新的内涵。

虽然 MOP 广泛存在于物流系统各个环节的具体问题中，但与单目标优化问题相比，MOP 的求解也更加困难。与单目标优化中仅存在一个最优解不同，MOP 中由于目标之间互相冲突，通常需要获得一组非支配解，即非支配解集（帕累托最优解集）。此外，在实际应用中，决策者会根据自己的偏好从非支配解集中选择最合适的解用于最终的决策。因此，如何获得高质量的非支配解集是求解 MOP 的关键。传统的 MOP 算法包括线性加权法（Marler et al.，2010）、ε 约束法（Mavrotas et al.，2009）、目标规划法（Koski et al.，1981）、极大极小法（Steuer et al.，1988）等。但这些算法必须经过多次运行才能获得所求解的 MOP 的非支配解集，计算量较大，导致求解效率低，且无法处理一些规模较大的 MOP。此外，由于每次运行的求解过程互相独立，难以共享信息，每次得到的结果的性能也无法比较，难以满足决策者的需要。再则，这些方法通常对目标函数的可微性和帕累托前沿的凹凸性等有要求。多目标进化算法（mulit-objective evolutionary algorithm，MOEA）作为一类模拟自然界生物进化过程的基于群体智能的全局优化算法，能够较好地克服以上传统多目标算法的局限性。首先，由于能够同时处理一组解，即种群，因此 MOEA 能够在一次运行中获得一组非支配解；其次，MOEA 可以处理具有不同的帕累托前沿形状和不连续的MOP 问题；此外，MOEA 在求解大规模问题上表现出良好的性能，可以有效解决 NP 难问题。由于 MOEA 在多目标优化中具有以上优势，已经被成功应用于物流和其他领域的多目标优化中，为求解物流系统中复杂的 MOP 提供了新的解决途径。

综上所述，如何从物流系统的装载、运输和配送三个关键环节出发，考虑实际应用情形和决策者的多个目标需求，基于各个环节的作业特征提炼出优化问题，构建相应的多目标装载—运输—配送优化模型，并设计出基于问题特征的有效 MOEA 是依据广泛的现实背景和相关研究发展动态提炼出的具有挑战性的课题，具有较高的理论研究意义和实际应用价值。

▶ 第二节　研究问题

物流系统中关于货物装载问题、运输问题和配送优化问题的相关研究已取得了一定的成果，但主要针对某一单一环节下的单一情景进行优化，或将其中的两个环节进行联合优化。因此，立足于这三个不同的物流环节，开展物流系统中多目标的装载、运输和配送优化问题的研究具有一定的理论意义与实践价值。从这三个物流环节出发，分别进行独立优化，将其统称为物流系统中的装载—运输—配送优化问题。由于在不同环节中的作业特征和优化目标不同，因此，本书在分析已有研究的所取得的成果和不足的基础上，结合当前企业实际应用中所面临的问题，提炼出以下四个科学问题。

（1）考虑资源均衡的多目标多维货物装载问题。随着物流企业揽件能力的提高，待装载和运输的货物数量与实际能派发的货物数量之间的矛盾日益凸显，由于装载能力的限制，在实际中往往不能一次性将所有货物进行装载，需要在最大化企业利润的前提下选择合适的货物进行装载。在选择装载的货物的过程中，需要考虑货物多个维度上的属性，如重量、体积和安全性等。装载容器（如车辆、集装箱、火车）在各个维度上能提供的容量（即资源总量）均是有限的，由于货物的品种繁多、形状重量等具有强差异性，导致不同物品在每一维度上所占用的资源不同，如何在不违背各个维度上的资源总量的前提下，选择合适的货物进行装载在装载环节中普遍存在，而实际中依靠人工经验的决策方法效率低下，尤其随着货物的异构性和需要考虑的维度增加时，决策变得非常困难，因此，亟待开展多维货物装载问题的相关研究。

此外，在已有的研究中，根据装载情形的特征，通常将货物装载问题构建为一类装箱问题或背包问题。其中，基于装箱问题的货物装载问题通常根据考虑的空间维度，将货物装载问题划分为一维货物装载问题（只考虑一个属性，通常为重量）（Wei et al.，2020）、两维货物装载问题（考虑两个属性，通常为长和宽）（Lodi et al.，2002）和三维货物装载问题（考虑长、宽、高三个属性）（Martello et al.，2000），而且该类问题通常假设装载容器的数量无限，所有的货物均可被装载，因此不适合于处理所考虑的多维货物装载问题。所考虑的多维货物装载问题与多维背包问题有相似的地方，但是又有很大的不同点。在多维背包问题的相关研究中，虽然考虑货物的各维度的属性，但仅需要在满足各维度的资源约束的前提下最大化装载的物品的利润即可（Cherfi et al.，2010；Bolaji et al.，2021；Abdel-Basset et al.，2021）。在实际货物装载中，常常需要考虑货物在各维度上资源消耗的均衡性，例如，装载率低在很大程度上源自体积和重量的不匹配，物流公司通常按货物的重量进行收费，当货物在空间上已经堆满了整个装载容器，但重量远远低于额定载重量的一半，导致车辆载重量的浪费；对于一些危险品，运输量越大通常也意味着发生泄漏、爆炸等事故的概率越大，为了保障货物在运输途中的安全性，装载时需要考虑装载容器的体积和重量的约束，也需要考虑安全性的因素。基于此，以最大化装载物品的总利润和各维度上资源的均衡为优化目标，提出了考虑资源均衡的多目标多维货物装载问题，丰富了货物装载问题的研究并为实际货物装载决策提供指导。

（2）考虑产销不平衡的多目标公路货物运输问题。随着工业化进程的加快，能源（如煤炭、石油、天然气）的需求日益增长，而大部分能源资源属于不可再生能源，能源短缺与供需矛盾带来的能源危机已经成为当今世界面临的主要问题，节能已成为全球关注的焦点（Mavrotas et al.，2015）。交通运输业作为能源密集型产业，其能源消耗约占全球能源消耗的 19%（Yin et al.，2015；Demir et al.，2014）。同时，能源消耗的增加也导致了众多的环境问题，如化石燃料的燃烧导致大量的碳排放从而导致全球气候变暖。交通运输业是碳排放的主要来源，货物运输的碳排放约占运输业总碳排放的 25%，而其中近 72% 来自于公路运输（Rudi et al.，2016）。我国由于当前的能源结构以煤（约占 64%）和石油（约占 18%）为主，货运结构以公路运输为主（约占 78%），使发展绿色运输更加艰难（Zheng et al.，2015；Tan et al.，2020）。在未来几十年，运输部门的能源消耗很可能会随着公路运输的增长而持续增长。

在此背景下，如何有效降低公路运输中的能源消耗成为物流运输企业决策的新挑战。如何确定将产品从若干产地（供应商）运输到若干销地（客户）的最佳运量以使总运输成本最小是运输环节中最常遇到的一个问题，即传统运输问题。在已有的研究中，通常直接假设总生产量与总需求量相等或通过增加一个虚拟供应商（或客户）实现形式上的生产量与需求量的平衡，但这并不能真正地减少产销量之间的偏差（Díaz-Parra et al.，2014；Pramanik et al.，2015；Juman et al.，2015）。此外，在已有研究中，总是假设每对供应商和客户之间的运输是在单一的批次中完成的，然而，这种情况在实际中并不普遍适用。在已有研究的基础上，张锦（2004）结合实际应用场景，将产销不平衡量和总成本包括与运输量相关的运输成本和燃油消耗成本作为优化目标，提出了考虑产销不平衡的多目标公路货物运输优化问题多目标产销不平衡公路运输问题，丰富了货物公路运输问题的研究并为企业的运输决策提供科学的理论指导。

（3）考虑多源采购的多目标货物多式联运网络设计问题。与其他传统的不同运输方式独立运作的运输模式不同，多式联运将两种及两种以上的运输方式整合在一起，进行相互衔接和协调，根据客户的个性化需求，提供更加灵活的"门到门"服务（刘舰等，2010）。随着经济全球化的不断深入，跨国贸易快速发展，经济活动区域不断扩张，也意味着运输距离的增加，多式联运在全球资源整合中发挥着更加重要的作用。由于某种产品的生产中，往往需要从分散在世界各地的供应商处采购原材料，多源采购在实际中广泛存在。在具有运输距离长和多货源地采购特征的多式联运网络中，涉及的港口和枢纽众多，截至 2022 年底，全国港口拥有生产用码头泊位 21323 个，仅海港口生产用码头泊位高达 5441 个，道路网络极其复杂，因此如何合理设计运输网络结构是使用多式联运方式时首先需要解决的问题，是生成运输路径和确定路径上的运输方式的前提。

在碳减排方面，由于可以使用碳排放较低的运输方式取代碳排放较高的运输方式，多式联运对我国绿色运输的发展发挥了重要作用（Kim et al.，2014；Zheng et al.，2016）。与单一运输方式相比，采用多式联运时的一个棘手问题是容易导致运输距离增加，从而导致运输成本和碳排放增加，进而可能不利于整个运输系统的优化（Craig et al.，2013）。此外，随着市场多元化的发展，客户的需求也日益多元化，一些客户期望更低的成本，而另一些客户则期望更快地送达，尤其在长距离运输中二者的冲突性更加明显，而在已有的相关研究中，大部分仅以成本或时间作为单一的优化目标，讨论与单一运输方式相比时在成本节约或提高时间效率的能力（Arnold et al.，2004；Xu et al.，2015；Wang et al.，2013；魏航等，2006）且考虑运输中碳排放的相关研究比较有限（程兴群和金淳，2019；Kurtuluş et al.，2020）。基于此，在现有研究的基础上，结合实际运输情形，将最小化总成本（包括运输成本、换装成本和碳排放成本）和运输时间作为优化目标，提出了考虑多源采购的多目标货物多式联运网络设计问题，丰富了多式联运的相关研究，使得研究更加贴近实际。

（4）考虑能耗的多目标"最后一公里"配送快递柜分配问题。在进行物流配送活动时，"最后一公里"配送中存在客户高度分散客、客户不在家或客户没有在约定的取货时间内到达，客户的详细地址难以找到等诸多问题，导致送货失败率高，人力和时间需求大（Hayel et al.，2016）。作为一种新兴的无人值守型物流设施，快递柜可以提供 24 小时的自助服务，将其投放在社区、校园以及办公楼等人流密集的地方，可以有效地缓解"最后一公里"配送的效率并为客户提供了更加柔性的服务。目前，快递柜已经应用于全球 20 多个国家的"最后一公里"配送中（Gunawan et al.，2020；邱晗光等，2020）。在我国，许多物流企业和电子商务平台也纷纷推出了快递柜配送模式。例如，迄今为止，京东已在我国近 40 个城市建立了超过 1000 个快递柜站点用于"最后一公里"配送。由于快递柜的投资成本比较高昂，每个约 3 米宽、2 米高的快递柜柜体的成本约为 2 万~3 万元，同时，还需要考虑其场地租赁费用，因此，如何在满足客户需求的条件下最小化快递柜的投资成本是企业在快递柜系统运营中面临的重要挑战。

已有的相关研究主要从定性分析的角度分析使用快递柜的可行性和快递柜运营中存在的问题等，鲜有从定量分析的角度对快递柜的采购和优化布局进行决策（Vakulenko et al.，2018；陈义友等，2016）。此外，由于快递柜 24 小时处于运行状态，且兼具货物存储、监控、照明、冷藏等功能，其能量消耗也不容小觑，尤其是对于具有保鲜功能的冷柜。因此，选择能耗较低的快递柜既是企业节能减排的重要实践，也对企业的长期运营费用有重要影响。而随着快递柜生产技术的成熟，市场上存在许多快递柜供应商，由于没有统一的生产标准，相同尺寸的快递柜的能耗和价格也各不相同。同时，由于目前电子商务平台中通常也销售需要在冷藏的环境下进行保存的生鲜类产品，需要投放常温柜和冷柜等不同类型的快递柜，不同类型的快递柜在采购和投放时需要分开决策，增加了决策的复杂性。基于此，研究如何对不同类型的快递柜进行采购和如何对快递柜在各个站点上进行分配，以最小化总成本和能耗作为优化目标，提出了考虑能耗的多目标"最后一公里"配送快递柜分配问题，以为快递柜运营商提供关于快递柜采购和分配的综合决策。

▶ 第三节　研究目标与研究意义

一、研究目标

本书研究的总体目标为：通过对现实中企业在物流系统中装载—运输—配送优化中亟待解决的问题进行归纳和提炼，以及对国内外相关研究成果进行总结与分析，形成科学的、有价值的研究问题体系；针对具体的研究问题，结合企业实际运营需求和已有的相关研究，构建不同物流环节中的多目标优化模型；针对特定问题，对问题结构进行分析并设计高效的 MOEA 对问题进行求解；通过大规模的实验数据测试模型在求解特定问题时的有效性；将所提出的模型和算法应用于实际的案例中，确保所提出的模型与算法的合理性和适用性，并给出相关的管理启示。

（1）在理论层面，通过对实际物流系统所面临的问题进行归纳和提炼，以及对国内外相关文献进行梳理和总结的基础上，对企业在物流系统中三个关键环节（即装载、运输和配送）和不同优化场景下所需要考虑的优化目标、约束等因素进行分析，明确具体研究问题，并给出研究问题的一般性描述，为进一步深入探讨物流系统中的多目标装载—运输—配送优化问题奠定理论基础。

（2）在模型构建层面，针对物流系统中多目标装载—运输—配送优化问题，分别构建物流系统中考虑资源均衡的多目标多维货物装载优化模型、考虑产销不平衡的多目标公路运输优化模型、考虑多源采购的多目标多式联运网络设计优化模型和考虑能耗的多目标"最后一公里"配送快递柜分配优化模型。在各个优化模型中，分别针对不同环节的业务特征以及实际应用情形，有针对性地进行货物装载问题、运输问题和配送优化问题模型的构建。

（3）在方法层面，基于所构建的物流系统中的多目标装载—运输—配送优化模型，分别设计有效的 MOEA 框架，根据问题的特征，设计相关的启发式；针对算法进化过程中有可能产生不可行解的情况，设计依赖于问题结构的修复操作，并借鉴机器学习、混沌搜索等技术，设计有效的算法改进策略以平衡算法的局部开发能力和全局探索能力。基于大量的实验数据，以及依据实际企业中的现实背景，采用所提出的不同物流环节和不同应用场景下的多目标装载—运输—配送优化模型与求解算法进行决策，验证所提出的模型和算法的可行性和有效性。

二、研究意义

物流系统中多目标的装载—运输—配送优化问题一个具有广阔的应用价值和挑战性的研究课题。对该问题进行研究不仅可以为解决实际中装载、运输和配送优化问题提供新的理论与方法指导，也能为不同物流环节和不同优化场景下企业如何提高物流绩效提供决策参考。因此，本书的研究具有重要的理论指导意义与实际应用价值。

（一）理论意义

对于形成具有系统性的物流系统中装载—运输—配送优化问题的多目标模型与算法研究的理论和方法体系具有重要意义。从物流系统整体的角度出发，针对不同物流环节和优化场景，通过"分而治之，逐个解决"的方式对物流系统中这三个最关键的环节中的典型优化问题进行系统的研究，对于形成具有系统性的物流系统中装载—运输—配送优化研究的理论与方法体系具有重要意义。关于物流系统中装载—运输—配送优化问题的相关研究，大多是针对物流系统中的某一个环节提炼出单一的问题进行研究，或是将上述环节中的某两个环节相结合进行联合优化，鲜有对三个环节进行系统的研究。同时，已有的相关研究大部分关注单一目标的优化，考虑不同环节中多个相互冲突的优化目标的研究比较有限。此外，已有研究中，使用 MOEA 求解这三个环节中的优化问题的研究非常有限，且大部分研究中使用了已有的 MOEA 的传统框架，对算法的改进有限。根据已有相关研究成果的不足，对不同物流环节和不同优化场景下的物流系统在装载—运输—配送优化时所需要考虑的业务特征和优化目标进行分析，构建了不同环节和不同优化场景下多目标的优化模型和决策框架，同时，依据问题的特征对 MOEA 的算法框架进行选择和设计，并提出有效的改进策略，在一定程度上奠定了物流系统中多目标的装载—运输—配送优化研究的理论和求解方法基础，具有重要的理论意义。

（二）应用意义

随着市场竞争的日益激烈、客户的需求多元化发展以及环境问题日益凸显，物流作为企业的第三利润源泉，其相关企业面临巨大的运营压力。如何在面临多重优化目标的情形下提高物流系统的效率是企业亟待解决的问题。由于在实际物流系统中，涉及环节众多，各个环节的经营主体、优化目标、业务特征等具有较大的差异，且随着市场发展，逐渐呈细分和专业化的趋势，难以同时对整个物流系统进行优化获得系统的最优。因此，将物流系统划分为多个子系统，选择装载、运输和配送这三个物流系统中最关键的环节作为研究对象，根据企业实际运营中各个环节所考虑的优化目标和应用情景，有针对性地构建了不同环节和不同场景下的多目标优化模型和决策框架，并设计出高效的求解算法，为解决现实中的装载—运输—配送优化问题提供具体的、有针对性的、适用的、可操作的方法与技术，具有较强的应用意义。

▶ 第四节　研究内容、研究思路与研究方法

一、研究内容

（一）考虑各资源均衡的多目标多维货物装载优化模型与算法

首先，针对考虑资源消耗均衡的多目标多维货物装载问题，构建了以最大化所装载的货物的总利润和各维度上资源消耗均衡为目标的多目标整数规划模型，并使用资源占用量最大的维度上的资源占用量最小化刻画各维度上资源的均衡性；其次，在设计了基于问题结构特征的启发式的基础上，借鉴非支配排序和拥挤距离计算方法，提出了一种基于在线增量学习的帕累托进化算法用于对该问题进行求解；再次，基于 45 个 benchmark 算例，对所提出的算法的组成成分的有效性进行验证，并与其他两种 MOEA 进行比较；最后，以一个实际物流集散中心的车辆装载问题为背景进行数值算例分析，对所提出的模型和算法的有效性和实际应用价值进行验证，并给出了相应的管理启示。

（二）考虑产销不平衡的多目标公路货物运输优化模型与算法

首先，针对考虑产销不平衡量的多目标产销不平衡公路运输问题，考虑了车辆行驶过程中的燃油消耗，并基于汽车理论，提出了一种新的燃油消耗的计算方法；其次，构建了以最小化总成本和产销不平衡量的多目标

混合整数规划模型，并考虑了车辆的容量约束和装载率水平约束；再次，采用基于分解的多目标进化算法的基础框架，提出了一种混沌驱动的差分进行算法对该问题进行求解；再其次，基于 100 个随机算例，对所提出的算法的组成成分的有效性进行验证，并与其他两种 MOEA 进行比较；最后，以某木材加工和销售企业的工厂和销售代理点之间的木材运输为背景进行数值算例分析，并给出了相应的管理启示。

（三）考虑多源采购的多目标多式联运网络设计优化模型与算法

首先，针对考虑多源采购的多目标多式联运网络设计问题，根据多式联运基础设施的地理特征和实际情况，将网络中的中间节点划分为多个阶段，并考虑了运输过程中的碳排放，构建了以最小化总成本和最小化所有货源地中最大的运输时间的多目标整数规划模型；其次，提出了一种混合分布估计算法对该问题进行求解，并设计了基于部分互换邻域结构的局部搜索策略用于提高算法的搜索效率；再次，基于 150 个随机算例，将所提出的算法与三种 MOEA 进行比较验证了算法在求解该问题时的有效性；最后，以吉林石化的多源采购下的多式联运网络设计为背景进行数值算例分析，并给出了相应的管理启示。

（四）考虑能耗的多目标"最后一公里"配送快递柜分配优化模型与算法

首先，针对考虑能耗的多目标"最后一公里"配送快递柜分配优化问题，构建了以最小化总成本和能源消耗为目标的多目标整数规划基础模型及其代理模型；其次，设计了基于问题特征的解的表达、遗传操作和不可行解的修复策略，并在此基础上，提出了一种基于分解的概率引导多目标进化算法用于对该问题进行求解，并在算法框架中嵌入概率引导的计算资源分配策略和反馈机制，用于合理地平衡子问题的计算资源；再次，基于 20 个随机算例，将所提出的算法与三种 MOEA 进行比较验证了算法在求解该问题时的有效性；最后，以某电商平台自营物流中的"最后一公里"配送快递柜采购和分配问题为背景进行数值算例分析，并给出了相应的管理启示。

二、技术路线

第一，针对现实物流系统中企业在装载、运输和配送中亟待解决的问题，结合近年来国内外学者取得的研究成果，提炼出具有科学价值的研究问题。

第二，针对所提出的多目标装载—运输—配送优化问题，结合实际研究背景，明确研究的目标和意义。

第三，为了完成研究目标，体现研究的理论价值和实际应用价值，进一步明确具体的研究内容和研究思路。

第四，根据研究内容，对物流系统中的装载、运输、配送优化问题和多目标进化算法的相关研究进行梳理和总结，对已有研究成果的贡献和不足之处进行分析和总结，进而为后续的研究工作奠定理论基础。

第五，在综述相关已有研究成果的基础上，从货物装载问题的相关概念及类型、运输问题的相关概念和分类、物流配送的概念与配送模式和多目标算法的相关理论等方面对提出的研究问题所涉及的相关概念和理论进行归纳和分析，进而为研究问题的模型构建与求解提供理论基础。

第六，针对所提出的物流系统中考虑资源均衡的多目标多维货物装载问题、考虑产销不平衡的多目标公路货物运输问题、考虑多源采购的多目标货物多式联运网络设计问题和考虑能耗的多目标"最后一公里"配送快递柜分配问题，分别构建多目标优化模型并根据问题的特征，设计有针对性的多目标进化算法。

第七，对主要研究成果和结论、主要贡献和局限性进行总结，并对未来的研究工作进行展望（见图1-1）。

三、研究方法

在拟开展的研究工作中，针对不同的研究内容将采用有针对性的研究方法，主要包括文献研究法、数学建模法、多目标优化算法和数值仿真法等。

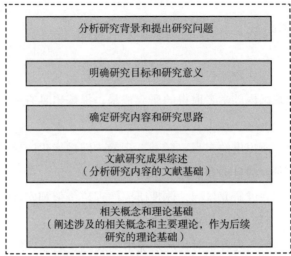

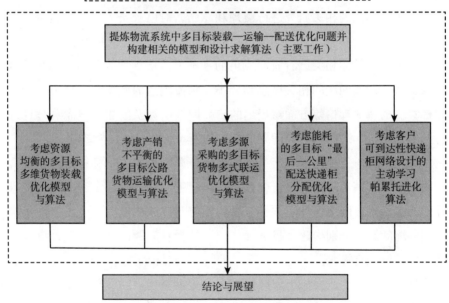

图1-1 本书的技术路线

（一）文献研究法

针对物流系统中的装载—运输—配送优化问题的多目标优化模型与算法，首先，对货物装载问题、运输问题、配送优化问题以及多目标进化算法相关的文献进行收集，并明确文献的时间范围，对文献进行筛选和梳理；其次，基于四个主要研究问题的研究角度和不同 MOEA 的算法特性，对相关文献进行进一步的分类和研读，对相关度最高的文献进行综述；最后，对已有研究成果的贡献和不足进行分析，并基于此提炼出关键科学问题。

（二）数学建模法

针对不同的研究问题，在已有研究成果的基础上，结合企业的实际应用情形，充分分析不同物流环节和不同优化场景下的优化目标和业务特征等因素，通过建立数学模型刻画这些因素对企业决策的影响。在考虑资源均衡的多目标多维货物装载问题中，考虑了货物的多维度属性，并使资源占用量最大维度上的资源占用最小化的方法来实现各维度上资源占用的均衡，从而构建了该问题的多目标整数规划模型；在考虑产销不平衡的多目标公路货物运输问题中，首先，基于汽车理论构建燃油消耗机理模型，在此基础上，同时考虑总成本和产销不平衡量，构建了该问题的多目标混合整数规划模型；在考虑多源采购的多目标多式联运网络设计问题中，考虑了各个阶段上的运输方式选择和节点选择对运输成本、碳排放和运输时间的影响，并使用最小化各货源地中最长的运输时间来节约整个运输系统的时间，构建了该问题的多目标整数规划模型；在物流系统中考虑能耗的多目标"最后一公里"配送快递柜分配问题中，考虑具有不同功能、不同价格和功率的快递柜对快递柜系统中成本和能源消耗的影响，构建了该问题的多目标整数规划模型和代理模型。

（三）多目标优化算法

所构建的物流系统中装载—运输—配送优化模型均为多目标优化模型，通常没有一种单目标优化方法可以优化所有的目标函数。而传统的求解 MOP 的算法，如线性加权法和 ε 约束法等，计算量较大、耗时长，且对于大规模的 MOP 无能为力，不适合用于求解所关注的四个核心问题。为了在可以接受的时间范围内获得问题的近似最优解，针对物流系统中考虑资源均衡的多目标多维货物装载优化模型、考虑产销不平衡的多目标公路货物运输优化模型、考虑多源采购的多目标多式联运网络设计优化模型和考虑能耗的多目标"最后一公里"配送快递柜分配优化模型，根据问题的结构特征，基于现有的进化算法框架，分别设计了有效的 MOEA，并提出了有效的改进策略提高算法的搜索性能。

（四）数值仿真法

针对所建立的模型和提出的算法，基于大规模的 benchmark 算例或随机算例，采用数值仿真法验证模型和算法的有效性。同时，针对不同的研究问题，以企业实际应用为背景，使用所提出的模型和算法解决企业的现实问题，使用数值仿真法进一步验证模型和算法的有效性与实际应用价值。

第二章

理论基础

▶ 第一节　货物装载问题的相关理论

一、货物装载问题的概念

货物装载问题根据货物品类、容器数量等属性不同，可以分为不同的优化问题，如装箱问题、背包问题等，该类问题是典型的 NP 难问题。通常，经典的货物装载问题可以描述为：假设 $D \geqslant 1$ 为一个整数，表示货物的维度，给定 N 件货物 $p_1, p_2, \cdots, p_N$，每件货物在不同的维度上有固定的尺寸 $s_1(p), \cdots, s_D(p)$，给定无限个用于装载货物的容器（如车辆、集装箱、货柜），每个容器在不同的维度上均有一个固定的容量，要求把货物都装进容器，在容器中的位置为 $[x_1(p), \cdots, x_D(p)]$，其中，$x_i(p) \geqslant 0$ 且 $x_i(p) + s_i(p) \leqslant 1(1 \leqslant i \leqslant D)$ 以使得每个容器中的每一维度上的物品大小总和不大于装载容器的容量。如果指派给一个装载容器的货物数量为 0，则将该容器未被使用。该类装载问题的优化目标为所使用的容器的数量尽可能地最少。在装载的过程中通常需要考虑以下两个基本的约束。

第一，货物必须完全放入容器中，且不能超出容器的容量；

第二，被装载的任意两个货物之间不能存在空间上的重叠，必须能从空间上进行区分。

显然，D 取不同的整数值时，该问题对应不同维度的货物装载问题。为了便于区分，当 $D=1$ 时，将该问题定义为一个一维货物装载问题；当 $D>1$ 时，将该类问题统称为多维货物装载问题。

二、装载问题的分类

除了经典的货物装载问题，根据实际的货物装载要求，货物装载问题中也存在一些其他的假设、约束条件和优化目标，提出了考虑不同类型货物装载问题。根据实际情况，装载问题可以归结为以下几类问题：货物（或容器）的选择问题、所选中的货物的分组问题、将货物分配给不同容器的分配问题、将货物在选中的容器上按照几何条件进行布置的布局优化问题。按照不同的分类标准，存在多种货物装载问题的分类方法。已有的对货物装载问题的分类主要基于格哈德（Gerhard，2007）提出的分类方法，该分类方法首先主要从考虑的维度、货物形状、容器数量、货物种类和货物到达情况对装载问题进行分类，具体分类情况如图 2-1 所示。

此外，基本以上的分类方法，可以按照分配规则（所有的容器都被使用或所选中的货物装进容器），将货物装载问题进一步分为货物价值最大化问题和输入（容器）最小化类型。

（一）货物价值最大化问题

货物价值最大化问题的共同之处在于容器的数量有限，通常无法对所有的货物进行装载。由于优化的目标为所装载的货物的价值最大，所有的容器都将被使用。因此该类问题通常为对货物的选择问题。常见的几类货物价值最大化问题包括以下几种。

1. 相同货物装载问题

相同货物装载问题是指将尽可能多地相同的物品分配到一系列容量有限的容器中。由于所有的货物相同，所以实际上并不存在真正的关于货物的选择问题，而且，也不会出现分组或分配问题。因此，该类问题是一个最优布局问题，即根据几何条件将每个相同的货物在装载容器上进行优化布局。

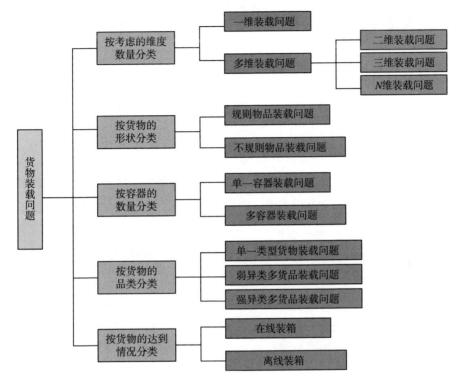

图 2 - 1 货物装载问题的分类

资料来源：格哈德（Gerhard，2007）。

2. 放置问题

放置问题是指将一系列异构货物分配给一系列容量有限的容器，优化目标为被装载的货物的价值最大化或未被装载的货物的价值最小化。

3. 背包问题

背包问题是一类问题的总称，如 0 - 1 背包、多选择背包、多重背包、多目标背包和多维背包问题，其特征是将具有强异质性的一系列货物分配给一系列容量有限的容器。同样，背包的数量是有限的，不能容纳所有的货物，优化目标为所装载的货物的价值最大化。

（二）所使用的容器最少问题

所使用的容器最少问题的特点是容器的供应充足，可以对所有的货物进行装载，装载需求必须被完全满足，因此不存在货物的选择问题。优化目标在对所有的物品进化装载的前提下，使用的容器的数量最小化。

1. 开放维度问题

开放维度问题是指系列的货物必须被一个或几个容器所容纳。给定了一系列的容器，但容器至少在一个维度上的容量是可变的，优化目标为所使用容器的数量（或者在某一个维度上资源的占用，如长、宽、体积）等最小化。

2. 库存削减问题

这类问题要求将具有弱异构的货物完全分配给一系列的容器，使所使用的容器的个数、总面积等最小。容器在所有维度上的尺寸都是固定的，不对大型容器的分类作任何假设，容器可能是相同的、弱异构的或强异构的。

3. 装箱问题

与库存削减类问题相反，装箱问题的特征是货物具有强异质性分类。同样，需要将货物分配给一系列相同的容器，容器具有弱异构或强异构性，优化目标为所使用的容器的数量、总容量或价值等最小。

▶ 第二节　运输问题的相关理论

一、运输问题的概念

物流系统中的广义货物运输问题主要是指如何合理地利用各种公用交通资源（如公路、水路、铁路、航空），或采用联运方式，在满足各种现实约束条件下，将货物及时有效地送达客户手中。货物运输问题是物流系统优化的重点，也是物流学科的核心问题之一（曹大勇等，2012）。运输问题主要包括以下要素。

（1）货物。货物是运输的对象，货物具有重量、体积、利润等属性，货物的属性决定了其运输的方式。

（2）运输工具。常用的运输工具包括车辆、火车、轮船等，是货物运输的载体，主要考虑运输工具的载重、体积、成本、油耗和速度等属性。

（3）客户。客户决定了货物的最终流向的目的地，包括客户的需求量和时间限制等属性。

（4）约束条件。根据客户的要求以及实际的基础设施情况，约束条件主要包括客户需求量与运输量约束，如运输量需小于供应商的生产量且不大于客户的需求量；运输工具的载重约束，所装载的货物不能超过运输工具的容量上限；货物交付时间和运输时间约束，即时间窗约束；车辆的装载率约束，即车辆的实际装载量应该达到车辆额定载重量的一定水平以降低空车率等。

（5）目标函数。根据实际管理需求的不同，运输问题的目标函数也不同，运输问题的优化目标通常包括使总运输的总费用最低、总行驶距离最短、运输时间最短、所使用的车辆（或其他运输工具）数量最少等。

二、运输问题的分类

由于物流运输的复杂性，不同场景下的优化的侧重点不同，如通过选择合适的运输路径和运输方式提高运输效率，降低运输时间；在已知客户的需求量和供应商的生产量的情形下合理安排物资调运以减少运输成本等。不同情形下运输问题的网络结构、考虑的约束和目标函数不同，构建的模型也不同，目前，物流系统中的运输优化主要衍生出包括路径规划问题、网络流问题、传统运输问题和运输方式选择问题等几类相关的运输问题。

（一）路径规划问题

运输路径是否合理直接影响到运输的距离和运输的速度，进而影响到运输效率和运输成本，但由于运输路径的选择通常涉及的因素较多，如道路拥挤情况、运输网络中资源状况和客户的需求等，运输路径的选择通常是一类复杂的优化问题，可通过建立车辆路径优化模型，通过求解获得最佳的路径选择方案。其中，车辆路径问题（vehicle routing problem，VRP）是运输问题中最常见的路径规划问题，该问题由丹奇格和拉姆瑟（Dantzig and Ramser, 1959) 首次提出。经典的 VRP 可以描述为：某物流配送中心有多个客户点和多辆配送车辆，车辆从配送中心出发为客户提供配送服务，每个客户仅有一辆车为其服务且车辆完成配送后需要返回配送中心，要求在满足相关约束条件的前提下合理安排配送路径，使得总成本最小。令 0 表示配送中心，$V_0 = \{0\} \cup V$ 为所有客户点集合并表示该集合的势，M 为配送车辆的集合并表示该集合的势，客户 i 的需求量为 $d_i(i \in N)$，车辆的额定载重量为 W，客户点 i 与客户点 j 之间的运输成本为 $c_{ij}(i, j \in N)$，决策变量 $x_{ijk}(i, j \in N, k \in M)$ 表示车辆 k 是否从客户点 i 到客户点 j，如果是则为 1，否则为 0，构建以下模型：

$$\min \sum_{i \in V} \sum_{j \in V} \sum_{k \in M} c_{ij} x_{ijk} \tag{2-1}$$

s. t.

$$\sum_{i \in V} \sum_{j \in V_0} d_j x_{ijk} \leq W, \forall k \in M \tag{2-2}$$

$$\sum_{i \in V} \sum_{k \in M} x_{ijk} = 1, \forall j \in V_0 \tag{2-3}$$

$$\sum_{j \in V} \sum_{k \in M} x_{ijk} = 1, \forall i \in V_0 \tag{2-4}$$

$$\sum_{k \in M} \sum_{j \in V_0} x_{0jk} = \sum_{k \in M} \sum_{j \in V_0} x_{j0k} \leq M \tag{2-5}$$

$$\sum_{j \in V_0} x_{0jk} = \sum_{j \in V_0} x_{j0k} \leq 1, k \in M \tag{2-6}$$

$$x_{ijk} \in \{0, 1\}, \forall i, j \in V_0, k \in M \tag{2-7}$$

其中，式（2-1）为目标函数，表示总的运输成本最小；式（2-2）为车辆的容量约束；式（2-3）和式（2-4）表示各客户点的入度和出度为 1；式（2-5）表示配送中心驶入和驶出的车辆数相等且不大于 M；式（2-6）表示车辆必须从配送中心出发并返回到配送中心，且只有一条路径；式（2-7）为决策变量的取值范围。

（二）网络流问题

在实际运输网络中，运输路径和中间节点上存在通行能力约束，且各路径上的单位运输费用往往不同，运输网络流问题聚焦于解决如何优化资源配置和合理利用各路径上的通行能力和中间节点的中转能力，以在满足运输需要的前提下，尽可能地减少运输费用。运输网络流问题包括最大流问题、最短路径问题和最小费用最大流等问题。以运输系统中常见的最小费用最大流问题为例，对于一个如图 2 - 2 所示的有向图 $D = (V,A)$，A 为弧的集合弧，$(v_i,v_j) \in A$，V 为所有节点的集合，指定一个源节点 v_1 表示供应商和一个汇节点 v_6 表示客户，源节点的生产量和汇节点的需求量为 f，弧 (v_i,v_j) 上的运输量上界为 $b_{ij} \geq 0$，单位运输费用为 $c_{ij} \geq 0$，则求通过该运输网络中的一个最大运输量，使得 $c(f^*) = \min\{c(f) = \sum_{v_i,v_j \in A} c_{ij}f_{ij}\}$ 即为运输网络中的最小费用最大流问题（Nowicki et al.，1996）。

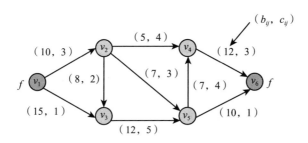

图 2 - 2　最小费用最大流运输问题

（三）传统运输问题

传统运输问题是指解决货物从供应商到客户的分配问题，是一类具有特殊结构的线性规划问题，希契柯克（Hitchcock，1941）最早研究该类问题，并将其定义为运输问题，因此该类问题也称为 Hitchcock 运输问题。本书为了将 Hitchcock 运输问题与广义的运输问题进行区分，将该类求解产地和销地之间物资调运的问题称为传统运输问题。

最经典的传统运输问题可以描述为：某产品有 m 个产地 $A_i(i = 1,2,\cdots,m)$，每个产地的产量为 $a_i(i = 1,2,\cdots,m)$，n 个销地 $B_j(j = 1,2,\cdots,n)$，每个销地的需求量为 $d_j(j = 1,2,\cdots,n)$，从产地 i 到销地 j 的单位产品运输成本为 $c_{ij}(i = 1,2,\cdots,m,j = 1,2,\cdots,n)$，$x_{ij}$ 为决策变量，表示产地 i 和销地 j 之间的运输量。根据产地的总产量和销地的总需求量之间的关系，传统运输问题可以分为平衡运输问题（即 $\sum_{i=1}^{m} a_i = \sum_{i=1}^{n} d_j$）和产销不平衡运输问题（即 $\sum_{i=1}^{m} a_i \neq \sum_{i=1}^{n} d_j$），其中，产销不平衡运输问题又可进一步分为总产量大于总需求量（$\sum_{i=1}^{m} a_i > \sum_{j=1}^{n} d_j$）和总产量小于总需求量（$\sum_{i=1}^{m} a_i < \sum_{i=1}^{n} d_j$）两种情形，产销不平衡的运输问题可以通过增加一个虚拟的产地或销地转化为平衡运输问题。为了不失一般性，传统运输问题的模型可构建如下：

$$\min \sum_{i=1}^{m} \sum_{j=1}^{n} c_{ij} x_{ij} \qquad (2-8)$$

s. t.

$$\sum_{i=1}^{m} x_{ij} \leqslant b_j, j = 1,2,\cdots,n \qquad (2-9)$$

$$\sum_{j=1}^{n} x_{ij} \leqslant a_i, i = 1,2,\cdots,m \qquad (2-10)$$

$$x_{ij} \geqslant 0, i = 1,2,\cdots,m, j = 1,2,\cdots,n \qquad (2-11)$$

（四）运输方式选择问题

目前，我国主要存在铁路运输、公路运输、水路运输、航空运输和管道运输五种运输方式，由于各种运输方式的适用范围和特点不同，在实际的物流运输中，选择合适的运输方式是提高运输效率和降低运输成本的关键。随着交通运输技术的发展和国内外货物流通的加速，运输方式选择问题不仅停留在从多种运输方式中选择某种运输方式进行运输。由于单一的运输方式提供的不连贯运输难以满足客户的需求，将多种运输方式进行结合，发挥不同运输方式的优势，在不同的运输阶段选择最合理和最有效的运输方式成为一种新的运输模式，多式联运由此而生。多式联运与运输方式选择密切相关，可以定义为将两种及两种以上的运输方式相互衔接从而共同完成货物运输的现代运输方式（Meng et al.，2011；程兴群，2019）。在多式联运中，将整个运输过程看作一个整体，由各运输区段上的承运人和枢纽的运营商共同完成货物的全过程运输与中转，通过组织不同的运输方式形成连续的、综合的、最优的一体化运输。

综上，物流系统中的运输是一个复杂的环节，以上的运输路径规划问题、运输网路流问题、物资分配问题和运输方式选择问题是运输中主要的优化问题，并基于此衍生出了不同的问题，但由于运输的复杂性，运输问题不仅限于以上四个问题。此外，以上四个问题既可以作为独立运输问题进行优化，在实际中，也存在单一问题进行优化难以满足实际运输需求的情形，需要将不同的问题相结合，如在多式联运下的运输问题中，不仅需要选择合理的运输方式和处理节点间的运输方式转换，还需要对运输节点进行选择和路径进行优化，衍生出运输网络设计优化问题，进而为客户提供更便捷的服务。

▶ 第三节　配送优化问题的相关理论

一、配送优化问题的概念

物流配送是指在一定经济范围内，根据客户的需求，将货物从配送中心或其他的物流节点直接送达客户的过程，它直接与消费者相连，是物流系统的主要组成部分（滕达强，2008）。《中华人民共和国国家标准：物流术语》（GB/T 18354—2021）将配送定义为："根据客户要求，对物品进行分类、拣选、集货、包装、组配等作业，并按时送达指定地点的物流活动"。物流配送是运输在功能上的延伸，是一种末端物流活动，它的运输距离比较短，处于支线运输、二次预算内或末端运输的位置，因此也被称为"最后一公里"物流，是送到最终消费者的物流活动。由于我国的物流环节具有多样性特征，物流配送通常具有特定的意义。如公路货运领域的配送是指完成主干线、专线运输后的城市交付阶段；路货物的"最后一公里"配送主要是指完成铁路干线运输后，将货物从火车站送到工厂和客户指定的地点的最后交货阶段；电子商务物流的中的配送是指在线零售的包裹经过一系列的物流服务流程后，根据终端客户的要求，将包裹配送至个人、城市社区、自提点和快递柜站点等终端的过程，通常也称为"最后一公里"配送（Jiao Z L et al.，2016）。

合理组织物流配送，即配送优化，是现代物流配送中心具备的主要功能之一。配送是物流系统中一种特殊的、综合的物流活动。从物流方面来看，配送包括物流系统中的装载、运输等功能要素，是物流的一个缩影或是在某个小的范围内物流全部活动的体现，因此对物流配送进行优化涉及了货物车辆装载优化和配送路径优化等。配送优化问题的本质是制订合理的配送计划，确定使用何种配送方式在何时何地向客户送货，以使货物被安全和及时地送达客户手中。此外，作为物流服务链的末端环节，物流配送中，尤其是电子商务的"最后一公里"配送中，存在客户量大、客户分布不均、客户服务要求多元化的特征，选择合适的配送模式和对配送终端设施进行布局优化是配送优化的重要内容。

（一）配送终端设施布局优化

配送终端设施包括物流配送中心以及配送网络中的其他服务设施。配送终端设施作为与客户的关键衔接平台，其设立的根本目的在于实现物流配送系统的整体优化以及资源最佳配置的目标，因此，配送终端设施的布局优化对于系统最终效率起着决定性的作用。配送终端设施的布局对选址成本、运输成本以及其他相关成本起直接影响，并且配送中心与客户距离远近和服务速度、服务准时率、服务可靠性等直接相关。作为投资规模较大、服务周期较长的物流节点，配送终端设施布局时应兼顾资源节约、环境友好，在充分考虑已有条件下的成本、服务等目标基础上，认真规划节点可持续发展潜力，如服务设施扩展可行性及满足客户需求增长的能力等。

（二）配送模式创新

目前，物流配送模式通常有自营物流、第三方物流和共同配送等配送模式。自营物流模式中配送的任务由生产商或者货物供应商自己来完成，第三方物流配送模式中由物资的供给方和需求方以外的第三方专业化的物流企业或配送公司去提供物流配送业务；共同配送指多个客户联合起来共同由一个第三方物流服务公司来提供配送服务，是在配送中心的统一计划、统一调度下展开的。在以上配送模式的基础上，作为物流创新技术利用最充分的电子商务物流"最后一公里"配送，集物流配送的复杂性于一身，目前存在送货上门、自提点取货等不同的配送方式，不同的配送模式各有利弊，对配送效率和配送成本有重要影响。

二、物流配送模式

选择合适的配送模式对配送效率有重要影响。当前的主要物流配送模式包括以下四大服务模式，即企业配送模式、平台自营物流配送模式、特定产品的专业配送模式和特定地区的配送模式。

（一）企业配送模式

企业是传统物流配送的主要服务提供商，早期的配送以"电话联系＋送货上门"的形式完成快递的当面交付。目前，主要有以下几种配送模式。

1. 差异化服务产品模式

差异化服务产品模式允许消费者根据需要自行选择送货时间、地点、方式（如送货上门、自提）。根据消费者的偏好，形成了几种相对标准的服务产品，以反映配送服务的差异，并根据差异设定收费标准。这是快递企业早期采用的差异化的配送模式。例如，目前的快递公司，包括圆通、中通、申通，在提供标准快递服务的同时，也提供 8 小时同城配送、次日12 小时配送、次日 24 小时配送以满足消费者的时效要求。这种差异化的服务产品模式，实现了个性化服务，提高了消费者的满意度，有助于了解消费者的真实需求。

2. 基于大数据的预服务模式

使用物流需求大数据是现代物流区别于传统物流的一个重要特征。在配送中，根据历史数据预测的需求结果，对物流进行提前规划和准备，将商品提前调至被各个分区的仓库，能够帮助物流企业应对需求高峰期。例如，为了应对"双十一"购物节期间的快递增长，天猫平台的商家利用菜鸟物流公司的仓储网络，帮助其关联商家进行商品预售。根据商品类型、历史交易数据和物流路径的效率等因素，对每种商品的库存数量进行决策。

3. 众包模式

由于城市快递的"最后一公里"快递需要大量的人力资源和交通资

源，许多快递企业利用互联网的众包理念来降低"最后一公里"配送的成本，如京东众包、阿里众包、人人快递。在众包模式下，企业将配送的需求信息发布在互联网平台上，众包员根据自己的行程和时间安排可以配送的订单信息进行接单，并提供配送服务。

（二）平台自营物流配送模式

1. 以销售和购物为主的实体平台模式

销售和购物物流配送平台既是电子商务物流配送的配送平台，也是网上零售实体连锁商店，是连接线下到线上的销售功能的零售系统，兼具配送中货到付款、退换货、货到付款选择、社区交货等功能。同时，该平台作为线上到线下的购物商店，具有产品展示、用户体验、订购等功能，还可以添加自助银行、订票和洗衣等社区服务业务。目前，国内较典型的以销售和购物为主的实体平台包括顺丰的"嘿客"便利店。

2. 包裹寄存物理平台

目前，快递企业在送货上门的服务过程中，经常会遇到无人收货、无人回复的问题，这也是导致快递配送失败率高、效率低的主要原因。为了解决该问题，有人值守和无人值守的配送站点，可供客户根据需求自行取货。目前，有人值守型自提点通常采用特许经营模式，普遍采用的形式是各种社区商店（如药店、洗衣店、物业管理、便利店）的特许经营。这些自提点可以提供包裹接收、自提、商品查验、商品展示、货到付款、退换货等服务。无人值守型的自提点通常指智能快递柜。快递员对智能快递柜进行扫描打开单元格并完成快递投递后，将对应的密码发给客户，客户可以根据密码打开箱子并取回货物。智能快递柜服务可以积累用户数据，并通过对投递、逾期寄存和广告进行收费。与有人值守型自提点相比，快递柜可以满足客户 24 小时的取货要求，提供了足够的灵活性，且能最大程度保护客户的隐私，同时也节约了快递员的配送时间。

（三）针对特定产品的专业服务模式

一些配送服务平台将服务内容集中在某一类产品的专业配送上，并根据产品的特点和具体需求构建完整的配送方案。目前需要采用"最后一公里"专业物流配送服务的产品主要是大件货物（如大型家用电器）、生鲜和冷冻食品。

（四）特定区域内的专业配送服务模式

针对一些特定地区人员过于分散或密集的特点，需要对这些地区发展专业配送服务模式，如农村地区和高校的校园等。例如，对于农村地区，由于消费能力相对较低，人员过于分散和基础设施不健全，农村的物流配送成为我国电子商务物流发展的薄弱环节之一。因此，物流配送服务交付平台的需要通过建立物流网络、扩大产品类别，建立特色物流服务平台，如山东省"SSS 物流"与"isubuy. com"平台合作，以社区为基础，向乡镇和农村扩展服务网络。

▶ 第四节　MOEA 的相关理论

实际应用中的许多问题都涉及多个优化目标，均是多目标优化问题。多目标进化算法（mulit-objective evolutionary algorithm，MOEA）作为一类基于种群的进化算法，可以提供一组近似帕累托最优的解满足决策者偏好，常用于求解较为复杂的多目标优化问题（multi-objective optimization problem，MOP）。本节在对多目标优化进行概述的基础上，以最常用的两种多目标进化算法（即 NSGAII 和 MOEA/D）为例，对 MOEA 的框架进行介绍，并对多目标进化算法的性能评价指标进行总结。

一、多目标优化的概念

多目标优化问题又称多目标规划、多准则或多属性优化，是在多个约束条件下同时优化两个及两个以上相互冲突的目标的过程，为了不失一般性，可以构建为如下的最小化形式：

$$\min f(x):\{f_1(x),f_2(x),\cdots,f_p(x)\} \qquad (2-12)$$

$$\text{s. t. } x \in \Omega \qquad (2-13)$$

其中，$f_p: R^m \to R$（$p \geqslant 2$）为目标函数，$\Omega \in R^m$ 为 m 维决策空间，$x = (x_1, x_2, \cdots, x_m)^T$ 表示可行域 $\Omega \in R^m$ 内的决策变量。通常，对于目标个数大于等于 2 的问题，均可称之为多目标优化问题，而目标数大于等于 4 的优化问题也可称为高维 MOP（刁鹏飞等，2018）。采用 MOP 有以下几个相关的重要定义。

（1）帕累托支配（pareto dominance）。令 x_1 和 x_2 为可行域 Ω 中的两个可行解，当且仅当 $f_i(x_1) \leqslant f_i(x_2)$（$i = 1, 2, \cdots, p$）且 $f_i(x_1) < f_i(x_2)$（$\exists\, i \in \{1, 2, \cdots, p\}$）时，$x_1$ 支配 x_2。

（2）帕累托最优解（pareto optimal solution）。一个可行解 x^* 被称为帕累托最优解当且仅当 $\neg\, \exists\, x \in \Omega$ 使 x 支配 x^*。

（3）非支配解集（nondominated set）。非支配解集表示一个可行解的集合，其中的解不受该集合内其他个体的支配，因此非支配解集也表示多目标进化算法所获得的近似帕累托前沿（解集）。

（4）外部档案（external archive）。用于存储迄今为止找到的所有非支配解，并在多目标进化算法的搜索过程动态更新。

（5）非支配排序（nondominated sorting）。以目标空间为 2 维的多目标优化问题为例，f_1 和 f_2 表示该多目标优化问题的两个目标函数，如图 2-3 所示，根据帕累托支配关系，可以将当前所有的解划分为 L_k（$k \geqslant 1$）个非支配层次。其中，所有 L_k 非支配层次上的解被种群中的都是由种群中其他

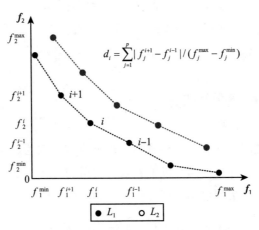

$$d_i = \sum_{j=1}^{p} |f_j^{i+1} - f_j^{i-1}| / (f_j^{max} - f_j^{min})$$

图 2-3　非支配层次和拥挤距离 d_i

$k-1$个个体所支配。

（6）拥挤距离（crowding distance）。拥挤距离（d_i）用于衡量在同一非支配层次中一个解与其相邻解的距离的远近，令f_1^{max}和f_2^{max}分别表示第一个和第二个目标函数的最大值，f_1^{min}和f_2^{min}分别表示第一个和第二个目标函数的最小值，拥挤距离d_i的计算方法如下：

$$d_i = \sum_{j=1}^{p} |f_j^{i+1} - f_j^{i-1}| / (f_j^{max} - f_j^{min}) \qquad (2-14)$$

二、MOEA 的框架

进化算法（evolutionary algorithm，EA）是一类基于种群的随机搜索算法，可以在一次迭代中获得多个解。此外。进化算法也被广泛地应用于多目标优化，这类用于求解 MOP 的进化算法被称为多目标进化算法（MOEA）。现有的 MOEA 种类众多，但其搜索流程具有一致性：首先，进行初始化操作，包括种群的初始化和权重向量的初始化；其次，进入迭代优化过程，对解的适应度（通常与目标函数值相关）进行计算，具有较高的适应度的解具有较高的概率被选中，利用遗传算子，如选择、交叉和变异，生产新的种群；再次，对解的质量进行评估，并选择较为优秀的个体进入下一代的寻优过程；最后，不断循环上述迭代寻优过程以对种群进行更新，直到满足算法的停止准则，如最大迭代次数、运行时间等。MOEA 的基本的框架如图 2-4 所示。

NSGAII（Deb K et al.，2014）和 MOEA/D（Jaszkiewicz A et al.，2000）目前研究最广、应用最多的两种多目标进化框架。下面将对这两种算法的进化框架进行介绍。

（一）NSGAII

NSGAII 通过非支配排序策略和基于种群的拥挤距离的多样性保持方法提供近似的帕累托前沿。

算法 2-1：NSGAII 算法

（1）$gen = 0$；

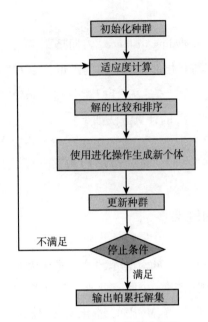

图 2 -4   MOEA 的基本框架

（2）随机初始化种群规模为 N 的初始种群 P_t；

（3）通过遗传操作（选择、交叉和变异操作）生成子种群 Q_t；

（4）将父代种群 P_t 和子代种群 Q_t 进行合并，生成大小为 $2N$ 的种群 R_t；

（5）使用第二章第五节中定义的非支配排序对 R_t 内的所有的解进行非支配排序，获得一系列的非支配层次 L_k，其中，L_k 表示第 k 非支配层次上的所有解；

（6）令 $P_{gen+1} = \varnothing$，从 L_1 开始，将 L_1 的解全部放入 P_{gen+1} 中，如果 P_{gen+1} 的大小小于 N，则继续将 L_2 中的解放入 P_{gen+1} 中，重复此过程，直至 k 满足 $\sum_{i=1}^{k} |L_k| \leqslant N$ 且 $\sum_{i=1}^{k+1} |L_k| > N$；

（7）对 L_{k+1} 内的各个解计算拥挤距离，根据拥挤距离由大到小，依次将 L_{k+1} 内的解放入 P_{gen+1} 直至 $P_{gen+1} = N$；

（8）如果满足停止条件，则算法结束；否则，令 $gen = gen + 1$，并转向步骤（3）。

由上述步骤可知，经过非支配排序和拥挤距离计算后，种群中的个体

具有非支配层次 $rank$ 和拥挤距离 d 两个属性，对于任意两个个体 i 和 j，如果个体 i 优于 j，则需要满足以下任意一个条件：

（1）$rank_i < rank_j$；

（2）$rank_i = rank_j$ 且 $d_i > d_j$。

（二）MOEA/D

在 MOEA/D 中，将一个 MOP 分解为若干个具有单目标的子问题，通过一定的标量聚合函数来计算每个子问题的目标，然后将这些子问题同时求解。与 NSGAII 相比，MOEA/D 在求解一些高维多目标优化问题和复杂问题上具有一定的优势，且主要框架很容易与针对特定问题的策略以及一些单目标的改进方法相结合以提高算法的性能。

令 N 表示种群规模（即子问题数），$\boldsymbol{\pi}^{gen} = [\boldsymbol{\pi}_1^{gen}, \cdots, \boldsymbol{\pi}_i^{gen}, \cdots, \boldsymbol{\pi}_N^{gen}]$ 表示第 gen 代的子问题，f_{ik}^{gen} 为第 gen 代的第 i 个个体的第 k 个目标的目标函数值，$\boldsymbol{u}^{gen}$ 表示第 gen 代的乌托邦点，$\boldsymbol{\lambda}_i$ 为第 i 个子问题的权重向量。使用切比雪夫分解方法，这 N 个优化问题的目标函数可以计算如下：

$$g_i^{te}(\boldsymbol{\pi}_i^{gen} \mid \boldsymbol{\lambda}_i, \boldsymbol{u}^{gen}) = \max_{1 \leqslant k \leqslant 2} \{\lambda_{ik} \cdot | f_{ik}^{gen} - u_k^{gen} |\}, i = 1, 2, \cdots, N \qquad (2-15)$$

以目标空间为 2 维的多目标优化问题为例，f_1 和 f_2 表示该多目标优化问题的两个目标函数，$\boldsymbol{\pi}_i$ 表示 $\boldsymbol{\lambda}_i$ 所定义的子问题的解，则分解方法如图 2 – 5 所示。

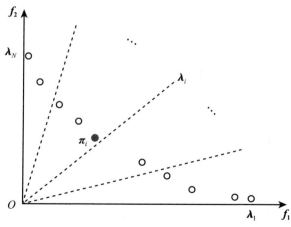

图 2 – 5　MOEA/D 分解方法示意

算法 2-2：MOEA/D 算法

输入：所求解的 MOP，种群规模 N（子问题个数），邻居个体数 T，N 个均匀分布的权重向量 $\boldsymbol{\lambda}_1, \boldsymbol{\lambda}_2, \cdots, \boldsymbol{\lambda}_N$，算法停止条件。

输出：外部档案 EA。

1. 初始化

（1）令 $EA = \varnothing$；

（2）生成 N 个权重向量 $\{\boldsymbol{\lambda}_1, \boldsymbol{\lambda}_2, \cdots, \boldsymbol{\lambda}_N\}$，计算任意两个权重向量之间的欧式距离，并找到每个权重向量 $\boldsymbol{\lambda}_i$ 的 T 个最近的权重向量，对于每个子问题 i，令 $\boldsymbol{B}(i) = (i_1, \cdots, i_T)$，$\boldsymbol{\lambda}_j (\forall j \in \boldsymbol{B}(i))$ 为 $\boldsymbol{\lambda}_i$ 的 T 个最近的权重向量；

（3）随机初始化种群 $(\boldsymbol{\pi}_1, \cdots, \boldsymbol{\pi}_i, \cdots, \boldsymbol{\pi}_N)$ 并计算目标函数值；

（4）初始化乌托邦点 $\boldsymbol{u}^{gen}$。

2. 更新

（1）从 $\boldsymbol{B}(i)$ 中随机选择两个个体 $\boldsymbol{\pi}_k$ 和 $\boldsymbol{\pi}_l$ 作为父代个体，通过遗传操作生成一个新的个体 $\boldsymbol{\pi}'$；

（2）使用基于问题特征的修复策略或改进方法对个体 $\boldsymbol{\pi}'$ 进行改进，并生成新的个体 $\boldsymbol{\pi}''$；

（3）对 $\boldsymbol{\pi}''$ 的目标函数值进行评估并更新乌托邦点 $\boldsymbol{u}^{gen}$；

（4）如果 $g_i^{te}(\boldsymbol{\pi}'' \mid \boldsymbol{\lambda}_j, \boldsymbol{u}) \leqslant g_i^{te}(\boldsymbol{\pi}_j \mid \boldsymbol{\lambda}_j, \boldsymbol{u})$，则用 $\boldsymbol{\pi}''$ 替换 $\boldsymbol{\pi}_j$。

判断（1）是否结束。如果满足停止条件，则算法结束；否则，令 $gen = gen + 1$，并转向（2）。

三、MOEA 的性能评价指标

为了对 MOEA 的性能进行衡量，提出了许多 MOEA 的评价指标，通常，对多目标进化算法的评价主要关注两个方面：所获得的近似帕累托解集与真实的帕累托前沿的趋近程度，越逼近真实的帕累托前沿，说明算法的收敛性越好；所获得的解在帕累托前沿上的分布情况，解的分布越均匀，且解的分布广，说明算法能够为决策者提供更多的选择，进而表明算法的多样性越好。

令 $\sum PA = PA_1 \cup \cdots \cup PA_k \cup \cdots \cup PA_K$ 表示算法 $1,2,\cdots,K$ 所获得的帕累托解集的合集，列举了如下几种常见的评价指标（Qian et al.，2009；Cho et al.，2011；Mohammadi et al.，2013）：

（一）总非支配解的个数（overall non-dominated solutions number，ONSN）

令 $ONSN(PA_k)$ 表示 PA_k 中不被 $\sum PA$ 支配的解的个数，$ONSN(PA_k)$ 计算如下：

$$ONSN(PA_K) = \left| PA_K / \{ x \in PA_K \mid \exists y \in \sum PA : y \text{ 支配 } x \} \right|$$

$$(2-16)$$

显然，$ONSN(PA_k)$ 的值越大，表明算法的收敛性越好，算法的性能越好。

（二）世代距离（generational distance，GD）

令 $d_x(PA_k)$ 表示 PA_k 中的一个解 x 到 $\sum PA$ 的最短欧式距离，GD 的计算如下：

$$GD(PA_k, \sum PA) = \sum_{x \in PA_k} d(x, \sum PA) / |PA_k| \qquad (2-17)$$

显然，GD 的值越小，算法的收敛性越好，越逼近整个帕累托前沿，算法的性能也越好，因此该指标是典型的收敛性指标。

（三）反向世代距离（inverted generational distance，IGD）

令 $d(x, PA_k)$ 表示 $\sum PA$ 中的解 x 到 AP_k 的距离，IGD 的计算如下：

$$IGD(AP_k, \sum AP) = \sum d(x, AP_k) / \left| \sum AP \right|, \ x \in \sum AP \qquad (2-18)$$

显然，IGD 是一个能够同时反映收敛性与多样性的综合性评价指标，IGD 值越小，表明算法具有越好的收敛性与多样性，越能逼近整个帕累托前沿。

（四）多样性指标（diversity metric，通常记为 Δ）

令 d_ξ 和 d_η 表示 $\sum PA$ 中的边界解到极值解的欧式距离，d_λ 表示 PA_k 中两个相邻解之间的距离，$\bar{d}$ 表示所有解之间的平均距离。多样性指标计算如下：

$$\Delta_k = \frac{d_\xi + d_\eta + \sum |d_\lambda - \bar{d}|}{d_\xi + d_\eta + (|PA_k| - 1)\,\bar{d}|} \qquad (2-19)$$

显然，多样性指标可以用于衡量算法的多样性，Δ_k 的值越小，表面算法的多样性越好。

（五）支配性指标（dominance metric，通常记为 Ω）

支配性指标与 $ONSN$ 非常类似，支配性指标用于表示不被 $\sum PA$ 支配的解的比例，计算如下：

$$\Omega_k = |PA_k \backslash \{x \in PA_k \,|\, \exists y \in \sum PA : y \text{ 支配 } x\}| \,/\, |PA_k| \qquad (2-20)$$

显然，Ω_k 的值越大，算法的收敛性越好，算法能够更加逼近真实的帕累托前沿。

第三章

研究综述

▶ 第一节　文献检索情况概述

本节主要对物流系统中的装载、运输、配送优化问题和多目标进化算法相关研究的文献检索情况进行简要说明，以下分别从文献检索范围、相关文献情况和学术趋势三个方面进行分析。

一、文献检索范围分析

为了明确检索范围，本节首先对物流系统中的装载问题、运输问题、配送优化问题和多目标进化算法研究的脉络进行分析，从而进一步确定的研究主题的范畴和所需的相关研究文献。

伴随着互联网技术和电子商务的快速发展，传统物流模式不断向现代模式转换，并成为当前物流业发展的必然趋势，对物流的关键环节进行优化对于提高物流系统的效率成为企业竞争的核心（Gunawan et al.，2020；邱晗光等，2020）。装载、运输和配送作为物流系统优化的三个关键环节，是发展现代物流行业需要克服的重要挑战，吸引了学术界的广泛关注（Vakulenko et al.，2018；陈义友等，2016）。装载是货物运输和配送的前提，目前关于货物装载问题的研究主要以不违反装载容器的容量约束下所装载的物品利润最大化或所使用的容器数量最小化的目标，鲜有考虑货物在重量、体积、安全性等各维度上的均衡；运输是物流系统的核心功能，目前关于货物运输问题主要构建为以降低成本或缩短运输时间为目标的单目标优化问题，考虑多个目标的折中的多目标运输问题比较有限，且主要关注单一运输模式下的运输问题；将货物在末端节点交到顾客手中的"最后一公里"配送问题是电子商务快速发展下衍生出来的一个物流配送优化新方向，快递柜作为一种新兴的物流设施，已经被广泛应用于解决"最后一公里"配送，但目前关于快递柜在"最后一公里"配送问题中的应用研究主要集中于定性分析阶段。故通过对已有研究的缜密分析，并结合现实中广泛存在的物流系统装载、运输和配送需要考虑多个相互冲突的目标的背景，分别从物流系统的多目标货物装载、运输和配送三个关键环节出发，在理论研究和实际应用的双重驱动下，提炼出具有现实背景的多目标优化问题，构建出数学模型，并根据问题特征设计出有效的多目标进化算法，旨在为决策者提供多种可供选择的决策方案和有价值的管理启示。

综上，与本书相关的研究文献包括四个方面：一是关于货物装载问题的模型与算法研究；二是关于运输问题的模型与算法研究；三是关于配送优化中快递柜的应用研究；四是多目标进化算法研究。

二、相关文献情况分析

对物流系统中装载—运输—配送优化问题的多目标模型和算法的相关文献采用的检索方式是主题、题名、摘要以及关键词等检索。在检索英文期刊数据库时，以"cargo loading""transportation problem""intermodal transportation""logistics delivery""last mile delivery""parcel locker""multi-objective optimization""multi-objective evolutionary algorithm"等为主题、题名、关键词等进行检索；对中文期刊数据库进行检索时，以"货物装载""运输问题""多式联运""物流配送""最后一公里"配送、"快递柜""多目标优化""多目标进化算法"等为主题、题名、摘要以及关键词进行检索。以 INFORMS Online Journals（美国运筹学和管理学研究协会期刊）、Elsevier Science direct（荷兰 Elsevier Science 出版的期刊数据库）、Springer Link 全文数据库（德国施普林格出版的全文期刊数据库）、Wiley online library 期刊数据库（美国 John Wiley 公司出版的期刊数据库）、IEL 全文数据库（IEEE/IET Electronic Library）、Taylor & Francis Online、中国学术期刊全文数据库（CNKI）、中国优秀硕士/博士学位论文全文数据库、超星电子图书、东北大学图书馆藏书、百度以及 Google 等为检索源，进行了中英文文献检索。截至 2021 年 2 月 1 日，检索到上述主题的中文和英文文献总数以及与研究密切相关的文献数如表 3-1 所示，并在表 3-1 中对检索结果不为 0 的检索情况进行了列举和说明。

表 3-1　　　　　　　　　相关文献检索情况

检索源	检索词	检索条件	篇数总计	有效篇数	时间
Informs	cargo loading/transportation problem/intermodal transportation/last mile delivery/parcel locker/multi-objective evolutionary algorithm	anywhere	5057	228	2000.1-2021.2
Elsevier Science Direct	cargo loading/transportation problem/intermodal transportation/last mile delivery/parcel locker/multi-objective evolutionary algorithm	title/abstract/keywords	1987	253	2000.1-2021.2
Springer LINK	cargo loading/transportation problem/intermodal transportation/last mile delivery/parcel locker/multi-objective evolutionary algorithm	all field/title/keywords	2005	185	2000.1-2021.2
Wiley Online Library	cargo loading/transportation problem/intermodal transportation/last mile delivery/parcel locker/multi-objective evolutionary algorithm	anywhere/title	2124	207	2000.1-2021.2
Taylor & Francis Online	cargo loading/transportation problem/intermodal transportation/last mile delivery/parcel locker/multi-objective evolutionary algorithm	title/abstract	1198	89	2000.1-2021.2

检索源	检索词	检索条件	篇数总计	有效篇数	时间
IEL	cargo loading/transportation problem/intermodal transportation/last mile delivery/parcel locker/multi-objective evolutionary algorithm	title/keywords	1352	185	2000.1–2021.2
CNKI	货物装载/装箱问题/运输问题/多式联运/最后一公里配送/快递柜/多目标进化算法	题名	6410	397	2000.1–2021.2
合计	—	—	20133	1544	—

为了更好地开展研究工作，对上述所检索出的文献进行进一步阅读和分类，从关于货物装载问题的研究、关于运输问题的研究、关于"最后一公里"配送中快递柜的应用研究和关于多目标进化算法的研究四个方面进行文献的梳理和综述。由于研究所涉及的相关文献较多，为了更精确地描述所提炼的研究问题，以及使所提出的研究方法有效，仅对其中具有代表性且密切相关的一些文献进行综述。

三、学术趋势分析

为确定物流系统中多目标的装载—运输—配送优化问题相关研究的研究趋势，对国际期刊论文进行了检索，检索时间范围为 2000～2020 年，并利用 ISI Web of Knowledge 平台下的 Web of Science 数据库，分别以"cargo loading""cargo transportation""last mile delivery"和"multi-objective evolutionary algorithm"作为检索本体词源，创建相关文献的引文报告。图 3 – 1 至图 3 – 4 分别给出了以货物装载、货物运输、"最后一公里"配送和多目标进化算法为研究主题的文献的每年出版文献数和针对这些文献的每年引文数。由图 3 – 1 至图 3 – 4 可知，2000～2020 年，关于货物装载的研究、货物运输的研究、"最后一公里"配送的研究和多目标进化算法的研究的每年出版的文献数和每年的引文数整体呈逐年上升的趋势，说明针对这些主题的研究均具有良好的国际学术关注度。

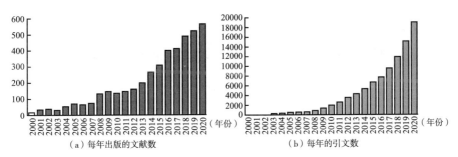

图 3 - 1　以货物装载为研究主题的文献出版情况和文献引用情况

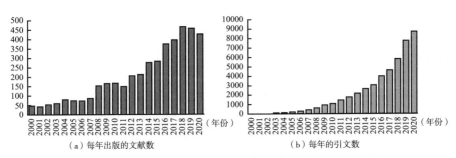

图 3 - 2　以货物运输为研究主题的文献出版情况和文献引用情况

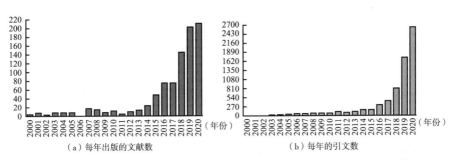

图 3 - 3　以"最后一公里"配送为研究主题的文献出版情况和文献引用情况

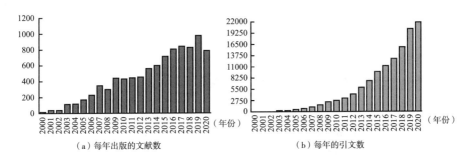

图 3 - 4　以多目标进化算法为研究主题的文献出版情况和文献引用情况

▶ 第二节　关于货物装载问题的研究

货物装载优化问题也可以称为装箱问题或被背包问题（王超，2016），其目标是最大限度地发挥装载容器的装载能力，从而降低运送成本。按照装载中考虑的物品的维度通常可以分为一维货物装载问题及多维货物装载问题。其中，多维货物装载问题可以进一步划分为二维装载问题、三维货物装载问题和 $N(N>3)$ 维货物装载问题（Gerhard et al.，2007），不同维度的货物装载问题适应于不同的应用情景，其模型构建和求解策略也不同。本节针对一维货物装载问题与多维货物装载问题和求解算法进行综述。

一、一维货物装载问题的研究

一维货物装载问题只考虑一个因素，通常为重量，或者将其他因素作为附加约束，如考虑重量因素的装载问题还附带体积约束等。一维货物装载问题的相关研究引起了国内外学者的广泛关注，例如：

弗莱萨和查兰博斯（Fleszar and Charalambous，2011）为了解决常见的一维装箱问题的启发式算法中每次只对一个箱子进行装载容易导致在装载的早期仅倾向于选择较小的物品而使得解的质量较差的情形，提出了一种用面向箱子的启发式方法用于控制物品的平均重量，介绍了基于该方法的构造启发式和改进启发式，并提出了面向箱子的启发式的约简方法，优化目标为使用的箱子数量最少。

库卡可尤玛扎和克兹罗茨（Kucukyilmaza and Kiziloz，2018）提出了一种可扩展的分组遗传算法用于求解一维装箱问题，该算法中使用了一个岛并行模型，并通过对通信拓扑的选择、迁移，以及同化策略的设计、迁移速率和频率的调整与提高种群多样性等方法进行详细设计，实验结果表明该算法的性能优于传统的分组遗传算法。

辛格和古普塔（Singh and Gupta，2008）设计了求解优化目标为最小化使用的箱子数量的一维装箱问题的混合稳态分组遗传算法，在该算法中，首先使用遗传算法对部分货物进行装载，对遗传操作进行改进；其次，对于使用遗传算法后仍然未被装载的物品，充分利用一维装箱问题的已知下界，设计了一种改进的最小松弛量启发式（minimum bin slack heuristic，MBSH）（Schwerin et al.，1999）方法。

魏等（Wei et al.，2020）基于一维装箱问题的经典陪集划分方法和行子集的不等式提出了一种新颖的分支—定价—剪枝算法用于求解一维装箱问题，设计了一种标签设置算法来解决定价问题，使用支配性和深度性规则来加速其计算，并提出了一种基于装箱树的启发式方法用于提高算法的性能。该精确算法可以用于处理一些实际的约束条件，如考虑物品之间的不兼容的一维货物冲突装箱问题。

布鲁斯科等（Brusc et al.，2013）将一维货物装箱问题应用于心理学的分组测试中，假设了箱子没有容量上限，虽然允许每个箱子中的物品数量不同，但要求各个箱子中的物品数量能够尽可能地相似，在此基础上，提出了一种极大极小装箱问题，优化目标为货物数量最大的箱子中的货物数量最小化，构建了该问题的 0 - 1 整数线性规划模型，并提出了一种改进的模拟退火算法对问题进行求解。

基罗斯卡 - 斯特利亚诺等（Quiroz-Castellano et al.，2015）提出了一种控制基因传递的分组遗传算法用于求解一维货物装箱问题，该算法在不破坏有效选择优秀个体和保持种群多样性之间的平衡的条件下，促进了染色体中最佳基因的传递。其中，通过一组新的遗传操作来完成最佳基因的传递，并通过一种新的繁殖技术来平衡算法的局部开发和全局探索，通过控制搜索空间防止算法过早收敛。

佩雷拉等（Pereira et al.，2016）研究了考虑货物装载的优先约束的一维货物装箱问题，并提出了一种基于动态规划的启发式方法，通过对问题的下界进行分析，提出了一种改进的分支定界精确枚举方法，该算法对于货物重量比较大、货物差异性强度较低的算例求解比较困难。

道恩格乏鲁和科莎（Dokeroglu and Cosar，2014）设计了求解一维货物装箱问题的并行分组遗传算法，该算法融合了并行计算技术、进化分组遗传元启发式和基于箱子的启发式来提高算法的搜索效率，基于箱子的启发式算法可以将在交叉和变异过程后剩余的物品重新进行装载，该算法在1318 个 benchmark 算例中，对于 88.5% 的算例获得了最优解。

刘林浩等（2013）研究了一种箱子的尺寸可变的装箱问题，考虑了箱子的承重能力（脆度）约束和物品的品类，要求同一品类的物品需要装载在相同的箱中，构建了该问题的整数规划模型，并提出了一种同时考虑的箱子和物品的属性的启发式方法用于对问题进行求解。

张雅舰等（2016）针对现有的遗传算法求解一维装箱问题收敛速度慢这一主要难题，提出了一种改进的遗传算法，采用在种群初始化过程中加入降序最佳适应启发式算法生成个体，对适应度进行变换和优秀个体保留策略对算法进行了改进，实验结果表明，改进的后遗传算法相较于原始的遗传算法获得最优解的概率更大。

张江静和陈峰（2012）针对物品类型不同但所有物品的尺寸相同、每辆车对不同类型的物品有多种备选装载组合的装载情形，提出了一种考虑装载组合约束的装车问题，构建了该问题的混合整数规划模型，优化目标为所装载的物品数量最多，提出了基于贪婪准则和宽恕机制的启发式算法对模型进行求解，并将求解结果与通用求解器 CPLEX 的结果进行比较。

巩梨等（2020）研究了优化目标为使用的箱子数量最少和使用的箱子关联费用最少的多目标一维装箱问题，考虑了各个箱子具有不同的容量限制的情形，构建了该问题的随机机会约束规划模型，并使用 NSGAII 算法进行求解。

二、多维货物装载问题的研究

在多维货物装载问题中，常见的有两维货物装载问题主要考虑物品的长和宽两个维度，三维货物装载问题考虑货物的长、宽和高三个方面的维度，这两类问题主要从物品的空间维度进行划分，而实际应用中，货物除了空间上的维度，往往还具有重量、体积、价值、安全性、密度与装载容器的匹配性等更多的维度，属于 N 维货物装载问题的范畴（$N > 3$）。多维货物装载问题受到了国内外学者的广泛关注，本节针对多维货物装载问题的相关研究进行综述。

波利亚可夫斯基和哈勒（Polyakovskiy and Hallah，2018）研究了一种箱子数量有限的考虑货物的交货期且货物可以旋转90度的二维非定向装箱问题，构建了该问题的混合整数规划模型，优化目标为交货期延迟最大的箱子的交货期延迟最小化。对于小规模问题，使用通用求解器CPLEX进行精确求解，对于大规模的问题，设计了一种两阶段可行性约束引导搜索方法进行求解。

伟等（Wei et al.，2018）研究了带容量约束的车辆路径优化下的二维装车问题，考虑了货物不能相互堆叠的约束，提出了货物需要（或不需要）后进先出和货物可以（或不可以）旋转的四种情形下的问题。为了对这四种问题进行求解，提出了一种基于开放空间的局部搜索方法，并在此基础上提出了一种具有反复冷却和升温机制的模拟退火算法。

拉巴迪等（Laabadi et al.，2016）研究了一种货物有固定方向的二维装箱问题，基于群智能原理，提出了一种新颖的二进制乌鸦搜索算法，针对乌鸦搜索算法的原始框架更适合求解连续优化问题这一缺陷，使用Sigmoid函数变换将实数值转化为二进制的解，使乌鸦搜索算法适用于求解离散的二维装箱问题。

王等（Wang et al.，2020）提出了一种新的离散灰狼优化算法用于求解二维装载问题，在该算法中，为了保证编码的有效性，对算法中的搜索和攻击操作进行了改进，提出了一种测量狼之间的距离的新方法。此外，提出了一种改进的最佳匹配启发式，根据矩形的长和宽划分了五种最佳的匹配规则。

康等（Kang et al.，2012）提出了一种求解三维装箱问题的混合遗传算法，该算法嵌入了改进的左下角填充算法，用于改进装载策略。为了模拟集装箱装载过程中的实际应用情景，考虑了箱子的旋转因素。该算法的核心改进策略包括通过比较货物的尺寸（集装箱内允许的放置面积）与开始包装之前的箱子的尺寸来提高计算过程的效率，确保每件货物都被放置在左下角的最深处的位置，在搜索空间中找到尽可能多的不同的包装序列提高种群的多样性。

帕凯等（Paquay et al.，2014）研究了航空货运中货物的重量分布、稳定性、货物的易损性和货物运输过程中发生旋转的可能性的三维飞机货物装载问题，构建了以最小化箱子的空余量为目标的混合整数线性规划模型，并使用通用求解器 CPLEX 进行求解以验证模型的正确性。

祖迪尔等（Zudio et al.，2018）提出了一种混合有偏随机密钥遗传算法用于求解三维装箱问题，使用一个整数序列来确定货物装载的顺序，该算法通过嵌入了变邻域下降的启发式方法确定货物装载的顺序，从而为遗传算法提供优秀的初始种群，同时，在产生实际交叉种群时，通过将每个精英个体与已排序的序列配对以快速识别出质量较好的变异个体。

格扎拉等（Gzara et al.，2020）研究了托盘装载背景下的三维装箱问题，考虑了垂直支撑、放在底层的货物的承重能力和托盘的负载平衡与物品在托盘中的排布等实际因素，构建了该问题的数学模型，采用分层列生成的方法对问题进行求解，使用二阶锥规划模型解决垂直支撑问题，并通过图形表示方法来跟踪载托盘上的载荷分布。在分析大量行业数据的基础上，提出了一个问题的实际算例生成器，并对算法的性能进行验证。

阿摩森和皮辛格（Amossen and Pisinger，2010）研究了一组 N 维矩形盒子在满足可以切割的情况下，是否可以正交装入矩形箱的决策问题，并将该问题构建为一类 N 维装箱问题，并在约束规划的基础上，提出了一种考虑（或不考虑）可切割约束下的构造启发式算法

特里维拉和皮辛格（Trivella and Pisinger，2016）研究了考虑装载平衡的 N 维装箱问题，优化目标为所使用的箱子数量最少，同时确保箱子的平均质量中心尽可能接近理想点，构建了该问题的混合整数线性规划模型，从仅考虑一个箱子的平衡的货物装载的情况推广到考虑多个箱子的一般化的多维平衡装箱问题。从装箱层次和方向转移层次出发，提出了一种多层局部搜索启发式算法对问题进行求解。

尚正阳等（2018）研究了一种考虑货物冲突关系的二维装载问题，冲突的货物不能放在同一个箱子里，构建了该问题的整数规划模型，并使用构建冲突矩阵描述货物是否冲突。为了对模型进行求解，提出了一种改进的模拟退火算法，使用贪婪算法对货物冲突进行预处理，以确保的可行性，并设计了动态随机扰动的方法用于增强了算法的邻域搜索能力。

曹大勇（2012）提出了一种求解考虑货物不可旋转约束的二维装箱问题的两阶段启发式算法，在第一阶段中，构造了该问题的多递归层算法，

在通过使用第一阶段的多层算法产生多多递归层之后，将二维装箱问题转化为一个一维装箱问题，并在第二阶段中将第一阶段的多递归层算法与求解一维装箱问题的最优匹配递减算法相结。

朱向和向延平（2020）研究了考虑物品规格不同的多车厢三维平衡装载问题，构建了该问题的混合整数规划模型，优化目标为提高载重能力利用率和容积利用率，以及降低物品总重心位置的偏移量，并将三个不同的目标通过权重向量转化为单目标优化问题，使用贪婪自适应搜索算法对模型进行求解。

那日萨等（2015）考虑了货物方向约束、货物装载优先级约束和装载容器最大载重量等七种集装箱装载约束，提出了三维多箱异构货物装载优化问题，优化目标为所使用的集装箱数量最少。为了对问题进行求解，提出了一种基于货物块（相同货物相同方向组合的块）和装载空间的启发式搜索算法，该算法使用树状搜索策略，根据可用装载空间，每搜索一次后对所获得的货物块进行评估，直至无可用装载空间或所有的货物都被装载为止。

崔会芬（2018）研究了考虑货物放置方向约束、装载容器最大载重量和稳定性约束等五种集装箱装载约束，提出了三维单箱货物装载优化问题，构建了该问题的数学优化模型，优化目标为载重量最大，并提出了一种改进遗传算法对模型进行求解。在该算法中，采用排序选择和部分匹配交叉对传统遗传操作进行改进。

▶ 第三节 关于运输问题的研究

传统的运输问题是解决产地和销地的物资调运方案的一种线性规划问题。最早研究运输问题的是希契科克（Hitchcoc），科普曼斯（Koopman）首次提出运输问题并对其进行了深入的研究（Hitchcock et al.，1941；Koopmans et al.，1949）。此后，运输问题一直是物流优化领域和运筹学理论研究中的一个重点，学者们主要从模型构建和算法设计两个方面进行研究。除了以上具有特殊结构的传统运输问题，其他以优化运输路径、运输模式选择等考虑不同因素的运输问题也被广泛地研究。在过去的几十年里，多式联运作为一种高级的运输组织方式，综合了多种运输方式的特点，成为交通运输领域的一个热点问题。而运输行业作为一个高能耗和高污染行业，以节能减排为特征的绿色运输问题也引发了社会各界的普遍关注（王有鸿和费威，2010）。本节分别针对传统的运输问题、多式联运网络设计问题、考虑碳排放和能源消耗的绿色运输问题的相关研究进行综述。

一、传统运输问题的相关研究

关于传统的运输问题的相关研究一直以来都是学术界的研究重点，并取得了一些可借鉴的研究成果。

萨巴格等（Sabbagh et al.，2015）研究了产销平衡运输问题，构建了不同产销量关系下的运输问题模型，提出了一种融合了启发式方法和精确算法的混合算法对模型进行求解。在该算法中，首先，将产销平衡运输问题进行线性松弛的基础上，提出了两种贪婪启发式方法用于寻找问题的负集和负对对偶矩阵，进而获得最优或接近最优的运输表，然后使用改进的Ford-Fulkerson算法获得最优解。

卡尔维特等（Calvete et al.，2018）研究了将货物从工厂运出，经过分销中心，最后交付到客户手中的两阶段固定费用运输问题，假设工厂的生产量大于客户的需求量，同时考虑了与运输量相关的运输成本和节点间的固定运输成本，构建了优化目标为最小化总运输成本的数学模型，并提出了一种混合遗传算法，该算法将优化问题嵌入进化算法的框架中实现对问题的求解。

尼若曼德等（Niroomand et al.，2015）研究了将货物从工厂运出，经过分销中心和零售商，最后交付到客户手中的三阶段可持续固定费用运输问题。使用数据包络分析技术对车辆的经济、环境和社会三个独立的可持续性参数进行评估；在此基础上，构建了该问题的集成的多目标优化模型，优化目标为总利润的最大化、车辆可持续性最大化和顾客之间的关联关系最大化，并使用 ε 约束方法将该多目标优化问题转化为单目标优化问题进行分析和求解。

萨内等（Sanei et al.，2015）研究了一种总生产量大于总需求量的考虑固定费用的运输问题，采用了与运输量相关的阶梯收费方法，并使用阶梯函数确定可变运输费用，同时还考虑了不同型号的车辆的选择问题，构建了该问题以总成本最小化为目标的数学模型，并提出了一种拉格朗日松弛启发式方法对模型进行求解。

巴拉吉（Balaji et al.，2017）研究了考虑固定费用和卡车的容量约束的运输问题，假定总生产量大于总需求量，构建了该问题以最小化总成本为目标的数学模型，并提出了一种将遗传算法和模拟退火算法相结合的混合进化算法对模型进行求解。

贝拉和蒙达尔（Bera and Mondal，2020）研究了考虑将货物从工厂，经过分销商，最后运往零售商的两阶段多目标运输问题，其中，分销商向零售商提供依赖于数量的信用期政策，诱使零售商从分销商那里采购商品，构建了包括基于脆值的信用期和基于模糊的信用期情形下的双目标优化模型，优化目标为零售商的总运输成本的最小化和分销商的总利润最大化，并使用 NSGAII 对模型进行求解。

比西斯和帕尔（Biswas and Pal，2020）研究了考虑多种运输方式、不同运输能力和固定费用的运输问题，运输可行的条件是每一产地所有运输方式的总运力不小于该产地的产量，构建了该问题的多目标优化模型，优化目标为总运输成本和总运输时间最小，并提出了一种改进的 NSGAII 算法对模型进行求解，并与其他的多目标进化算法进行比较。

李珍萍等（2011）针对运输时间要求比较严格的运输情形，如易腐产品和救灾物资，研究了考虑时间限制的运输问题，分析了运输量与运输时间的关系，把运输时间划分为与运输量有关和与运输量无关的两种类型，基于运输量与运输时间的关系，将考虑运输时间限制的运输问题转化为变量有上界的最小费用运输问题，并使用表上作业法对问题进行求解。

缪文清和沈炳良（2021）研究了考虑预警时间的 D 类平衡运输问题，从目标规划角度将该问题转化为在最短的时间内将货物从产地运送到销地以使总运输成本最小的 B 类运输问题，并构建了转化后的运输问题的线性规划模型。为了对模型进行求解，提出了一种变量闭回路解法，并将变量闭回路法与表上作业法相结合，在预警时间被违背的情况下使用变量闭回路法对可行解进行调整。

胡勋锋和李登峰（2014）研究了考虑各方参与者对运输方案的满意度优化平衡运输问题，构建了该问题的数学优化模型，优化目标为最小化各参与者的不满意度向量，证明了该问题的可行域不为空时解的存在性，以及模型的解的存在唯一性，并给出了模型的求解方法。

二、多式联运下的运输问题的相关研究

关于多式联运网络设计的相关研究一直以来都是学术界的研究重点，并取得了一些可借鉴的研究成果。

孟和王（Meng and Wang，2011）研究了考虑多类型集装箱和多利益相关者的中心辐射型多式联运网络设计问题，构建了以承运人的总运输成本和枢纽运营商的运营成本最小化为目标的优化模型，并使用效用函数用于反映承运人或枢纽运营商在不同流量机制下从规模经济向规模不经济的转变，以及描述了多式联运下的运输操作中的实际运输费用和交通堵塞情形，并设计了一种嵌入了对角化方法的混合遗传算法用于对问题进行求解。

林和古（Lam and Gu，2016）构建了港口腹地多式联运网络战术规划为背景下的多目标多式联运网络设计优化模型，优化目标为最小化运输成本和运输时间，内陆运输中主要考虑了铁路、驳船和卡车三种运输方式，并将碳排放上限纳入了模型的约束中，使用通用求解器 CPLEX 对模型进行求解，并将该方法应用于国内的苏州、杭州、南京、武汉和长沙的五个铁路陆港和苏州、南京和武汉的三个驳船港的多式联运网络设计中。

瑞赛特和蒂尔卡伊（Resat and Turkay，2015）研究了考虑交通拥堵的多式联运网络设计问题，构建了该问题的双目标混合整数线性规划模型，优化目标为运输成本和时间的最小化，采用 ε 约束方法对多目标优化问题进行转化，使用通用求解器 CPLEX 对问题进行求解，并将模型应用于实际案例中。

阿萨迪保尔等（Assadipour et al.，2016）研究了通过征收通行费以阻

止承运人使用某些枢纽站点的公路—铁路联运下的危险品多式联运网络设计问题，构建了该问题的双层多目标优化模型，优化目标为减少车辆和火车在人群中的暴露，降低政府的总收费和降低承运人的总成本，提出了一种混合速度约束多目标粒子群优化算法，并将该算法与 CPLEX 算法相结合求解该模型。

福图希和休恩（Fotuhi and Huynh，2017）研究了需求量和供应量不确定下的考虑网络中断的可靠多式联运网络设计问题，用于对运输过程中枢纽站点的选择和运输量的分配等进行综合决策，建立了该问题的鲁棒混合整数线性规划模型。为了求解该问题，设计了一种混合遗传算法，采用列生成算法求解货流分配问题，采用多模态最短路径标签设置算法求解定价子问题，并与穷举方法进行了比较。

柯（Ke，2020）研究了考虑随机中断的常规物品和多种危险品的公路—铁路联运下的运输网络设计问题，构建了基于情境的多目标鲁棒优化模型，优化目标为最小化在中断发生后使用备用设施满足需求的总成本和集装箱在运输及经过枢纽节点的过程中的风险最小化，提出了三个运营层面和一个战略层面的恢复机制，以在中断期间维持网络的连接。

程兴群和金淳（2019）研究了碳限额、碳税、碳交易和碳补偿政策下的考虑道路拥堵的多式联运路径选择问题，构建了四种碳政策下的路径优化整数规划模型。为了对以上模型进行求解，提出了基于保优策略和移民策略的改进遗传算法，并讨论了四种碳政策对多式联运中碳减排、缓解交通拥堵和降低成本的影响。

熊桂武和王勇（2011）研究了带时间窗的多代理人多式联运作业整合优化问题以将运输任务分派给物流代理商并选择合适的运输方式组合，构建了该问题的混合整数规划模型，优化目标为总成本的最小化。为了对问题进行求解，将优化目标分解为作业指派和运输路径两个层次，使用邻域搜索算法对第一层的作业指派进行优化，并设计了一种双层遗传算法，在第二层次中，将该问题转化为带时间约束的最小费用多货物流问题，并设计了混合田口交叉遗传算法进行求解。

李魁梅和郑波（2020）从客户满意度和企业社会责任的角度出发，考虑了运输工具的排放、送达不准时和货物在途价值衰变等因素带来的成本，以及货物运输成本，构建了以综合成本最小为目标的多式联运输路径优化模型，提出了一种混合蝙蝠算法对模型进行求解，并与和声算法进行对比。

程兴群等（2020）针对运输时间和运输费率不确定下的情形，提出了碳交易政策下的多式联运路径优化问题，在建立了该问题的确定性的模型的基础上，使用 box 不确定集合刻画不确定的运输时间和费率，构建了鲁棒性可调节的多式联运路径优化模型，并使用对偶转化获得鲁棒等价模型，并使用通用求解器 CPLEX 进行求解。

三、绿色运输问题的相关研究

绿色运输是发展绿色物流中的一项重要内容，通常是指以节约能源和减少碳排放等废气排放为特征的新型运输理念（Trappey et al.，2012）。萨拉弗蒂斯（Psaraftis，2016）将绿色运输定义为是在遵循传统经济绩效的同时，在运输供应链中实现环境绩效的一种尝试，并对绿色运输进行了系统和详细的介绍。

运输业作为一个高能耗、高污染的行业，目前的绿色运输相关研究主要关注运输中的碳排放和能源消耗。林和古（Lam and Gu，2016）研究了多式联运下以时间和成本为优化目标对碳排放的影响以及不同碳排放上限对运输方式和运输路径选择的影响。陈和王（Chen and Wang，2016）将碳排放纳入交通运输方式选择决策中，分析了考虑碳限额、碳税与碳交易政策的下的情景。柯（Ke，2020）使用了碳税作为碳减排政策，研究了考虑碳税下的多式联运网络设计。崔和李（Cui and Li，2015）采用了数据包络分析方法和 Tobit 回归模型，其中选择碳排放和劳动力作为输入。白等（Bai et al.，2020）运用社会网络分析方法，研究了 2005～2015 年中国省际交通碳排放空间关联网络结构特征及其驱动因素，研究结果表明在控制交通碳排放的过程中，政府应以网络中心省份为重点，关注研发投入对交通碳排放空间关联的影响。李魁梅和郑波（2020）将碳排放成本纳入了多式联运的路径优化问题的目标函数中。

燃油消耗问题已成为发展绿色交通运输业中一个非常重要的问题

（Trappey et al.，2016；Psaraftis et al.，2016）。与固定运输成本不同，燃油消耗成本是一种可变成本，与运输工具的运输量和总行驶距离有很强的关联性。沃尔兹和伯恩哈特（Wörz and Bernhardt，2017）提出了一种通过收集车辆微观信息来精确获取车辆的燃油消耗的方法，并使用 Dijkstra 算法来最小化燃油消耗。多乐等（Toro et al.，2017）基于对车辆的受力分析，提出了一种考虑道路坡度的燃油消耗计算方法，并将其应用于选址—路径问题优化中。目前，使用最广泛的油耗模型是巴斯等（Barth et al.，2005）以及巴斯和博尔本索明（Barth and borboonsomsin，2009）提出的综合考虑车辆的速度和加速度的燃油消耗模型，这种燃油消耗模型及其改进版本已被广泛应用于各种运输情景下的车辆燃油消耗计算。张瑞友等（2016）基于巴斯等（Barth et al.，2005）及巴斯和博尔本索明（Barth and borboonsomsin，2009）对集装箱拖车运输问题中的燃油消耗进行计算。

▶ 第四节　关于配送优化问题中快递柜应用的研究

配送优化问题是物流系统优化中的重要组成部分，尤其是伴随着电子商务物流需求的增加，配送优化问题是物流配送优化中衍生出来的一个热门问题。由于配送是连接终端客户的唯一环节，非常重视终端用户的消费体验，缓解配送压力是物流系统中亟待解决的问题。而作为一种能够提供 24 小时自助服务的且具有寄存功能的新型设施，智能快递柜为解决物流配送问题提供了新的方向。本节对配送优化问题和使用快递柜解决"最后一公里"配送相关研究进行综述。

一、配送优化问题的相关研究

目前，关于配送优化问题的研究主要包括设施选址问题、配送路径优化问题、配送方案创新（如无人机、智能快递柜等）和配送对环境影响的研究四个方面，并取得了一些重要的研究成果。

西蒙尼等（Simoni et al.，2017）研究了将不同物流公司和运往不同客户的货物在配送中心进行整合和配送的城市包裹配送问题,对配送中心的选址、车队的选择和配送路径进行综合决策,构建了该问题的混合整数规划模型,优化目标为最小化总成本。为了对模型进行求解,将模型划分为配送中心选址子模型和配送路径、车队优化子模型,并分别使用遗传算法和模因算法进行求解。

王等(Wang et al.,2016)研究了使用众包模式解决"最后一公里"配送的大规模移动群体任务分配模型,用于将快递配送任务分配给众包工作者,在证明了该模型等价于网络最小费用流问题的基础上,提出了三种剪枝策略用于降低网络规模,并利用新加坡和北京的数据集进行了性能测试和分析。

周等(Zhou et al.,2017)研究了同时考虑送货上门和客户自提两种配送方式的双层终端选址—路径问题,在该问题中考虑了配送终端具有不同的规模的情形,构建了以最小化总成本为目标的优化模型,用于对终端的选址和规模、车辆的类型和路径等的综合决策,并将遗传算法与模拟退火算法相结合,提出了一种自适应混合算法对问题进行求解。

王等(Wang et al.,2017)研究了"最后一公里"配送中自提点选址问题,考虑了公司的潜在客户的分布和城市居民的聚集模式,利用市民的公共交通出行记录来模拟特定时间段人群的出行情况,在此基础上,使用了一种核变换方法在重新评估顾客的位置后进行聚类,并假设将自提点建立在靠近人群的地方使顾客更加便利,并基于此确定自提点的最佳位置。

成等(Cheng et al.,2020)研究了使用无人机进行"最后一公里"配送下的无人机多行程路径优化问题,并构建了以最小化总成本(包括无人机飞行成本和燃油消耗成本)的优化模型。将无人机的燃油消耗构建为有效载荷和飞行距离的非线性函数,为了对模型进行求解,提出了一种分支定界算法,在求解过程中加入逻辑切割和次梯度切割来处理复杂的非线性燃油消耗函数。

萨拉玛和斯里瓦尼(Salama and Srinivas,2020)针对使用多架无人机与一辆卡车联合操作将订单交付到一组客户手中的情形,提出了一种考虑客户位置聚类和基于无人机的"最后一公里"配送路线联合优化问题,并构建了以总成本最小化为目标的优化模型。由于需要将配送地点划分为小集群，并确定每个小集群的无人机射点，采用了两种发射点选择规则，即将其限制在一个客户位置上或允许设置在配送区域内的任何地方，并设计了一种基于无监督机器学习的启发式算法对模型进行求解。

查特吉等（Chatterjee et al.，2017）利用城市现有的公共交通设施，开发了一个中小包装商品"最后一公里"配送的基于多智能体的仿真模型，从成本、时间和能源消耗的角度考察了所提出的系统模型的可行性，采用 Dijkstra 最短路径算法和嵌套蒙特卡罗搜索算法，建立了一个基于时间的成本矩阵，用于生成多式联运下的运输方案计划，结果显示，在能源效率方面，使用公共交通工具比现有的配送方式具有明显的优势。

周林等（2020）从系统集成优化的角度出发，研究了"最后一公里"配送中考虑终端共享的多主体共同配送下的选址—路径问题，在该问题中，客户可以任意选择送货上门或自提点取货，同时，自提点可同时为不同企业的客户服务，建立了以总成本最小化为目标的整数规划模型。为了对模型进行求解，提出了一种改进遗传算法，并在算法中嵌入了局部搜索策略用于提高算法搜索能力。

杨双鹏（2017）针对无人机可实现疫情期间应急物资无接触配送的特点，提出了卡车和无人机联合配送优化问题，构建了该问题的三阶段模型，优化目标为总配送时间和总配送成本的最小化，提出了三阶段算法对模型进行求解，第一阶段使用 K-means 用于确定卡车的配送点，第二阶段使用模拟退火算法获得卡车的配送路径，第三阶设计了基于"尾部客户判断法"的改进模拟退火算法用于确定无人机飞行路径。

李文莉（2020）以疫情期间保证居民生活的零售物流配送为背景，研究了考虑订单释放时间的配送路径优化问题，构建了该问题的整数规划模型，优化目标为最小化配送完工时间与配送成本的加权和，并设计了改进的迭代局部搜索算法用于对模型进行求解。该算法采用基于多种邻域结构的局部搜索策略，使用大路径和最优分割过程获得初始解，并采用打破机制提高算法搜索效率。

二、使用快递柜解决"最后一公里"配送的相关研究

与传统的投递方式相比，快递柜具有灵活性高、能更好地保护客户的

隐私等优点，世界上有 20 多个国家均在"最后一公里"配送中提供了快递柜服务用于提高物流配送的效率。目前，快递柜在"最后一公里"配送中发挥重要的作用，其学术关注度也不断增加。

目前，国内外的学者主要从定性分析的角度对快递柜的优点和快递柜运营需要考虑的因素等方面进行研究。伊万等（Iwan et al.，2016）基于SWOT 分析讨论了"最后一公里"配送中快递柜系统的潜在价值。莱姆克（Lemke et al.，2016）在深入分析了在"最后一公里"配送中使用快速柜这一自助服务设施的优势后，对其客户价值进行了讨论。弗吉尔和蒙特勒伊等（Faugere and Montreuil et al.，2016）强调了在超互联城市物流中优化快递柜终端网络的重要性和必然趋势。阿拉尔万等（Alalwan et al.，2017）通过实证分析的方法观测影响客户使用快递柜的意愿的影响因素，收集了 525 份结构化问卷，实证结果表明，绩效期望、努力期望、社会影响和便利条件是行为意愿的正面决定因素，而感知风险是行为意愿的负面影响因素。古纳万等（Gunawan et al.，2020）对没有使用过快递柜的网上购物者进行偏好调查，调查结果表明当快递柜与受访者的距离分别为最短（小于 1 公里）、中等（1 ~ 3 公里）和最长（3 ~ 5 公里）时，使用快递柜的意愿分别为 26%、17% 和 13%，而快递柜配送模式在取货距离更长时竞争力比较小。朱惠琦（2020）对不同时间段和不同自提费用下消费者对快递柜的使用意愿进行分析，研究结果表明在 16：00 以后，客户使用快递柜进行取货的频率显著提高，消费者使用快递柜的意愿随着快递柜的自提服务费用及其带来的经济损失的增加而降低。以上研究工作及结论充分说明了快递柜在解决"最后一公里"配送中的可行性和优势，也指出了使用运筹学等方法对快递柜的采购和优化布局进行优化的必要性。然而，目前相关的研究还非常有限。

林等（Lin et al.，2020）以新加坡的配送站和自提柜联盟用于解决"最后一公里"配送为背景，提出了考虑客户选择行为的快递柜选址问题，使用多项式 Logit 模型预测客户对设施的选择概率，构建了该问题的整数规划模型，优化目标为最大化服务水平。对于小规模问题，将原模型转化为一个混合整数线性规划模型后使用通用求解器 CPLEX 进行求解，对于大规模问题，提出了一种线性交替二次变换方法进行求解。

多伊奇和格兰尼（Deutsch and Golany，2017）建立了一个整数线性规划模型用于确定快递柜站点的最优位置，目标是总利润最大化。假设快递柜站点的容量是无限的，可以将该问题简化为一个无容量的设施选址问题，并使用通用求解器求解 CPLEX 对有 100 个节点的问题进行求解。

王等（Wang et al.，2017）研究了快递柜选址问题，并将该问题构建为一个最大覆盖选址问题，优化目标是使系统吸引的客户总需求最大化，考虑了有容量约束、无容量约束和有竞争的容量约束三种情形。提出了一种混合启发式方法对该问题进行求解，并将其应用到一个基于新加坡公共数据的第三方物流公司的快递柜选址中。

施威弗格和博伊森（Schwerdfeger and Boysen，2020）提出了一个可移动的快递柜选址问题，快递柜可以自动更改位置，也可以通过卡车司机将其转移。通过对快递柜的移动位置进行优化，以满足在规划周期内，客户能够被所指定的快递柜的服务范围所覆盖，优化目标是在满足所有客户的需求的条件下尽量减少快递柜的数量，并提出了一种迭代贪婪方法对问题进行求解。

陈绍洵和兰洪杰（2018）在对影响生鲜自提柜选址的因素进行分析的基础上，提出了考虑企业选址决策和消费者偏好的快递柜选址问题，构建了该问题的双层规划选址模型，在上层中考虑了企业的新鲜度损耗成本和距离惩罚成本，在下层中加入了消费者的新鲜度损失成本和自提成本，并设计了内外层嵌套遗传算法和消费者匹配算法对模型进行求解。

邱晗光等（2018）研究了带时间窗的单一配送中心、多个候选快递柜站点和多个客户点组成的配送网络中的快递柜选址问题，同时考虑了送货上门和快递柜两种配送模式，将自提柜的实际配送需求构建为与距离呈反比例的函数，构建了整数规划模型，优化目标为配送成本最小化和配送数量最大化，并设计了多目标粒子群算法对该问题进行求解。

三、考虑客户可到达性快递柜网络设计的相关研究

在过去的十年中，从经济和环境视角对 ULMD 中快递柜系统的可到达性和效率进行了广泛研究（Stanisław et al.，2016；Vakulenko et al.，2018；

Faugère and Montreuil，2016）。许多工作集中在研究影响客户是否采用包裹柜或其他交付设施的因素。例如，蔡和提瓦星（Tsai and Tiwasing，2021）收集了超过300份问卷，以解释影响客户是否选择快递柜的因素。研究结果显示，可靠性、位置便利性和隐私安全性对顾客的购买行为有正向影响。陈等（Chen et al.，2018）介绍了一个模型，其中包含接受快递柜配送的个人、场景和社会化因素，表明设施位置和人际互动对客户的态度有积极影响。麦克劳德等（McLeod et al.，2006）指出，站点的数量越多，行程距离越短，首次送货上门的失败率越高时，快递柜越受欢迎。此外，拉沙佩勒等（Lachapelle et al.，2018）提出了一个两阶段模型来分析澳大利亚快递柜网络的特征。虽然以上研究开展的视角不同，但存在一个共识，即设施的位置和客户的可到达性是设计快递柜网络的关键，因此，多目标快递柜网络设计问题（multi-objective parcel locker network design problem，MOPLNDP）对于设施位置和客户的可到达性进行研究。

从定量分析角度对快递柜网络进行设计的研究工作仍然十分有限（Rohmer and Gendron，2020）。多伊奇和格兰尼（Deutsch and Golany，2017）首次使用定量方法来优化快递柜站点的位置，目标是使总利润最大化。王等（Wang et al.，2017）将快递柜选址问题表述为带容量限制的最大覆盖选址问题，以最大化系统吸引的客户的总需求。纪、罗和彭等（Ji，Luo and Peng，2019）提出了一个多目标数学模型，以最小化总成本和能耗为目标，对快递柜的采购和分配进行决策。最近，林、王和李等（Lin，Wang and Lee et al.，2020）研究了实际中快递柜选址决策，建立了一个快递柜选址的线性规划模型，并以服务水平最大化为目标。施威弗格和博伊森（Schwerdfeger and Boysen，2020）提出了一个可移动的快递柜选址问题，其中客户只能在步行范围内被覆盖。这些工作突出了快递柜在 ULMD 中的优势，这也给了的模型和求解方法相关启发。

可到达性最初被用作物理空间规划中的优化目标（Geurs et al.，2015）。可到达性可以理解为不同地点的一组可用设施向潜在客户提供某些服务的能力。正如苏丹尼等（Soltani et al.，2012）所指出，可到达性可以通过行驶的距离（或时间）的函数来描述。近年来，一些关于网络设计中可到达性的研究工作不断涌现。穆沙扎德等（Mousazadeh et al.，2018）

研究了卫生服务网络设计问题，以最大限度地提高患者访问网络的可到达性。奥利维拉等（Oliveira et al.，2019）开发了空间工具来分析快递站点的可到达性。莫甘蒂等（Morganti et al.，2014）分析了快递柜网络的可到达性，使用访问距离和时间来测量可到达性。吉恩等（Jin et al.，2021）分析了交通可到达性对城市可持续发展的影响。如上所述，关于可到达性的定义仍然没有得出一般性结论。特别是在快递柜网络设计研究中考虑客户的可到达性还处于空白阶段。

可持续设施网络设计需要最小化经济和环境成本，最大化消费者的可到达性。这显然会导致多个目标之间相互冲突。然而，对于多目标网络设计问题相关的研究，将客户的可到达性作为一个单独的目标是非常罕见的。哈玛德等（Hammad et al.，2017）将设施选址问题表述为多目标模型，最小化噪声阈值水平并最大化两种类型设施的总体可到达性。赛亚姆和科特（Syam and Cote，2010）研究了一个多目标的医疗中心选址问题，其目标是优化总成本和可到达性，刘等（Liu et al.，2016）构建了多目标模型用于香港医疗设施的网络设计，旨在优化可到达性和总成本。鉴于上述工作，在快递柜网络设计问题中考虑成本和可到达性具有重要意义。然而，还没有在快递柜网络设计问题中考虑总成本和客户的可到达性之间权衡的研究。因此，引入了考虑多目标的 MOPLNDP 以填补这一空白。

▶ 第五节　MOEA 的研究

1985 年，谢弗（Schaffer，1985）首次提出 MOEA，开创了使用进化算法求解多目标优化问题的先河。此后，由于其在求解多目标优化问题上的优异表现，国内外的研究学者提出了众多 MOEA，并将其应用于各个领域的 MOP 中。现有的 MOEA 根据算法特性，主要可以分为基于支配关系的 MOEA、基于分解的 MOEA 和基于指标的 MOEA、将以上三类算法中的某些技术组合使用的混合型 MOEA 四类（梅志伟，2017）。由于混合 MOEA 本质上是基于前三类算法的进化框架，能够被前三类算法所涵盖，故本节主要对基于支配关系的、基于分解的和基于指标的三类 MOEA 的相关研究进行综述。

一、基于支配关系的 MOEA 的相关研究

对两个解，可以通过支配关系进行比较，从而根据支配关系对解进行选择。基于支配关系的 MOEA 是进化计算的一个热门的研究方向，比较具有代表性的基于支配关系的 MOEA 包括如非支配排序遗传算法 Ⅱ（Nondominated Sorting Genetic Algorithm Ⅱ，NSGAII）（Deb et al.，2002）、强度帕累托进化算法（Strength Pareto Evolutionary Algorithm 2，SPEA）（Zitzler et al.，2002）和 SPEA 2（Schaffer et al.，1985）等。此外，学者们还提出了多种基于支配关系的 MOEA。

劳曼斯等（Laumanns et al.，2002）针对无法证明 MOEA 所获得的解是否能够收敛于真的帕累托前沿，且解的多样性很大的缺点，讨论了其存在的原因，定义了一种新的 ε 支配关系，增加了一个支配空间，并提出了新的存档策略，实验结果表明 ε 支配概念是合理的。

德布等（Deb et al.，2014）基于 ε 支配概念，提出了一种稳态 MOEA。该算法首先将目标空间划分成网格形状，对于相同网格中的任意两个解，使用基于帕累托的支配关系进行比较，而对不同网格中的任意两个解，使用 ε 支配关系进行比较，并将该算法应用于求解高维 MOP 时，获得了较好的性能。

易等（Yi et al.，2019）提出了一种基于 ar 支配关系的 MOEA，定义了一种基于偏好和参考信息的 ar 支配关系，用于在非支配解之间建立更严格的偏好规则，该方法通过计算候选解与参考点之间的欧氏距离和角度信息来分别评价收敛程度和种群多样性。此外，在预先设定的区间内，在迭代过程中设计了自适应阈值来调整 ar 支配度判断条件，该算法在求解高复杂的 MOP 时具有较好的表现。

费尔南斯德（Fernandez，2010）基于 NSGAII 的基础框架，将偏好纳入 MOEA 中，提出了一种基于优先级的支配泛化的 MOEA，引入了一个二元模糊偏好关系来严格定义两个解具有相等的质量的精确度和可信度，在算法搜索过程中，使用非超越的概念来替代支配关系，并将该算法在九个

目标的背包问题上进行了测试，性能表现较好。

卡西姆等（Qasim et al.，2020）通过增加传统的反向运算，提出了一种反向差分进化算法用于求解高维 MOP 问题，该算法采用基于传统的差分进化作为搜索框架，设计了一种种群跳跃策略，即每次迭代结束时对当前种群（规模为 N）中的个体按照一个确定的概率值计算反向种群，并从这两个种群中选出质量最好的 N 个个体进行迭代，同时定义了一种基于秩的新型支配关系来评估解的适应度。该算法在求解目标个数为 20 的算例中获得了较好的性能。

卡利米 – 马马汉等（Karimi-Mamaghan et al.，2020）提出了一种基于非支配排序遗传法和基于学习的迭代局部搜索算法的混合 MOEA，该算法通过 NSGAII 获得一系列的非支配解，并使用 K 均值聚类作为机器学习的方法，从 NSGAII 所获得的解集中选择出质量较好的个体，将其反馈给迭代局部搜索算法对邻域进行改进，最后将该算法应用于求解一个考虑拥堵的辐式运输网络设计问题中。

温等（Wen et al.，2020）提出了一种求解电池包装机械车间工艺规划与车间调度的两阶段 NSGAII。采用 NSGAII 框架为每个作业生成工艺计划，在车间调度阶段动态输入不同的工艺计划并得到最终的最优调度方案，设计了三种集成策略来实现这两个阶段之间的信息交互，并设计了一种变邻域搜索，在邻域搜索中增加一种非支配排序方法，可以对具有多个优化目标的个体同时进行局部搜索。

林志毅和王玲玲（2014）提出了一种基于 ε 支配关系的多目标自组织迁移算法，将全面学习的思想融入迁移过程中，赋予个体每一维上向其他优秀个体学习的机会，在迁移过程中引入均匀生成的学习因子用于扩展迁移方向，采用 ε 支配关系的精英保留策略保持种群的分布性，并使用外部档案用于存储搜索过程所获得的非支配解。

孙浩等（2016）针对基于直接支配选择的 MOEA 主要偏重可行解的搜索而忽略了在进化过程中优秀的不可行解被选择的几率很小的现实，提出了一种基于环境 Pareto 支配选择策略的多目标差分进化算法用于求解约束多目标优化问题。该算法中同时考虑了 Pareto 支配关系、约束违反程度、与约束边界的距离以及拥挤距离四个方面的环境因素以在进化过程中保留优秀的不可行解，并设计了自适应的缩放因子和交叉概率策略。

李晓辉等（2020）为了研究不同支配关系对算法性能的影响，将基于 Lorenz 的支配概念应用到 NSGAII 中，定义了一种新型的 CDAS 支配关系，也将其应用到 NSGAII 中，并将基于 Lorenz 支配和 CDAS 支配下的 NSGAII 于基于帕累托支配的 NSGAII 应用到柔性作业车间调度优化问题中，实验结果表明基于 Lorenz 支配关系和 CDAS 支配关系的多目标进化算法搜索域比较广，在高维多目标优化问题中具有较好的求解性能。

二、基于分解的 MOEA 的相关研究

基于分解的 MOEA 核心思想是将一个 MOP 通过分解成多个单目标的子问题进行求解，常用的分解方法主要包括加权法、切比雪夫法和基于惩罚值的边界交叉方法，典型的基于分解的 MOEA 包括基于分解的 MOEA/D（multiobjective evolutionary algorithm based on decomposition，MOEA/D）（梅志伟，2017）多目标遗传局部搜索算法（multiple-objective genetic local search，MOGLS）（Jaszkiewicz et al.，2000）等。此外，学者们也提出了多种基于分解的 MOEA。

张和李（Zhang and Li，2008）将上述的三种分解方法相结合，首次提出了 MOEA/D，该算法过使用以上的三种分解方法将一个 MOP 分解为一系列的单目标子问题，然后使用进化算法同时对这些问题进行求解，此外，根据权重向量的距离定义了子问题的邻近关系，对相邻的子问题通过交叉和变异操作生成新的个体用于更新当前解。自提出以来，该算法受到广泛的关注，目前已经成为最热门的 MOEA 框架之一。

扎弗等（Zfa et al.，2019）使用 MOEA/D 的基础框架，提出了一种基于角度的支配关系的 MOEA/D 用于求解约束多目标优化问题，在该算法中，基于角度的约束支配原理，设计了一种基于角度的支配关系的约束处理机制，利用种群的个体之间的角度信息和可行解的比例来调整支配关系，并在 14 个基准算例和一个工程优化问题中进行了算法性能测试。

齐等（Qi et al.，2014）提出了一种改进的具有自适应权向量调整的 MOEA/D，在分析切比雪夫分解方法下权重向量与最优解之间的几何关系

的基础上，设计了一种重向量初始化方法和自适应权重向量调整策略，以自适应地重新分配子问题的权重。此外，使用了一个外部精英种群，新的子问题添加到帕累托前沿的稀疏区域。该算法能够较好地处理具有复杂的帕累托前沿的问题。

谭等（Tan et al.，2012）将差分进化算法应用到 MOEA/D 的进化框架中，提出了一种基于分解的均匀设计 MOEA，该算法采用均匀设计方法生成权重向量系数，采用对三个最佳点的简化二次逼近作为局部搜索策略，用于提高标量聚合函数值的精度。通过求解一系列具有复杂帕累托集形状的问题和组合背包问题对算法性能进行了验证。

康等（Kang et al.，2018）针对 MOEA/D 的原始框架没有考虑每个子问题的不同贡献而认为子问题的贡献是平等的，提出了一种 MOEA/D 的协同资源分配策略，根据子问题的贡献在每一代中动态地分配计算资源，当一个子问题产生非支配解比较多时，认为其贡献更大，它被选择的概率就越大。此外，在搜索过程中，利用外部档案来获取关于协作信息的贡献和整个种群的信息。

邹等（Zou et al.，2021）针对决策者可能只对帕累托前沿上的部分区域感兴趣的情形，将决策者的偏好信息整合到 MOEA/D，提出了一种基于分解的分层偏好算法，采用一种基于欧式距离的分层参考点生成方法，将偏好信息分解为几个标量优化问题，通过在偏好区域内生成分层参考点将解集进行分层，同一层次上的解，通过控制解的密度使决策者在更接近偏好点的区域内有更多的选择和更多不同层次上的比较，从而得到最满意的解。

邓武等（2020）提出了一种基于多策略差分进化的 MOEA/D，采用切比雪夫分解方法作为分解方法的基础上，引入了小波基函数和正态分布用于对差分进化算法的参数进行控制，并将基于五种差分变异策略的优缺点，设计了一种混合变异策略用于提高算法的搜索性能。

刁鹏飞等（2018）提出了一种基于分解的动态多目标引力搜索算法用于求解动态 MOP，在环境未发生改变时，在对帕累托前沿的凹凸性进行预测的基础上，自适应地生成权重向量，采用多子种群串行的搜索策略，设计了静态的多目标引力算法，在环境发生变化后，根据近邻假设，提出了一种最优解预测方法以缩小环境变化后子问题的搜索范围。

么双双等（2021）提出一种基于分解的多目标多因子进化算法，使用切比雪夫分解方法将 MOP 分解成多个优化任务，并用单个种群同时优化，搜索过程中采用了不同任务之间信息交流策略来挖掘任务之间的信息，基于 10 个测试算例对算法性能进行测试，结果表明信息交流频率对算法性能有较大的影响，过于频繁的交流不利于算法的性能改进。

三、基于指标的 MOEA 的相关研究

由于可以通过性能评价指标来衡量 MOEA 所获得的解的质量，基于指标的 MOEA 通过性能评价指标来引导搜索方向，进而指导新种群的选择。基于指标的 MOEA 的代表性算法包括基于指标的进化算法（indicator-based evolutionary algorithm，IBEA）(Zitzler et al.，2004) 和基于超体积的进化算法（hypervolume based evolutionary algorithm，HypE）(Bader et al.，2011) 等，此外，国内外学者也提出了多种基于评价指标的 MOEA。

姜等（Jiang et al.，2015）针对基于超体积指标的 MOEA 在精确计算超体积指标的值时时间复杂度较高的瓶颈，提出了一种简单快速的基于超体积指标的 MOEA，该算法的核心思想是一个解的超体积贡献只与部分解集中的解相关，通过删除无关解来降低时间成本，提出了批量选择模型用于选择子代个体用于减少指标的重复计算。

叶等（Ye et al.，2018）针对大多数现有的 MOEA 求解具有在不同帕累托前沿形状的问题上通用性较差的缺点，提出了一种基于改进的反向世代距离指标的 MOEA，该算法采用均匀采样的同时，使用外部档案中候选解的指标贡献来自适应地调整参考点集，并删除对指标没有贡献的解，该算法在解决不同种类型的帕累托前沿问题上具有较好的通用性。

魏等（Wei et al.，2017）提出了一种基于 R^2 指标选择机制的多目标粒子群优化算法，将 R^2 指标设计为一种选择机制，采用了一种改进的余弦调整惯性系数调整方法用于平衡算法的局部开发和全局探索能力，设计了高斯变异策略，防止粒子在不满足位置更新公式条件时陷入局部最优，在外部档案中采用多项式变异用于增加精英种群的多样性。

朱等（Zhu et al.，2017）基于五种评价指标，提出了一种混合指标 MOEA，该算法采用了模拟二进制交叉、多项式变异，将后代个体与亲本个体相结合，从结合的种群中筛选出具有较好的收敛性和多样性的优秀后代，并采用截断机制以确保满足种群规模要求，在环境选择中，引入了动态概率选择机制来选择优秀个体。将算法在两种基准函数和救灾物资的选择与配送问题进行了测试。

奥利维拉等（Oliveira et al.，2021）使用 NSGAIII 的基础框架，提出了一种基于贪婪指标和帕累托支配的混合 MOEA，该算法每次迭代时自动选择参考点的子集，对选定的参考点的子集使用数学变换，并根据超体积是否得到改进确定接受或不接受执行的转换，使用向量引导的自适应操作每迭代几次以后对原来 NSGAIII 的超平面进行修改，该算法在目标维数增加时仍然保持了较好的性能。

李飞等（2020）为了更好地求解高维 MOP，提出了一种基于 R^2 指标和分解策略的高维多目标粒子群优化算法，设计了一种双层外部存档策略，首先使用基于 R^2 指标对个体进行首次选择，其次使用基于目标空间划分对个体进行第二次选择，并使用了向导选择机制将从外部档案获得的信息用于引导决策变量空间。

李二超和魏立森（2021）提出了一种基于自适应边界选择和指标的高维多目标优化算法，采用二元指标作为个体的第一选择标准，当二元指标不能有效区分解的质量时，设计了一种自适应的边界选择策略，在利用种群信息对超平面系数进行模糊预测后，近似计算个体到超平面的距离，并将该距离作为个体的第二选择标准，该算法在求解帕累托前沿比较复杂的高维 MOP 中获得了较好的表现。

黎明等（2019）以反向世代距离指标为原型，结合了弱支配性概念和无贡献个体的概念，提出了一种改进的反向世代距离指标用于评价解集的收敛性和多样性，并将该指标嵌入 MOEA 的框架中用于求解高维 MOP，该算法在环境选择过程中，根据改进的反向世代距离指标对优秀个体进行选择。

刘建昌等（2019）提出了一种基于 R^2 指标的昂贵 MOEA，采用高斯过程替代真实模型来对个体进行评估，并设计了一种新的 R^2 指标的效用函数用于根据高斯过程的输出来计算 R^2 指标，该效用函数的 R^2 指标在选择评估点时，既考虑了个体的预测期望值，也考虑了预测均方差误差。

四、MOEA 与机器学习

多目标进化算法（MOEA）已被广泛用于解决各种多目标优化问题。在过去的 20 年中，提出了几种 MOEA，例如精英非支配排序遗传算法（NSGAII）（Deb et al.，2002）、基于分解的 MOEA（MOEA/D）（Zhang and Li，2007）、多目标遗传局部搜索（MOGLS）（Ishibuchi et al.，2003）。由于简单的搜索模型和快速的收敛特性，NSGAII 及其变种算法已被成功应用于解决不同类型的多目标优化问题（Babazadeh et al.，2018；Jafarian et al.，2020；Seyed et al.，2019）。然而，目前还没有公开的文献采用基于NSGAII 的搜索模型来解决快递柜网络设计问题。

在搜索过程中 MOEA 的性能在很大程度上取决于有效的信息利用。引入机器学习机制对于增强进化算法的搜索能力是十分有利（Li et al.，2022a）。罗等（Luo et al.，2019）开发了一种具有增量学习机制的 MOEA 来解决一种多目标多维背包问题。卡利米－马马汉等（Karimi-Mamaghan et al.，2020）提出了一种混合元启发式算法来解决轴辐式网络设计问题，其中采用了 k-means 聚类算法来改进算法。为了解决旅行商问题，刘和增（Liu and Zeng，2009）提出了一种带有强化学习机制的遗传算法，其中使用了一种改进的 Q 学习算法来指导变异算子。正如蔡等（Cai et al.，2015）所指出，将有效的机器学习嵌入 NSGAII 的搜索模型中可以引导算法走向有高质量解的区域。基于上述工作，采用 NSGAII 的框架，整合典型精英非支配排序的全局搜索和新的主动学习细化机制来求解 MOPLNDP。

第六节 已有研究成果的贡献与不足

通过对物流系统中的货物装载问题、运输问题和配送优化中的快递柜应用研究和多目标进化算法的相关研究成果的回顾和总结，可发现物流系统中多目标货物装载—运输—配送优化问题一个非常具有潜力的研究方向，且多目标进化算法已经成为了解决复杂的优化问题的重要优化方法，受到越来越多学者的关注，并取得了许多具有理论意义和实际应用价值的研究成果。但目前关于物流系统中货物装载—运输—配送优化问题的多目标模型和算法的研究，尚缺乏系统性和针对性，仍然有一些问题需要进一步挖掘。

一、主要贡献

已有相关研究成果为开展物流系统中装载—运输—配送优化问题的多目标模型和算法的研究提供了丰富的现实背景、奠定了坚实的理论基础和提供了科学的研究思路和解决方法，其贡献主要体现在以下三个方面。

（一）为物流系统中多目标的货物装载—运输—配送优化问题的提炼提供了丰富的现实背景

已有研究成果全面解析了物流系统中货物装载、运输和配送环节中的内外部因素，如在货物装载环节考虑了货物的重量（Fleszar and Charalambous，2011；Singh and Gupta，2008；Polyakovskiy and M'Hallah，2018）、货物装载的优先顺序（Pereira，2016）、货物的交货期、箱子的承重能力（刘林浩等，2013；Gzara et al.，2020）等；在货物的运输环节考虑了运输方式的选择（Biswas and Pal，2020；Resat and Turkay，2015）、运输碳排放（Meng and Wang，2011；Lam and Gu，2016；李魁梅和郑波，2020）、运输燃油消耗（Wörz and Bernhardt，2017；Toro et al.，2017；张瑞友等，2016）等；在配送优化中考虑了新型配送模式，如无人机配送（Cheng et al.，2020；Salama and Srinivas，2020）、众包物流（Wang et al.，2016）和快递柜自提（Deutsch and Golany，2017；陈绍洵和兰洪杰，2018；邱晗光等，2018）等。

（二）为构建物流系统中不同物流环节和优化场景下的货物装载—运输—配送优化模型提供了理论依据

部分研究根据货物装载时考虑的货物属性，将货物装载问题构建为一维货物装载问题（Fleszar and Charalambous，2011；Singh and Gupta，2008；Wei et al.，2020）或多维货物装载问题维（Polyakovskiy and M'Hallah，2018；Kang et al.，2012；Amossen and Pisinger，2010），部分已有研究从经济和环境角度构建了绿色运输优化模型（程兴群和金淳，2019；Lam and Gu，2016；Meng and Wang，2011；Chen and Wang，2016），一些研究对使用快递柜解决物流配送时的可行性和效率进行了详细分析和论证（Iwan et al.，2016；Lemke et al.，2016；Faugere and Montreuil，2016）。这些研究为构建物流系统中不同物流环节和优化场景中的装载—运输—配送优化模型提供了坚实的理论依据。

（三）为物流系统中多目标的货物装载—运输—配送优化模型的求解提供了理论指导和方法借鉴

由于物流系统中货物装载、运输和配送环节中具体问题通常具有较高的复杂性和表现出 NP 难的特征，已有研究设计了不同的求解算法，如遗传算法（Kucukyilmaza and Kiziloz，2018；Calvete et al.，2018；Meng and Wang，2011）、差分进化算法（孙哲等，2019）、模拟退火算法（Wei et al.，2018；尚正阳等，2018；Balaji et al.，2017；Zhou et al.，2017）等。为了求解多目标优化问题，已有研究中提出了基于不同进化框架的多目标进化算法，如 NSGAII（Deb K et al.，2002）、MOGLS（Jaszkiewicz A et al.，2000）和 MOEA/D（Zhang Q et al.，2008）等，为求解物流系统中多目标的货物装载—运输—配送优化模型提供了有效的方法借鉴和指导。

首先，从优化模型的角度，提出了 MOPLNDP 的多目标数学模型，以最小化总成本和最大化提高客户的可到达性为目标。MOPLNDP 包括对快递柜站的选址、向客户推荐快递柜站点以及每个快递柜站点的快递柜单元格的数量作出系统决定，这是第一个在 ULMD 领域中考虑客户可到达性的数学模型。

其次，从解决方法和计算性能的角度来看，提出了特定问题的启发式和 MOPLNDP 解的性质。提出了一个有效的 ALPEA，可以在一个合理的时间范围内获得高质量的 MOPLNDP 的解。此外，开展了一组基于 70 个随机算例的数值分析和实际案例研究，对 MOPLNDP 未来的研究具有较高的价值。此外，基于数据集，公布了实验结果，并提供相关的管理启示。

本书所提出的基于主动学习的改进机制具有普适价值，可以用于其他 MOEA 用于求解 MOPLNDP。此外，考虑到所解决问题的特定解结构，基于精英非支配排序的搜索模型和主动学习机制可以在运筹学领域中启发其他领域的网络设计问题（或设施选址问题）的求解方案设计。

最后，如前所述，现有的快递柜网络设计研究主要基于一个基本假设，即客户总是选择相对较近的快递柜站点，而超出距离阈值的快递柜站点将不被考虑。已有大部分研究将快递柜网络设计问题构建为某些类覆盖问题（Deutsch and Golany, 2017; Schwerdfeger and Boysen, 2020; Wang et al., 2017）。然而，这些研究没有考虑客户与快递柜站点的可到达性，以及网络的总成本和客户的可到达性之间的权衡。另外，现有的研究主要集中在快递柜站点的选址决策上，其他对顾客有重要影响的决策相对较少。

二、不足之处

目前，关于物流系统中的货物装载—运输—配送优化问题的研究已经取得了一些可借鉴的成果，但关于多目标的装载—运输—配送优化问题的相关研究尚未形成较完备的理论框架和系统性的方法体系，尚有一些问题有待进一步地挖掘和深入的研究。已有研究成果的不足之处主要体现在以下几个方面。

第一，现有文献鲜有对物流系统中的货物装载、运输和配送三者进行综合性和系统性的研究。已有的大部分相关研究仅针对物流系统中这三个环节中的单一环节和单一问题进行研究，或将上述问题两两结合进行研究，尚没有文献将三者进行系统的独立的研究。故在已有研究基础上，综合考虑物流系统中的货物装载—运输—配送中的相关优化问题极其必要。因此，研究从物流系统的整体出发，聚焦于物流系统中装载、运输和配送三个关键环节，遵循逐层递进、分而治之、逐个解决的方式，结合实际问题背景，分别构建了模型并设计有效的求解算法。

第二，已有文献缺少对多目标货物装载—运输—配送优化问题全面的研究和分析。已有的相关文献缺乏讨论考虑多个优化目标的货物装载、运输和配送优化问题的文献。大多数将货物装载、运输和配送优化问题构建为一个单目标的优化模型，鲜有从多目标优化的角度考虑多个优化目标下的情形（朱向和向延平，2020；Niroomand et al.，2015；Biswas and Pal，2020；Lam and Gu，2016；Assadipour et al.，2016）。在已有的考虑多目标的装载、运输和配送优化问题相关研究中，在求解时大多将多目标通过加权的方法（朱向和向延平，2020）和 ε 约束方法（Niroomand et al.，2015；Resat and Turkay，2015；Paquay et al.，2014）将多目标转化为单一的目标，或直接使用通用求解器进行求解（Paquay，2014；Lam and Gu，2016；Resat and Turkay，2015）。因此，为了丰富和完善物流系统中多目标装载—运输—配送优化问题的相关研究，进一步考虑多目标和不同实际应用背景下的相关优化问题具有重要的理论价值与现实意义。

第三，已有的多目标货物装载、运输和配送优化相关文献中，仅有少部分使用 MOEA 对问题进行求解（Paquay et al.，2014；Lam and Gu，2016；Resat and Turkay，2015），且已有文献对现有基于不同进化框架的 MOEA 的使用具有一定的局限性，仅采用了 NSGAII（Paquay et al.，2014；Lam and Gu，2016；Resat and Turkay，2015）和多目标的粒子群算法（Assadipour et al.，2016；邱晗光等，2018）等较为热门的 MOEA，对其他 MOEA 的利用不足。此外，在使用 MOEA 时，对问题的结构特征分析不足，未充分结合目标问题的结构特点来设计算法的改进策略，不利于提出具有针对性的高效率的搜索算法。故针对物流系统中不同场景下的货物装载—运输—配送优化问题，设计出有效的 MOEA 具有较高的理论指导意义和较强的应用参考价值。

三、已有研究成果对研究的启示

已有研究为的研究奠定了坚实的基础，积累了宝贵的经验，并为研究带来有价值的启示。

（一）已有的相关研究

针对不同应用背景，对三个物流环节中的问题进行提炼和优化对提高物流系统的效率和效益具有重要意义。作为物流系统中的三个关键环节，装载是运输的起点，运输是物流的核心功能，配送是直接连接客户的环节，其中涉及的经营主体众多、不同环节需要考虑的约束和目标不同且极具复杂性，仅单一环节中提炼出的优化问题通常就表现出 NP 难特性，求解非常困难，难以进行集成优化。因此，在已有研究的基础上，将三个环节进行系统的分析和研究，采用"分而治之，逐个解决"的方法进行研究。

（二）针对物流系统中多维货物装载问题的研究

根据在实际的货物装载情形中，既需要满足各维度上资源的占用量不能超过资源约束，也需要考虑各个维度上资源占用量的均衡性，提出了考虑资源均衡的多目标多维货物装载问题，借鉴了布鲁斯科等（Brusco et al.，2013）在处理要求各装载容器所装载的货物数量尽可能相似的装载问题时最小化装载货物量大的容器的装载量和波利亚可夫斯基和穆哈拉（Polyakovskiy and M'Hallah，2018）装载交货期不同的货物时通过最小化货期延迟最大的容器以实现交货期延迟最小的处理方法，将资源均衡构建为资源占用量最大的维度上的资源占用量最小化。在算法设计方面，借鉴了 NSGAII 的非支配排序和拥挤距离计算方法对问题进行有效求解，并借鉴了将机器学习技术用于改进 MOEA 的成功经验（Salama and Srinivas，2020；Karimi-Mamaghan et al.，2020），提出了一种在线增量学习方法用于提高算法性能。

（三）针对物流系统中传统运输问题的研究

首先，借鉴了已有研究中考虑产销量不相等的情形，如卡尔维特等（Calvete et al.，2018），萨内等（Sanei et al.，2015）的建模方法，构建了多目标的产销不平衡运输优化模型，将产销不平衡量作为一个独立的优化目标；其次，借鉴了巴拉吉等（Balaji et al.，2017）对卡车未满载情形的刻画，考虑了车辆的装载率约束；最后，借鉴了多乐等（Toro et al.，2017）基于受力分析的车辆燃油消耗计算方法，构建了燃油消耗机理模型。在算法设计方面，借鉴了谭等（Tan et al.，2012）将差分进化算法嵌入 MOEA/D 的进化框架中的技术方法，采用 MOEA/D 作为全局搜索框架，并使用了差分进化作为底层算法。

（四）针对物流系统中多式联运网络设计问题的研究

首先，借鉴了已有研究中多式联运下的运输网络拓扑结构（Resat and Turkay，2015；熊桂武和王勇，2011），并结合已有的多式联运相关的研究中多阶段运输的建模方法（Lam and Gu，2016），构建了多式联运网络设计优化模型；其次，借鉴了多式联运中对经济成本和运输效率的描述，如林和古（Lam and Gu，2016）、雷萨特和图凯尔（Resat and Turkay，2015），构建了以运输成本和运输时间最小化为目标的多目标运输优化模型；最后，借鉴了绿色运输问题的相关文献，如李魁梅和郑波（2020）、林和古（Lam and Gu，2016）、帕撒拉弗蒂斯（Psaraftis，2016），考虑了运输中的碳排放因素。

（五）针对物流系统中的配送优化问题的研究

首先，借鉴已有文献中关于使用快递柜解决"最后一公里"配送的可行性和有效性分析（Iwan et al.，2016；Lemke et al.，2016；Faugere and Montreuil et al.，2016），选择对快递柜的相关决策进行优化以提高物流配送的效率；其次，借鉴已有文献构建"最后一公里"配送快递柜的选址模型（Deutsch and Golany，2017），提出了快递柜的采购和分配问题并构建了以最小化总成本和快递柜能源消耗为目标的优化模型；最后，借鉴了 MOEA/D 的基础框架以及 MOEA/D 中个子问题的贡献不相同的相关结论（Kang et al.，2018），设计出了一种可动态分配各个子问题的计算资源的改进 MOEA/D。

第四章

考虑资源均衡的多目标多维
货物装载优化模型与算法

▶ 第一节 问题描述与符号定义

一、问题描述

本章以某物流集散中心的货物装载为背景。该物流集散中心现有多件不同规格的物品和一辆给定的用于装载和运输的车辆，这些物品和车辆均具有多个维度上的属性，如重量、体积、货物的准备时间、货物的破损概率等，该车辆在每一维度上均只能提供有限的容量（即资源总量），每件物品在每一维度上对车辆的资源占用不同，且每件物品的利润不同。现需要从这些给定的物品中选择出一系列物品进行装载，在不超出车辆各维度上能提供的资源总量的前提下，使所装载的物品的总利润最大。总利润的最大化能够满足企业的经济绩效的要求，但由于货物在完成装载后需要经过一段较长时间的运输，为了能够保障货物被成功地运达目的地和提高装载的合理性，需要考虑到车辆在各个维度上资源的均衡性，如既要满足重量约束，也需要考虑货物的体积与装载容器之间的匹配性，既要考虑车辆的载重和空间容量，也要考虑在每一车次中货物的破损率。由于总利润最大化和资源均衡性两个目标之间存在冲突，没有一个单一的解决方案可以优化所有的目标，需要从多目标优化的角度出发作出合理的货物装载方案，故提出了考虑资源均衡的多目标多维货物装载问题（MO_MCLP）。本章所考虑的 MO_MCLP 的框架如图 4-1 所示。

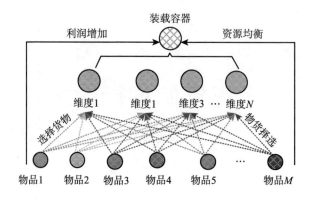

图 4-1　所考虑的 MO_MCLP 框架

本章包括以下基本假设：

（1）所有的物品均可放置在一起，即不考虑货物的冲突性；

（2）物品没有装载顺序要求，所有的物品均可以任意次序进行装载；

（3）所有的货物具有相同的流向，即货物的运输目的地相同；

（4）所有的货物均只能被选择一次，不允许重复选择。

二、符号定义

（一）模型参数

N：物品的集合，也表示该集合的势；

M：维度的集合，也表示该集合的势；

p_i：物品 i 的利润，$i \in N$；

c_{ij}：物品 i 在第 j 维上的资源占用量，$i \in N, j \in M$；

C_j：第 j 维上的资源总量。

（二）决策变量

$$x_i = \begin{cases} 1, & \text{选择物品 } i \text{ 进行装载} \\ 0, & \text{否则} \end{cases}。$$

▶ **第二节　模型构建**

MO_MCLP 从具有多个维度且各个维度上的尺寸各不相同的货物中选择最佳的货物组合进行装载，该问题可以被抽象为一类特殊的多维背包问题。为了提高装载的经济效益，考虑了所装载物品的总利润，此外，为了进一步合理化装载方案，在最大化总利润的同时，考虑了各维度上资源占用的均衡性。由于提高总利润与资源均衡之间存在冲突，因此将 MO_MCLP 构建为一个多目标整数规划模型。基于本章前述的符号和变量定义，考虑构建 MO_MCLP 模型如下：

$$\max \quad f_1 = \sum_{i \in N} p_i x_i \tag{4-1}$$

$$\min \quad f_2 = \max_{j \in M} \sum_{i \in N} c_{ij} x_i \tag{4-2}$$

s. t.

$$\sum_{i \in N} c_{ij} x_i \leqslant C_j, \forall j \in M \tag{4-3}$$

$$\sum_{i \in N} x_i \geqslant 1 \tag{4-4}$$

$$x_i \in \{0,1\}, \forall i \in N \tag{4-5}$$

其中，式（4-1）和式（4-2）为目标函数，式（4-1）使总利润最大化，式（4-2）使资源占用量最大的维度上的资源占用量最小化，式（4-3）表示每一维度上的资源占用量不超过该维度上的资源总量，式（4-4）确保至少选择一件物品进行装载，式（4-5）表示决策变量的取值范围。为了不失一般性，将目标函数（4-1）转化为相应的最小化形式，即：

$$\min f_1 = 1 \Big/ \sum_{i \in N} p_i x_i \tag{4-6}$$

▶ 第三节　基于增量学习的帕累托进化算法

为了对 MO_MCLP 进行求解，本节借鉴在线机器学习的原理（Goldberg D E et al.，1988）用于在算法的迭代过程中动态（在线）识别和预测较好的搜索区域，并将在线机器学习方法与非支配排序和拥挤距离方法相结合，提出了一种基于增量学习的帕累托进化算法（PEAIL）。首先，使用基于非支配排序和拥挤距离的进化方法生成主种群（main population，MP）；其次，使用 MP 通过遗传操作生成新种群（new population，NP），并为在线增量学习的概率模型学习提供训练样本；最后，根据增量学习的原理建立了优秀个体的概率模型，通过对优秀个体进行学习产生相应的预测种群（prediction population，PP）。本节将对 PEAIL 进行详细介绍。

一、解的表达

根据本章第三节的数学模型可知，本章所考虑的 MO_MCLP 本质上是一个 0 – 1 选择问题。因此，采用 N 位字符串作为解的表达。例如，$\boldsymbol{\pi} = [0,1,0,1,1,0,1,0]$ 表示选择第 2、4、5、7 件物品进行装载，第 1、3、6、8 件物品则不进行装载。为了简便，本章使用货物对应的基因位为 $\pi_i = 1$ $(i \in N)$ 的物品表被选择进行装载的物品。

二、基于问题结构特征的启发式

在 PEAIL 中，遗传操作（即选择、交叉和变异）对于探索搜索空间非常重要。在进行二进制锦标赛选择操作后，先后采用了部分映射交叉操作（partially mapped crossover，PMX）和基于插入的变异操作。与传统的 PMX 不同，PEAIL 所使用的交叉操作考虑了一个极端情况，即当一个解的所有基因均等于 0 时，为了满足约束（4 – 6），将不对该解进行交叉操作。

令 PS 表示种群规模，$\boldsymbol{\pi}^{PP}(gen) = \{ \boldsymbol{\pi}_1^{PP}(gen), \cdots, \boldsymbol{\pi}_k^{PP}(gen), \cdots,$

$\pi_{PS}^{PP}(gen)\}(\pi_k^{MP}(gen)=[\pi_{k,1}^{MP}(gen),\cdots,\pi_{k,i}^{MP}(gen)\cdots,\pi_{k,N}^{MP}(gen)],k=1,\cdots,$
$PS)$ 表示第 gen 代的主种群（MP），$\pi^{NP}(gen)=\{\pi_1^{NP}(gen),\cdots,\pi_k^{NP}(gen),\cdots,$
$\pi_{PS}^{NP}(gen)\}(\pi_k^{NP}(gen)=[\pi_{k,1}^{NP}(gen),\cdots,\pi_{k,i}^{NP}(gen),\cdots,\pi_{k,N}^{NP}(gen)],k=1,\cdots,$
$PS)$ 表示第 gen 代的新种群（NP），$\pi^s=[\pi_1^s,\cdots,\pi_i^s,\cdots,\pi_N^s]$ 表示根据二进
制锦标赛选择操作所选中的个体，P_c 表示交叉概率，所提出的交叉操作如
算法 4 - 1 所示。

算法 4 - 1　交叉操作

输入：$\pi^{MP}(gen-1),P_c$

1：　**For** $k:=1$ to PS **do**
2：　　　**If**($random[0,1]\leqslant P_c$) **then**
3：　　　　　从 $\pi^{MP}(gen-1)$ 中选中 $\pi^s,\pi^s\neq\pi_k^{MP}(gen-1)$；//二进制锦标赛选择
4：　　　　　/＊禁止在违反式(4-6)的极端情况下进行交叉＊/
5：　　　　　**Repeat**
6：　　　　　　　随机选择两个索引 $r1,r2\in\{1,\cdots,N\},r1<r2$；
7：　　　　　　　令 $count:=\sum_{i=r1}^{r2}\pi_{k,i}^{MP}(gen-1)+\sum_{i=1}^{r1-1}\pi_i^s+\sum_{i=r2+1}^{N}\pi_i^s$；
8：　　　　　**Until**($count\neq0$)；
9：　　　　　/＊执行 PMX 并生成 NP＊/
10：　　　　　令 $\pi_k^{NP}(gen):=\pi^s$；
11：　　　　　**For** $i:=r1$ *to* $r2$ **do**
12：　　　　　　　令 $\pi_{k,i}^{NP}(gen):=\pi_{k,i}^{MP}(gen-1)$；
13：　　　　　**End For**
14：　　　**Else**
15：　　　　　令 $\pi_k^{NP}(gen):=\pi_k^{MP}(gen-1)$；
16：　　　**End If**
17：　**End For**

输出：$\pi^{NP}(gen)$

　　使用基于插入的变异操作对交叉操作生成的子代个体进行扰动以增强
种群的多样性。令 P_m 为 PEAIL 的变异概率，变异操作如算法 4 - 2 所示。

算法 4 - 2　变异操作

输入：$\pi^{NP}(gen),P_m$

1：　**For** $k:=1$ to PS **do**
2：　　　**If**($random[0,1]\leqslant P_m$) **then**
3：　　　　　随机选择两个索引 $r1,r2\in\{1,\cdots,N\}$ 且 $r1<r2$；
4：　　　　　令 $tg:=\pi_{k,r2}^{NP}$；//临时存储 $r2$ 上的基因
5：　　　　　**For** $i:=r2$ to $r1+1$ **do**
6：　　　　　　　令 $\pi_{k,i}^{NP}:=\pi_{k,i-1}^{NP}(gen)$；//从 $r1+1$ 到 $r2$ 依次进行插入操作

续表

7：	**End For**
8：	令 $\pi^{NP}_{k,r1} := tg$ ；//完成个体 k 的变异
9：	**Else**
10：	**Continue**；
11：	**End If**
12：	**End For**

输出：$\pi^{NP}(gen)$

三、基于 IUV 的不可行解修复机制

在 PEAIL 迭代过程中，可能会频繁出现违反硬约束的不可行解，而 MOEA 的原始框架对硬约束的重视程度较低，因此需要在 MOEA 的框架中嵌入有效的约束处理机制。一个解 π 的总约束违反量计算方法如下所示：

$$f_{CV}(\pi) \sum_{j \in M} \left[\max\left(\sum_{i \in N} c_{ij}\pi_i - C_j, 0 \right) \right] \tag{4-7}$$

由式（4-7）可知，当时，π 为可行解，当时，π 为不可行解。对于一个不可行解 α，根据一定的顺序，通过将所选择的物品的基因（这些基因等于1）逐个变为0来进行修复操作。迭代执行该过程，直到满足。

令 $ns = \sum_{i}^{N} \alpha_i$ 表示 α 中选中的物品的总数，$s = \{s_1, \cdots, s_k, \cdots, s_{ns}\}(s_k \in N, \alpha_{s_k}=1)$ 表示选中的货物的索引集合，J 表示资源占用量最大的维度上的资源占用量（即 $\sum_{i \in N} c_{iJ}\alpha_i = f_2(\alpha)$）。关于 f_1 和 f_2 的相关结论如定理 4-1 所示。

定理 4-1　如果一个可行（或不可行）解 β 是通过将一个不可行解 α 设置 $\alpha_{s_k}=0(\forall k \in \{1,\cdots,ns\}$ 且 $c_{s_k,J} \neq 0)$ 生成的，则 β 和 α 在 f_1 和 f_2 上互不支配。

证明：设置 $\alpha_{s_k}=0$ 后，可以通过 α 计算 β 的目标函数值，即 $f_1(\beta) = 1/(f_1(\alpha) - p_{s_k}), f_2(\beta) = (\max_{j \in M} \sum_{i \in N \setminus \{s_k\}} c_{ij}\beta_i)$。如果相应的资源占用量 $c_{s_k,J} \neq 0$，显然 $f_2(\beta) = (\max_{j \in M} \sum_{i \in N \setminus \{s_k\}} c_{ij}\beta_i) < f_2(\alpha)$。以此类推，$\beta$ 和 α 之间的目标函数

值关系为$(f_1(\boldsymbol{\beta}) > f_1(\boldsymbol{\alpha})) \wedge (f_2(\boldsymbol{\beta}) < f_2(\boldsymbol{\alpha}))$，因此 $\boldsymbol{\beta}$ 和 $\boldsymbol{\alpha}$ 关于 f_1 和 f_2 互不支配，定理 4 – 1 得证。

由定理 4 – 1 可知，由于固有的冲突关系，修复操作对于同时改善目标 f_1 和 f_2 并没有显著意义。也就是说，新生成的解 $\boldsymbol{\beta}$（无论是否可行）在忽略总违反量约束的情况下，不会优于 $\boldsymbol{\alpha}$。将效率定义为第一次生成可行解的迭代次数，可见效率与修复操作的性能密切相关。因此，在修复操作迭代时应该充分考虑 f_1 和 f_2 的综合效用。

令 $\boldsymbol{Q} = \{q_1, \cdots, q_k, \cdots, q_{ns}\}$ $(q_k \in \boldsymbol{s}, q_1 \neq \cdots, \neq q_k \neq, \cdots, \neq q_{ns})$ 表示修复操作的一个已知修复序列，$T(T < ns)$ 表示使用序列 $\boldsymbol{Q}$ 第一次生成可行解的迭代次数，$R_t(\boldsymbol{\alpha})$ $(R_{t=0}(\boldsymbol{\alpha}) = \boldsymbol{\alpha}, t \in \{0, T\})$ 表示使用序列 $\boldsymbol{Q}$ 在修复操作第 t 代所获得的解，$\boldsymbol{st}_t = \{st_{t,1}, \cdots, st_{t,k}, \cdots, st_{t,ns-t+1}\}$ $(t \in \{1, T\})$ 表示选中的物品的索引，V_t 表示资源总量被违反的维数，$\boldsymbol{vk}_t = \{vk_{t,1}, \cdots, vk_{t,l}, \cdots, vk_{t,V_t}\}$ $(t \in \{1, T\})$ 表示资源总量被违反的维度的集合（即 $\max(\sum_{i \in st_t} c_{ij} - C_j, 0) > 0$，$\forall j \in \boldsymbol{vk}_t$）。假设最终的可行解是由一个不可行解 $\boldsymbol{\alpha}$ 通过序列 $\boldsymbol{Q}$ 迭代 T 次后生成的，相关的结论如定理 4 – 2 所示。

定理 4 – 2　如果将物品 $st_{t,k}$（$c_{s_{t,k},J} \neq 0$，$\sum_{l \in \{1, \cdots, V_t\}} c_{st, k^j vk_{t,l}} \neq 0$）的基因设置为 0，则解集 $\{R_t(\boldsymbol{\alpha}), R_{t-1}(\boldsymbol{\alpha}), \cdots, R_0(\boldsymbol{\alpha})\}$ $(t \in \{1, T\})$ 关于 f_1、f_2 和互不支配。

证明：由定理 4 – 1 可知，集合 $\{R_t(\boldsymbol{\alpha}), R_{t-1}(\boldsymbol{\alpha}), \cdots, R_0(\boldsymbol{\alpha})\}$ $(t = 1, \cdots, T)$ 中的解可以构成一个关于 f_1、f_2 和互不支配的非支配集合。通过同时考虑 f_1、f_2 和，如果 $\sum_{l \in \{1, \cdots, V_t\}} c_{s_{t,k}, vk_{t,l}} \neq 0$，则对于至少一个维度 $j' \in \boldsymbol{vk}_t$，满足 $\sum_{i \in st_t \setminus \{st_{t,k}\}} c_{ij} - C_j \leqslant \sum_{i \in st_t} c_{ij} - C_j$（$\forall j \in \boldsymbol{vk}_t$）且 $\sum_{i \in st_t \setminus \{st_{t,k}\}} c_{ij'} - C_{j'} < \sum_{i \in st_t} c_{ij'} - C_{j'}$。可知 $\sum_{j \in \boldsymbol{vk}_t} (\max(\sum_{i \in st_t \setminus \{st_{t,k}\}} c_{ij} - C_j, 0)) < \sum_{j \in \boldsymbol{vk}_t} (\max(\sum_{i \in st_t} c_{ij} - C_j, 0))$，因此不等式 $f_{CV}[R_t(\boldsymbol{\alpha})] < f_{CV}[R_{t-1}(\boldsymbol{\alpha})]$ $(t \in \{1, T\})$ 成立。然后，可知 $R_t(\boldsymbol{\alpha})$ 和 $R_{t-1}(\boldsymbol{\alpha})$ $(t \in \{1, T\})$ 关于 f_1、f_2 和之间的关系为 $\{f_1[R_t(\boldsymbol{\alpha})] > f_1[R_{t-1}(\boldsymbol{\alpha})]\} \wedge \{f_2[R_t(\boldsymbol{\alpha})] < f_2[R_{t-1}(\boldsymbol{\alpha})]\} \wedge \{f_{CV}[R_t(\boldsymbol{\alpha})] > f_{CV}[R_{t-1}(\boldsymbol{\alpha})]\}$，定理 4 – 2 得证。

基于定理 4 – 1 和定理 4 – 2，所提出的修复操作的迭代过程如图 4 – 2 所示。由图 4 – 2 可知，所提出的修复操作对改进原始目标函数 f_1 和 f_2 的贡献不大。这是由于对于任意一个通过修复操作获得的解 $R_t(\boldsymbol{\alpha})$ $(t \in \{1, T\})$，即使考虑，该解也不支配原来的不可行解［见图 4 - 2 （a）］。直观上来看，一个相对较好的修复序列可以指导修复操作生成一个更好的可行解。例如，在图 4 - 2 （b）中，通过修复序列 $Q(1)$ 生成的可行解优于通过序列 $Q(2)$ 和 $Q(3)$ 生成的可行解。序列 $Q(1)$ 需要迭代 9 次才能得到一个可行解，而序列 $Q(2)$ 和 $Q(3)$ 的迭代次数分别为 6 和 4。因此，很难找到一个合适的序列 Q 来有效地平衡解的质量和修复效率，因此在修复操作的迭代过程中考虑每个被选中的物品的综合效用更能有效平衡解的质量和修复效率。

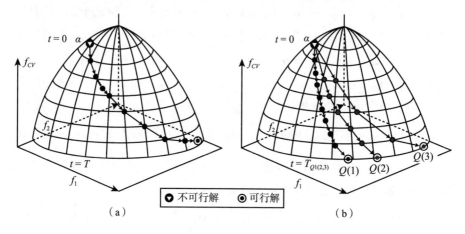

图 4 - 2　基于 IUV 的修复操作迭代过程

基于上述的分析，提出了基于所选物品的综合效用价值（integrated utility value，IUV）的修复机制。在该修复操作中，首先计算所有选中物品的 IUV 并进行排序；其次将最佳 IUV 对应的基因更改为 0。被选中物品的 IUV 计算如下所示：

$$\mu_{t,i} = \eta_1 \cdot \log(p_i / \min_{i \in st_t} \{p_i\}) + \eta_2 \cdot \log(\max_{i \in st_t} \{c_{i,J}\} / c_{i,J})$$

$$+ \eta_3 \cdot \log\Big(\max_{i \in st_t} \Big\{\sum_{j \in vk_t} c_{i,j}\Big\} / \sum_{j \in vk_t} c_{i,j}\Big), t = 1, \cdots, T \qquad (4-8)$$

其中，η_1、η_2 和 η_3 为权重系数，且 $\eta_1 + \eta_2 + \eta_3 = 1$。为了不失一般性，在修复操作中取 $\eta_1 = \eta_2 = \eta_3 = 1/3$。由式（4 - 8）可知，式（4 - 8）的第一项、第二项和第三项分别可以反映 f_1、f_2 和的变化带来的影响。因此，通过使用 IUV，可以合理地平衡修复操作的质量和效率。所提出的基于 IUV 的修复操作的步骤如算法 4 - 3 所示。

算法 4 – 3　基于 IUV 的修复操作

输入：不可行解 $\boldsymbol{\alpha}$，权重系数 η_1,η_2 和 η_3

1：　令 $t:=1$；

2：　**Repeat**

3：　　计算每一件物品的 IUV $\mu_{t,i}$，$i \in \boldsymbol{st}_t$；

4：　　从 $\boldsymbol{st}_t$ 中找出 IUV 最小的物品 IM；//找到一件合适的物品

5：　　令 $\alpha_{IM}:=0,R_t(\boldsymbol{\alpha}):=\alpha_{IM}$；//修改 IM 的基因

6：　　更新 $\boldsymbol{st}_t:=\boldsymbol{st}_t \setminus \{IM\}$，$\boldsymbol{vk}_t:=\boldsymbol{vk}_t \setminus \{vk_{t,l}\sum_{i \in st_t} c_{i,vk_{t,l}}-C_{vk_{t,l}} \leqslant 0,l=1,\cdots,V_t\}$；

7：　　　令 $t=t+1$；

8：　**Until**（$\boldsymbol{vk}_t=\varnothing$）

9：　令 $\boldsymbol{\beta}:=R_{t-1}(\boldsymbol{\alpha})$；//获得可行解

输出：可行解 $\boldsymbol{\beta}$

四、PEAIL 的算法框架

PEAIL 的进化框架包含了三个种群（即 MP、NP 和 PP）之间的交换和互动，进而对搜索空间进行探索和开发。PEAIL 首先基于非支配排序和拥挤距离生成 MP，然后利用遗传算子生成 NP，根据增量学习原理建立概率模型后，生成 PP。在搜索过程中，MP、NP 和 PP 可以相互补充、相互促进。MP、NP、PP 三者之间的交互关系如图 4 – 3 所示。

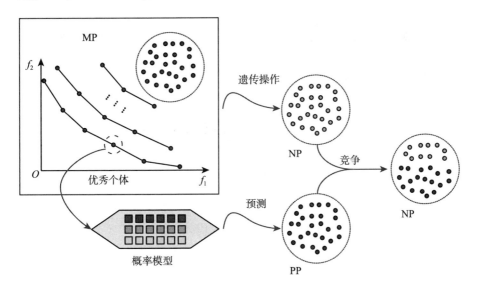

图 4 – 3　MP、NP、PP 之间的交互关系

令 $\boldsymbol{\pi}^{PP}(gen) = \{\pi_1^{PP}(gen), \cdots, \pi_k^{PP}(gen), \cdots, \pi_{PS}^{PP}(gen)\}$ 表示 PP 在第 gen 代的个体，$\pi_k^{PP}(gen) = [\pi_{k,1}^{PP}(gen), \cdots, \pi_{k,i}^{PP}(gen), \cdots, \pi_{k,N}^{PP}(gen)]$ ($k = 1, \cdots, PS$) 表示 PP 的第 k 个个体，$\boldsymbol{APS}$ 表示 PEAIL 获得的近似帕累托前沿，$genmax$ 表示 PEAIL 的最大迭代次数，LR 为在线增量学习方法的学习率，PEAIL 的算法框架如算法 4–4 所示。

算法 4–4　PEAIL 的算法框架

输入：$PS, P_c, P_m, LR, genmax$

1：　**For** $gen := 0$ to $genmax$ **do**
2：　　**If**$(gen = 0)$ **then**
3：　　　/ * 初始化 MP 和概率模型 * /
4：　　　初始化在线学习的概率模型；
5：　　　随机初始化可行解 $\boldsymbol{\pi}^{MP}(gen = 0)$ 并计算目标函数值；
6：　　**Else**
7：　　　/ * 在线增量学习 * /
8：　　　从非支配解集中找出一个优秀解 $\boldsymbol{\pi}^{MP}(gen - 1)$；
9：　　　对在线增量模型进行学习；
10：　　　使用概率模型对 $\boldsymbol{\pi}^{PP}(gen)$ 进行预测；
11：　　　/ * 遗传操作和基于竞争的改进机制 * /
12：　　　对 $\boldsymbol{\pi}^{MP}(gen - 1)$ 执行遗传操作生成 $\boldsymbol{\pi}^{NP}(gen)$；
13：　　　对 $\boldsymbol{\pi}^{NP}(gen)$ 执行修复操作并计算目标函数值；
14：　　　执行基于竞争的改进机制用于改进 $\boldsymbol{\pi}^{NP}(gen)$；
15：　　　/ * 非支配排序方法 * /
16：　　　对 $\boldsymbol{\pi}^{MP}(gen - 1) \cup \boldsymbol{\pi}^{NP}(gen)$ 中个体进行非支配排序和拥挤距离计算获得 $\boldsymbol{\pi}^{MP}(gen)$；
17：　　**End If**
18：　**End For**

输出：APS

由算法 4–4 可知，PEAIL 的主循环是由四个部分组成，分别是在线增量学习（第 8–10 行）、遗传操作（第 12 行）、非支配排序（第 16 行）和基于竞争的改进机制（第 14 行）。采用非支配排序方法和遗传操作对搜索空间进行全局探索，提高了算法的整体收敛性。此外，在线增量学习方法可以学习优秀个体的概率模型，从而预测 PP 的优秀个体（第 10 行），进一步改进 NP 的后代（第 14 行）。由算法 4–4 可知，PP 中的个体可以根据竞争机制替代 NP 中的个体，这可以潜在地提高 NP 的多样性，进而提高 PEAIL 的多样性性能。PEAIL 的算法流程如图 4–4 所示。

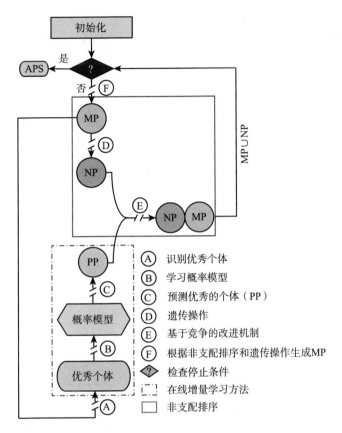

图 4 - 4　PEAIL 的算法流程

五、在线增量学习机制

通常，机器学习分为在线学习和离线学习两类（Wang et al.，
2016）。前者通常用于动态学习底层算法搜索行为的历史信息（Ghasemi
et al.，2016），而后者关注对问题的 landscap 的观察和认知（Qiao
et al.，2017）。增量学习是最重要的竞争学习技术之一，可以在迭代过
程中探索较好的区域的概率分布（Baluja et al.，1994）。如前所述，
在 PEAIL 中所采用的增量学习策略的核心思想是学习优秀个体的概率
模型。

由于 PEAIL 中采用了基于 N 位字符串的解的表达方法，在增量学习方

法中，采用伯努利分布作为每个随机变量（即物品）的边缘分布律。假设选择中了一个物品子集 $\boldsymbol{h}=\{h_1,\cdots,h_k,\cdots,h_{N'}\}$ $(\boldsymbol{h}\subset N)$ 且 $\sum\limits_{k=1}^{N'}\pi_{h_k}\cdot c_{h_kj}<C_j$ $(j\in M)$，即 $\pi_{h_k}=1,k=1,\cdots,N'$，则为了满足硬约束［即式（4 - 3）］，是否选择其他 $N\setminus \boldsymbol{h}$ 中的物品进行装载主要取决于 $\boldsymbol{h}$ 中的子集。在 PEAIL 的每一代中，通过使用可行的优秀个体来不断学习概率模型，概率模型收集到的历史信息主要与可行解相关。令 $\boldsymbol{\pi}^{gen}$ 和 $\boldsymbol{\pi}^{gen-T}$ $(gen\in\{T+1,\cdots,genmax\})$ 为第 gen 代和第 $gen-T$ 代由概率模型预测所生成的两个解，则这两个解关于 f_{CV} 存在如下的关系：

$$\lim_{T\to genmax-1}pro[f_{CV}(\boldsymbol{\pi}^{gen})>f_{CV}(\boldsymbol{\pi}^{gen-T})]=0 \qquad (4-9)$$

由式（4 - 9）可知，随着 PEAIL 的不断进化，硬约束的影响将逐渐减小，其对随机变量之间的依赖性的影响也减弱，即

$$\lim_{gen\to genmax}[pro(\pi_i^{gen}=1\mid\pi_{h_1}^{gen}=\cdots=\pi_{h_{N'}}^{gen}=1)]=pro(\pi_i^{gen}=1),i\in N\setminus \boldsymbol{h}$$

$$(4-10)$$

综上所述，在学习概率模型时，可以忽略随机变量之间的相互关系。将概率模型视为 N 个独立伯努利分布的联合分布律，即 N 个独立试验的二项分布。概率模型构建如下：

$$\boldsymbol{Pr}(gen)=[pr_1(gen),\cdots,pr_i(gen),\cdots,pr_N(gen)] \qquad (4-11)$$

其中 $pr_i(gen)(i\in N)$ 表示第 gen 代选择第 i 件物品进行装载的概率。在初始化概率模型时，取 $pr_i(gen=0)=0.5$。

令 $\boldsymbol{\pi}^E(gen)=[\pi_1^E(gen),\cdots,\pi_i^E(gen),\cdots,\pi_N^E(gen)]$ 表示从中识别出的优秀个体，其中 $\boldsymbol{\pi}^E(gen)$ 是从的第一层非支配排序层次中随机选出的，根据增量学习原理对概率模型进行如下的学习：

$$pr_i(gen)=[pr_i(gen-1)+\pi_i^E\cdot LR]/(1+LR),i\in N \qquad (4-12)$$

基于式（4 - 11）中的概率模型，生成 PP 的预测方法如算法 4 - 5 所示。

算法 4-5　PP 的预测方法

输入：$PS, Pr(gen)$

1：　**For** $k:=1$ to PS **do**

2：　　**For** $i:=1$ to N **do**

3：　　　令 $rnd:=\text{random}[0,1]$；

4：　　　**If**$(rnd \leqslant pr_i(gen))$ **then**

5：　　　　令 $\pi_{k,i}^{PP}(gen):=1$；//满足概率条件

6：　　　**Else**

7：　　　　令 $\pi_{k,i}^{PP}(gen):=0$；//不满足概率条件

8：　　　**End If**

9：　　**End For**

10：　**End For**

输出：$\pi^{PP}(gen)$

六、基于竞争的改进机制

利用基于竞争的改进机制对遗传操作产生的 NP 进行改进，有利于加速 PEAIL 的收敛。此外，PP 中的优秀个体可能有机会取代 NP 的低质量个体，有助于提高 NP 的多样性。因此，基于竞争的改进机制可以提高 PEAIL 的收敛速度和种群多样性。基于竞争的改进机制采用一对一的贪婪方式来比较 NP 和 PP 的每个个体，如算法 4-6 所示。

算法 4-6　基于竞争的改进机制

输入：$PS, \pi^{PP}(gen), \pi^{NP}(gen)$

1：　**For** $k:=1$ to PS **do**

2：　　**If**$[\pi_k^{PP}(gen) < \pi_k^{NP}(gen)]$ **then**

3：　　　**For** $i:=1$ to N **do**

4：　　　　令 $\pi_{k,i}^{NP}(gen):=\pi_{k,i}^{PP}(gen)$；//替换原来的个体

5：　　　**End For** i

6：　　　**For** $i:=1$ to 2 **do**

7：　　　　令 $f_i(\pi_k^{NP}(gen)):=f_i(\pi_k^{PP}(gen))$；//替换原来的目标函数值

8：　　　**End For**

9：　　**Else**

10：　　　**Continue**；

11：　　**End If**

12：　**End For**

输出：$\pi^{PP}(gen)$

第四节　仿真计算实验与数值分析

一、实验设计

由于本章所考虑的 MO_MCLP 本质上是一类特殊的多维背包问题，为了验证 PEAIL 的性能，本解基于 45 个知名的多维背包问题的 benchmark 算例进行了仿真实验和算法比较。所有算法均使用 Microsoft Visual Studio 2008（C++语言）编程实现，实验硬件环境为 Core i7 3.4 GHz，RAM 3.46 GB；软件环境为 Windows 7。所有的算法均独立重复运行 21 次，采用世代距离（GD）、多样性指标（Δ）和支配性指标（Ω）（Qian et al.，2009；Cho et al.，2011；Mohammadi et al.，2013）作为评价指标，用于衡量算法的性能。为了进一步展示算法在三个指标上所获得的性能，使用了最好值（$Best$）、均值（$Mean$）和方差（SD）3 个统计量。此外，还报道了每种算法在 $Best$、$Mean$ 和 SD 上获得的具有最好质量的解的个数（number of the best solutions，NB）。

二、参数设置

PEAIL 中一共包括四个算法参数，即种群规模（PS）、学习率（LR）、交叉概率（P_c）和变异概率（P_m）。为了获得这些参数的较好组合，基于中等规模的算例"10 - 100 - 00"，采用著名的实验设计（design of experiment，DOE）方法（Montgomery et al.，2000）对参数进行设置。这四个参数的不同组合如表 4 - 1 所示。然后，使用由 IBM SPSS Statistics 20 生成规模为 $L_{16}(4^4)$ 的正交实验，每种参数组合下的测试问题独立运行 21 次，停止标准为最大目标评价数为 2×10^5，使用每种参数组合的支配性指标的均值（即 $\bar{\Omega}$）作为响应值。正交表和评价指标的值如表 4 - 2 所示。各参数的响应值的变化趋势如图 4 - 5 所示。

表 4 – 1　　　　　　　　　　　　　　　　参数组合

参数	参数水平			
	1	2	3	4
PS	50	100	150	200
LR	0.02	0.04	0.06	0.08
P_c	0.50	0.60	0.70	0.80
P_m	0.05	0.20	0.35	0.50

表 4 – 2　　　　　　　　　　　　正交表和评价指标值

序号	参数组合				响应值 $\bar{\Omega}$
1	2	2	1	2	0.158
2	1	2	4	4	0.061
3	3	2	3	1	0.211
4	4	3	4	1	0.341
5	3	1	2	4	0.166
6	3	4	4	2	0.297
7	4	1	3	2	0.257
8	3	3	1	3	0.183
9	1	1	1	1	0.041
10	4	2	2	3	0.220
11	1	4	3	3	0.078
12	4	4	1	4	0.202
13	1	3	2	2	0.016
14	2	3	3	4	0.176
15	2	1	4	3	0.172
16	2	4	2	1	0.125

由图 4 – 5 可知，$PS = 200$，$LR = 0.06$，$P_c = 0.80$，$P_m = 0.20$ 分别对应最大的 $\bar{\Omega}$，因此 PEAIL 的参数取值为：$PS = 200$，$LR = 0.06$，$P_c = 0.80$，$P_m = 0.20$。

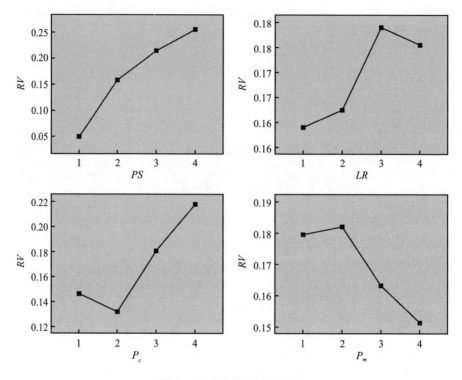

图 4-5　各参数响应值曲线

三、数值分析

本节中，首先基于本章第五节所生成的随机算例进行计算实验和比较以验证 PEAIL 及其组成成分的有效性；其次以一个实际的货物装载问题为背景进行了案例分析，以验证所提出的模型和算法的有效性和实际应用价值。

（一）PEAIL 组成成分有效性验证

为了测试 PEAIL 组成成分的有效性，将 PEAIL 与其变种 PEAIL_V 进行了比较。PEAIL_V 中不含基于竞争的改进机制（算法 4-6），其余操作与 PEAIL 相同。其中，采用了外部存档来存储 PEAIL_V 迭代过程中所获得的非支配解。然后，从外部档案中随机选择优秀的个体对在线增量学习方法的概率模型进行学习。通过与 PEAIL_V 的比较，可以验证基于竞争的改进机制的有效性。此外，将 PEAIL 和 NSGAII 进行了比较来验证所提出的在线增量学习方法的有效性。

　　三种算法对于每个算例独立运行 21 次，首先，运行 PEAIL，停止条件为 $genmax = 2000$ 并记录相应的 CPU 运行时间；其次，为了保证比较的公平性，PEAIL_V 和 NSGAII 使用与 PEAIL 相同的 CPU 运行时间，所有算例的平均 CPU 运行时间如图 4 - 6 所示，三种算法关于 GD、Δ 和 Ω 所获得的 NB 的比较结果图 4 - 7 所示。

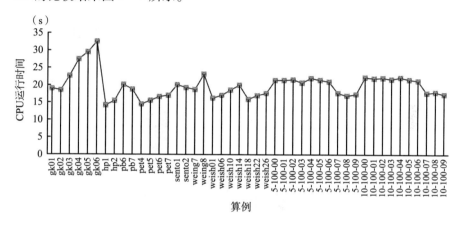

图 4 - 6　算例的平均 CPU 运行时间

　　由图 4 - 7 可知，PEAIL 在 GD、Δ 和 Ω 三个评价指标上，关于 $Best$、$Mean$ 和 SD 统计量的 NB 的总数分别为 $96(34 + 38 + 24)$、$72(17 + 31 + 24)$ 和 $96(30 + 38 + 28)$，PEAIL_V 所获得的 NB 的总数分别为 $10(5 + 1 + 4)$、$32(7 + 2 + 23)$ 和 $20(8 + 4 + 8)$，NSGAII 所获得的 NB 的总数分别为 $44(15 + 9 + 20)$、$77(31 + 25 + 21)$ 和 $38(13 + 7 + 18)$。因此，PEAIL 获得的 NB 总数均大于 PEAIL_V 所获得的 NB 总数，验证了基于竞争的改进机制的有效性。此外，PEAIL 在 GD 和 Ω 指标上获得的 NB 总数占优于 NSGAII，说明了 PEAIL 的收敛性和支配性优于 NSGAII，但在 Δ 指标上获得的 NB 总数略低于 NSGAII，因此，基于算例 gk01、pet5、weing8、weish10、5 - 100 - 00、10 - 100 - 00，进一步给出了评价指标 Δ 的 95% 置信区间下的比较结果。由图 4 - 8 可知，PEAIL 的多样性是可以接受的。基于以上分析，验证了所提出的增量学习策略和基于竞争的改进机制对于提高 PEAIL 的整体性能具有重要贡献。

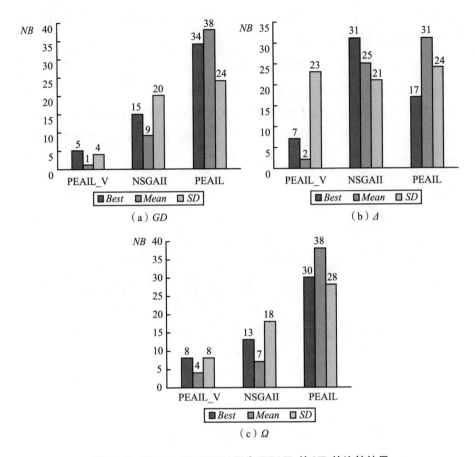

图 4-7 PEAIL_V、NSGAII 和 PEAIL 的 NB 的比较结果

此外，为了更加直观地比较三种算法的性能，基于算例 weing8、weish10 和 5-100-00，给出了 NSGAII、PEAIL_V 和 PEAIL 的近似帕累托前沿。由图 4-9 可知，PEAIL 能够获得质量更好的近似帕累托前沿。

（二）PEAIL 与其他算法比较分析

为了进一步验证 PEAIL 的有效性，将 PEAIL 与 MOGLS 和 MOEA/D 这两种被广泛应用于求解多目标组合优化问题的算法进行了比较。在比较中，对于 MOEA/D 和 MOGLS，采用了张和李（Zhang and Li，2008）和贾斯基维茨（Jaszkiewicz，2002）中相同的参数设置。此外，所有比较算法都以 CPU 运行时间作为停止条件。比较结果如表 4-3 至表 4-5 所示。

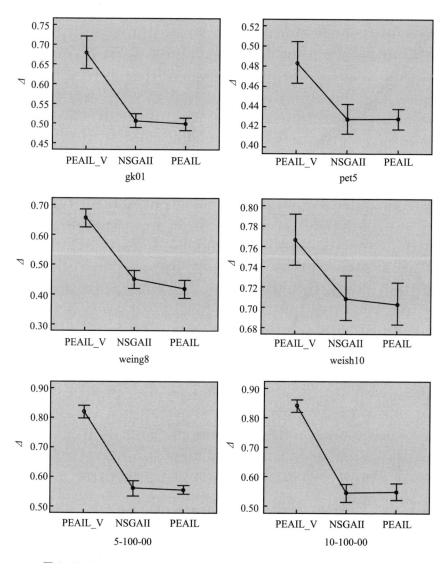

图4-8 PEAIL_V、NSGAII 和 PEAIL 在 95% 置信区间下的比较结果

由表4-3 至表4-5 可知，PEAIL 在求解几乎所有算例时的性能都明显优于 MOEA/D 和 MOGLS，验证了 PEAIL 能够获得较好的近似帕累托前沿。根据表4-3 至表4-5 的结果，MOEA/D、MOGLS 和 PEAIL 的 *NB* 的数值如图4-10 所示。由图4-10 可知，对于三个所采用的评价指标，PEAIL 均获得更好的性能表现，因此，可以将 PEAIL 视为一种求解本章所考虑的多目标多维货物装载问题的有效方法。

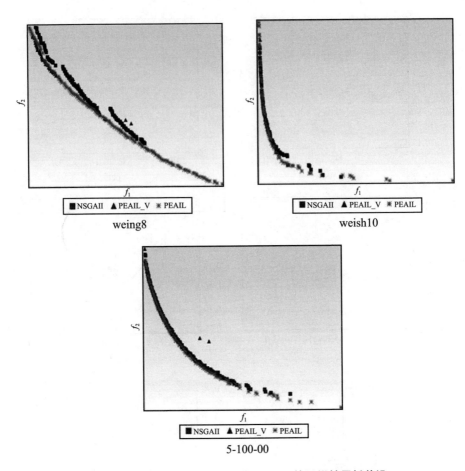

图 4 – 9　NSGAII、PEAIL_V 和 PEAIL 的近似帕累托前沿

表 4 – 3　　　　　MOEA/D、MOGLS 和 PEAIL 的 GD 比较结果

算例	MOEA/D	MOGLS	PEAIL	MOEA/D	MOGLS	PEAIL	MOEA/D	MOGLS	PEAIL
	Best	Mean	SD	Best	Mean	SD	Best	Mean	SD
gk01	0.74	0.92	0.10	0.96	1.86	0.50	**0.00**	**0.00**	**0.00**
gk02	0.68	0.95	0.18	1.11	2.30	1.18	**0.00**	**0.00**	**0.00**
gk03	0.64	1.07	0.30	1.36	2.06	0.41	**0.00**	**0.00**	**0.00**
gk04	0.61	1.04	0.30	1.27	2.03	0.39	**0.00**	**0.00**	**0.00**
gk05	1.58	1.07	0.24	3.38	2.37	0.54	**0.00**	**0.00**	**0.00**
gk06	0.55	1.13	0.31	1.19	2.54	0.61	**0.00**	**0.00**	**0.00**
hp1	0.15	0.24	0.05	0.29	0.43	0.10	**0.00**	**0.00**	**0.00**

续表

算例	MOEA/D	MOGLS	PEAIL	MOEA/D	MOGLS	PEAIL	MOEA/D	MOGLS	PEAIL
	Best	*Mean*	*SD*	*Best*	*Mean*	*SD*	*Best*	*Mean*	*SD*
hp2	0.12	0.29	0.21	0.22	0.66	0.56	**0.00**	**0.00**	**0.00**
pb6	9.31	28.70	16.28	16.20	35.27	14.55	**0.00**	**0.43**	**1.01**
pb7	16.13	28.72	8.44	17.44	40.58	18.04	**0.00**	**0.10**	**0.23**
pet4	**0.00**	1.13	1.64	**0.00**	**0.14**	**0.24**	**0.00**	0.85	1.17
pet5	1.47	1.93	0.26	1.69	2.42	0.39	**0.00**	**0.00**	**0.00**
pet6	0.78	0.93	0.12	0.96	1.29	0.22	**0.00**	**0.00**	**0.01**
pet7	0.93	1.29	0.20	1.05	1.71	0.39	**0.00**	**0.00**	**0.01**
sento1	1.17	20.76	9.13	11.56	31.64	14.93	**0.00**	**0.02**	**0.08**
sento2	7.78	18.76	7.95	9.50	31.97	13.20	**0.00**	**0.01**	**0.04**
weing7	2.28	4.24	2.24	3.39	5.62	1.57	**0.00**	**0.00**	**0.00**
weing8	0.32	0.55	0.18	0.60	1.03	0.37	**0.00**	**0.00**	**0.00**
weish01	0.60	0.76	**0.13**	2.17	7.01	2.92	**0.00**	**0.06**	0.13
weish06	2.32	3.55	1.39	3.20	7.00	4.12	**0.00**	**0.05**	**0.09**
weish10	1.42	4.36	3.42	3.00	5.47	1.87	**0.00**	**0.07**	**0.11**
weish14	2.28	4.28	2.87	1.57	7.72	7.20	**0.00**	**0.04**	**0.13**
weish18	1.34	4.08	4.05	2.20	10.87	9.98	**0.00**	**0.00**	**0.01**
weish22	1.73	5.09	4.36	0.50	15.52	17.13	**0.00**	**0.01**	**0.03**
weish26	1.33	6.22	5.17	2.80	14.08	26.23	**0.00**	**0.00**	**0.00**
5 – 100 – 00	10.51	18.41	4.16	19.00	31.82	9.05	**0.00**	**0.02**	**0.09**
5 – 100 – 01	10.89	17.13	3.94	13.47	30.34	10.25	**0.00**	**0.00**	**0.00**
5 – 100 – 02	10.40	17.00	3.74	19.50	30.68	10.87	**0.00**	**0.00**	**0.00**
5 – 100 – 03	12.15	20.40	4.88	20.07	35.50	14.22	**0.00**	**0.00**	**0.00**
5 – 100 – 04	11.91	18.48	3.35	16.22	30.96	7.85	**0.00**	**0.00**	**0.00**
5 – 100 – 05	12.40	19.69	3.52	19.92	31.59	9.15	**0.00**	**0.01**	**0.02**
5 – 100 – 06	10.74	17.31	3.19	16.86	29.93	12.20	**0.00**	**0.00**	**0.00**
5 – 100 – 07	13.74	18.99	4.81	19.00	30.90	8.95	**0.00**	**0.01**	**0.06**
5 – 100 – 08	11.24	19.21	4.65	16.00	31.52	8.24	**0.00**	**0.02**	**0.05**
5 – 100 – 09	13.92	19.35	3.34	21.90	33.32	8.33	**0.00**	**0.00**	**0.01**
10 – 100 – 00	18.71	23.70	3.43	18.27	35.12	11.45	**0.00**	**0.09**	**0.21**
10 – 100 – 01	14.11	21.18	4.25	14.94	32.28	11.43	**0.00**	**0.05**	**0.12**

续表

算例	MOEA/D	MOGLS	PEAIL	MOEA/D	MOGLS	PEAIL	MOEA/D	MOGLS	PEAIL
	Best	Mean	SD	Best	Mean	SD	Best	Mean	SD
10 – 100 – 02	17.48	23.78	4.23	22.00	34.43	8.87	**0.00**	**0.06**	**0.17**
10 – 100 – 03	19.46	26.01	3.25	19.18	43.96	31.05	**0.00**	**0.08**	**0.22**
10 – 100 – 04	12.25	21.83	4.87	15.27	32.63	11.05	**0.00**	**0.01**	**0.05**
10 – 100 – 05	18.54	25.66	5.42	20.21	37.34	11.69	**0.00**	**0.12**	**0.24**
10 – 100 – 06	9.16	21.89	5.88	19.36	45.50	18.77	**0.00**	**0.06**	**0.16**
10 – 100 – 07	14.82	21.55	3.50	18.88	34.82	11.19	**0.00**	**0.06**	**0.14**
10 – 100 – 08	12.55	20.64	4.49	17.83	40.16	22.84	**0.00**	**0.01**	**0.06**
10 – 100 – 09	15.86	23.36	4.23	14.54	40.60	25.69	**0.00**	**0.12**	**0.27**

表 4 – 4　　　　　MOEA/D、MOGLS 和 PEAIL 的 Δ 比较结果

算例	MOEA/D	MOGLS	PEAIL	MOEA/D	MOGLS	PEAIL	MOEA/D	MOGLS	PEAIL
	Best	Mean	SD	Best	Mean	SD	Best	Mean	SD
gk01	0.51	0.58	**0.03**	0.85	0.92	**0.03**	**0.42**	**0.51**	0.04
gk02	0.54	0.58	**0.02**	0.85	0.92	0.03	**0.48**	**0.53**	0.04
gk03	0.54	**0.58**	**0.02**	0.85	0.93	**0.02**	**0.53**	0.60	0.03
gk04	**0.54**	**0.57**	0.02	0.92	0.94	**0.01**	0.56	0.61	0.02
gk05	**0.62**	**0.58**	**0.02**	0.97	0.94	**0.02**	0.67	0.61	0.03
gk06	**0.53**	**0.58**	**0.02**	0.91	0.94	**0.02**	0.56	0.63	0.04
hp1	0.60	0.67	0.05	0.57	0.70	0.06	**0.37**	**0.40**	**0.02**
hp2	0.59	0.73	0.07	0.73	0.85	0.06	**0.41**	**0.51**	**0.05**
pb6	0.69	0.84	0.08	0.70	0.83	0.09	**0.63**	**0.71**	**0.05**
pb7	**0.60**	**0.72**	0.08	0.78	0.87	0.06	0.68	0.73	**0.04**
pet4	0.65	0.76	0.06	0.65	0.78	0.07	**0.37**	**0.40**	**0.01**
pet5	0.67	0.77	0.06	0.61	0.76	0.06	**0.38**	**0.42**	**0.02**
pet6	0.66	0.75	**0.05**	0.62	0.71	0.06	**0.41**	**0.54**	0.07
pet7	0.70	0.79	**0.06**	0.64	0.74	**0.06**	**0.47**	**0.57**	0.08
Sento1	**0.61**	0.79	0.10	0.84	0.94	**0.04**	0.67	**0.75**	0.05
Sento2	0.60	0.83	0.13	0.89	0.94	0.03	**0.55**	**0.71**	**0.07**
weing7	0.66	0.85	0.08	0.69	0.87	0.07	**0.53**	**0.60**	**0.04**

续表

算例	MOEA/D	MOGLS	PEAIL	MOEA/D	MOGLS	PEAIL	MOEA/D	MOGLS	PEAIL
	Best	Mean	SD	Best	Mean	SD	Best	Mean	SD
weing8	0.62	0.76	0.08	0.84	0.93	0.03	**0.45**	**0.54**	**0.04**
weish01	0.60	0.76	**0.13**	0.71	0.89	0.08	**0.58**	**0.65**	**0.04**
weish06	0.58	0.75	0.11	0.66	0.85	0.08	**0.60**	**0.66**	**0.04**
weish10	0.64	0.77	0.09	0.73	0.86	0.08	**0.64**	**0.71**	**0.04**
weish14	0.59	0.76	0.08	0.77	0.88	0.06	**0.72**	**0.82**	**0.05**
weish18	0.63	0.81	0.11	0.80	0.91	0.07	**0.49**	**0.66**	**0.07**
weish22	0.61	0.76	0.08	0.83	0.92	0.06	**0.53**	**0.74**	**0.10**
weish26	0.65	0.78	0.09	0.73	0.88	0.06	**0.60**	**0.73**	**0.07**
5 – 100 – 00	0.61	0.71	0.05	0.89	0.96	0.03	**0.45**	**0.61**	**0.06**
5 – 100 – 01	0.52	0.70	0.06	0.90	0.97	0.03	**0.54**	**0.63**	**0.05**
5 – 100 – 02	0.64	0.73	0.05	0.86	0.95	0.04	**0.44**	**0.59**	**0.06**
5 – 100 – 03	0.57	0.71	0.07	0.92	0.97	0.03	**0.48**	**0.56**	**0.05**
5 – 100 – 04	0.61	0.72	0.05	0.91	0.96	0.02	**0.56**	**0.60**	**0.04**
5 – 100 – 05	0.53	0.70	0.06	0.89	0.96	0.04	**0.47**	**0.58**	**0.05**
5 – 100 – 06	0.62	0.71	0.06	0.92	0.96	0.03	**0.49**	**0.60**	**0.04**
5 – 100 – 07	0.60	0.70	0.04	0.92	0.97	0.02	**0.34**	**0.58**	**0.07**
5 – 100 – 08	0.63	0.71	0.03	0.93	0.97	0.03	**0.46**	**0.56**	**0.05**
5 – 100 – 09	0.59	0.72	0.06	0.91	0.97	0.03	**0.50**	**0.58**	**0.05**
10 – 100 – 00	0.64	0.72	0.05	0.90	0.96	0.03	**0.45**	**0.52**	**0.05**
10 – 100 – 01	0.61	0.69	0.05	0.86	0.94	0.04	**0.41**	**0.55**	**0.06**
10 – 100 – 02	0.64	0.74	0.04	0.90	0.95	0.03	**0.43**	**0.54**	**0.06**
10 – 100 – 03	0.60	0.70	0.05	0.88	0.95	0.04	**0.43**	**0.50**	**0.05**
10 – 100 – 04	0.62	0.73	0.04	0.91	0.95	0.03	**0.45**	**0.55**	**0.06**
10 – 100 – 05	0.63	0.72	0.04	0.83	0.94	0.03	**0.40**	**0.50**	**0.06**
10 – 100 – 06	0.62	0.71	0.05	0.81	0.93	0.04	**0.44**	**0.58**	**0.08**
10 – 100 – 07	0.62	0.73	0.05	0.90	0.97	0.03	**0.46**	**0.55**	**0.06**
10 – 100 – 08	0.59	0.71	0.96	0.05	0.04	0.03	**0.49**	**0.64**	**0.88**
10 – 100 – 09	0.73	0.84	0.04	0.43	0.52	0.05	**0.44**	**0.52**	**0.04**

表 4-5　　　　　　MOEA/D、MOGLS 和 PEAILΩ 的比较结果

算例	MOEA/D				MOGLS				PEAIL		
	Best	Mean	SD	P-value	Best	Mean	SD	p-value	Best	Mean	SD
gk01	0.14	0.05	0.04	0.000 –	0.00	0.00	0.00	0.000 –	**1.00**	**0.99**	0.01
gk02	0.31	0.11	0.09	0.000 –	0.00	0.00	0.00	0.000 –	**1.00**	**1.00**	0.01
gk03	0.35	0.19	0.12	0.000 –	0.00	0.00	0.00	0.000 –	**1.00**	**1.00**	0.00
gk04	0.44	0.20	0.14	0.000 –	0.00	0.00	0.00	0.000 –	**1.00**	**1.00**	0.01
gk05	0.44	0.26	0.10	0.000 –	0.00	0.00	0.00	0.000 –	**1.00**	**1.00**	0.00
gk06	0.49	0.29	0.12	0.000 –	0.00	0.00	0.00	0.000 –	**1.00**	**1.00**	0.00
hp1	0.19	0.13	0.04	0.000 –	0.00	0.00	0.00	0.000 –	**1.00**	**1.00**	0.00
hp2	0.26	0.20	0.05	0.000 –	0.00	0.00	0.00	0.000 –	**1.00**	**1.00**	0.00
pb6	0.67	0.43	0.13	0.000 –	0.56	0.29	0.16	0.000 –	**1.00**	**0.97**	0.03
pb7	0.31	0.14	0.07	0.000 –	0.00	0.00	0.00	0.000 –	**1.00**	**0.99**	0.01
pet4	0.51	0.26	0.09	0.000 –	0.08	0.00	0.02	0.000 –	**1.00**	**1.00**	0.00
pet5	0.20	0.12	0.05	0.000 –	0.00	0.00	0.00	0.000 –	**1.00**	**1.00**	0.00
pet6	0.28	0.14	0.09	0.000 –	0.00	0.00	0.00	0.000 –	**1.00**	**0.99**	0.01
pet7	0.28	0.07	0.08	0.000 –	0.00	0.00	0.00	0.000 –	**1.00**	**0.99**	0.01
sento1	0.61	0.30	0.12	0.000 –	0.00	0.00	0.00	0.000 –	**1.00**	**1.00**	0.00
sento2	0.60	0.36	0.15	0.000 –	0.00	0.00	0.00	0.000 –	**1.00**	**1.00**	0.00
weing7	0.40	0.10	0.11	0.011 –	0.00	0.00	0.00	0.000 –	**0.41**	**0.17**	0.10
weing8	0.55	**0.36**	0.13	0.554 –	0.00	0.00	0.00	0.000 –	**0.69**	0.35	0.17
weish01	0.43	0.26	0.09	0.000 –	0.17	0.01	0.04	0.000 –	**1.00**	**0.98**	0.02
weish06	0.44	0.28	0.08	0.000 –	0.00	0.00	0.00	0.000 –	**1.00**	**0.99**	0.02
weish10	0.67	0.24	0.14	0.000 –	0.14	0.01	0.03	0.000 –	**1.00**	**0.99**	0.02
weish14	0.38	0.21	0.10	0.000 –	0.00	0.00	0.00	0.000 –	**1.00**	**1.00**	0.01
weish18	0.54	0.33	0.11	0.000 –	0.00	0.00	0.00	0.000 –	**1.00**	**1.00**	0.00
weish22	0.50	0.28	0.11	0.000 –	0.00	0.00	0.00	0.000 –	**1.00**	**1.00**	0.00
weish26	0.47	0.29	0.10	0.000 –	0.00	0.00	0.00	0.000 –	**1.00**	**1.00**	0.00
5-100-00	0.50	0.27	0.10	0.000 –	0.00	0.00	0.00	0.000 –	**1.00**	**0.98**	0.01
5-100-01	0.47	0.29	0.09	0.000 –	0.00	0.00	0.00	0.000 –	**1.00**	**0.99**	0.01
5-100-02	0.42	0.25	0.10	0.000 –	0.00	0.00	0.00	0.000 –	**1.00**	**0.99**	0.00
5-100-03	0.32	0.19	0.09	0.000 –	0.00	0.00	0.00	0.000 –	**1.00**	**0.99**	0.01
5-100-04	0.49	0.23	0.11	0.000 –	0.91	0.96	0.02	0.000 –	**1.00**	**0.99**	0.01
5-100-05	0.38	0.20	0.09	0.000 –	0.00	0.00	0.00	0.000 –	**1.00**	**0.99**	0.01
5-100-06	0.41	0.27	0.08	0.000 –	0.00	0.00	0.00	0.000 –	**1.00**	**0.99**	0.01
5-100-07	0.44	0.25	0.10	0.000 –	0.00	0.00	0.00	0.000 –	**1.00**	**0.99**	0.01
5-100-08	0.40	0.21	0.11	0.000 –	0.00	0.00	0.00	0.000 –	**1.00**	**0.99**	0.01

续表

算例	MOEA/D				MOGLS				PEAIL		
	Best	*Mean*	*SD*	*P-value*	*Best*	*Mean*	*SD*	*p-value*	*Best*	*Mean*	*SD*
5 – 100 – 09	0.40	0.23	0.08	0.000 –	0.00	0.00	0.00	0.000 –	**1.00**	**0.99**	0.01
10 – 100 – 00	0.22	0.12	0.05	0.000 –	0.00	0.00	0.00	0.000 –	**1.00**	**0.99**	0.01
10 – 100 – 01	0.26	0.16	0.06	0.000 –	0.00	0.00	0.00	0.000 –	**1.00**	**0.99**	0.01
10 – 100 – 02	0.35	0.16	0.09	0.000 –	0.00	0.00	0.00	0.000 –	**1.00**	**0.99**	0.00
10 – 100 – 03	0.25	0.08	0.06	0.000 –	0.00	0.00	0.00	0.000 –	**1.00**	**0.99**	0.01
10 – 100 – 04	0.35	0.16	0.10	0.000 –	0.00	0.00	0.00	0.000 –	**1.00**	**1.00**	0.01
10 – 100 – 05	0.26	0.10	0.07	0.000 –	0.00	0.00	0.00	0.000 –	**1.00**	**0.99**	0.01
10 – 100 – 06	0.49	0.19	0.12	0.000 –	0.00	0.00	0.00	0.000 –	**1.00**	**0.99**	0.01
10 – 100 – 07	0.29	0.15	0.09	0.000 –	0.00	0.00	0.00	0.000 –	**1.00**	**0.99**	0.01
10 – 100 – 08	0.37	0.20	0.08	0.000 –	0.00	0.00	0.00	0.000 –	**1.00**	**0.99**	0.01
10 – 100 – 09	0.35	0.17	0.10	0.000 –	0.00	0.00	0.00	0.000 –	**1.00**	**0.99**	0.01

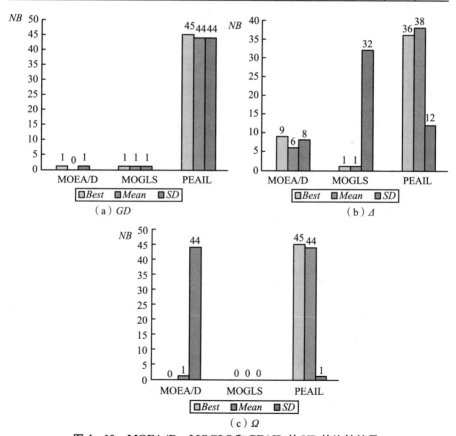

图 4 – 10　MOEA/D、MOGLS 和 PEAIL 的 NB 的比较结果

为了进一步观察算法在每个算例上的性能，总结了三个指标在95%置信区间下的比较结果，如图4–11至图4–13所示。其中，根据表4–3至表4–5中算例的先后顺序，数字1到45分别表示算例gk01至算例10–100–09的45个算例。由图4–11可知，PEAIL的 GD 指标上的表现优于MOEA/D和MOGLS，说明PEAIL具有较好的收敛性。由图4–12可知，PEAIL在求解大多数算例时具有更好的多样性。由图4–13可知，除2个算例（即第17个和第18个算例）外，PEAIL的支配性指标明显优于MOEA/D和MOGLS。

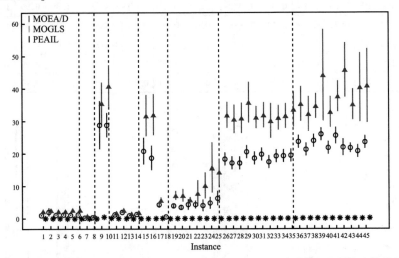

图4–11 MOEA/D、MOGLS 和 PEAIL 关于 GD 的 95% 置信区间的比较结果

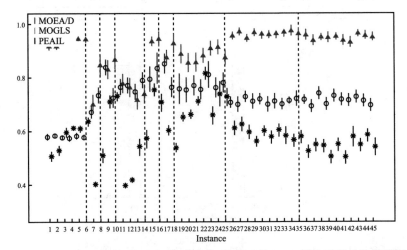

图4–12 MOEA/D、MOGLS 和 PEAIL 关于 Δ 的 95% 置信区间的比较结果

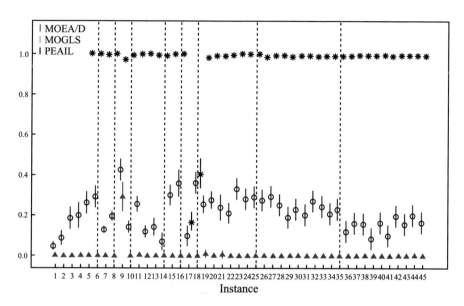

图 4 - 13   MOEA/D、MOGLS 和 PEAIL 关于 Ω 的 95% 置信区间的比较结果

（三）案例求解与分析

本节以国内某物流中转和集散中心的货物装载为背景进行案例分析。该物流中心现有 287 件待运输的物品，有一辆可供装载和运输的车辆，需要从中选择合适的物品进行装载并运输到下一分销中心。由于目前该批货物虽然经过用于装卸、存储、保管的工业包装，但需进行进一步的装载准备工作，例如，需要对每件装载的物品进行捆绑加固处理，外包装各垂直和水平边使用护角保护以应对运输过程中跌落、冲击和振动带来的损害；要对每件物品进行贴标签或条码，以保证货物能够被迅速地识别。此外，由于物品在运输过程中均具有损坏的可能性，每件物品由于其内在的特征不同，其损坏概率也不同。车辆的额定载重量为 15000 千克，货箱的内部尺寸为 55 立方米，运输过程中的破损率要求不超过 3%，给定的装载准备时间为 4 小时。其中，由于物品在重量、体积和破损率和装载准备时间属性上的数量级不相同，为了达到四个维度上的均衡，使用各维度上实际资源占用量占资源总量的百分比用于计算目标函数值 f_2。基于实际数据，PEAIL 能在 51.32 秒内获得 120 个非支配解，如图 4 - 14 所示。图 4 - 14

中的近似帕累托前沿中的三个极端解对应的目标函数值如表 4-6 所示。其中，极端解 1 为对应总利润最大化下的装载方案，极端解 3 为对应资源均衡性最好的装载方案，极端解 2 对应 f_1 和 f_2 的值为所有非支配解中的中值的解。

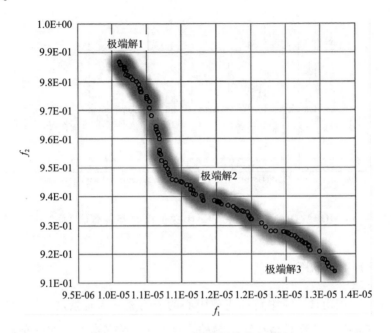

图 4-14 PEAIL 所获得的非支配解

由图 4-14 可知，用此 PEAIL 可以为决策者提供更有价值的信息。所得的非支配解可直接用于管理者的决策。例如，方案 A 的总利润和最大完工时间最长，而方案 B 的总利润和最小完工时间最小。因此，当决策者最关注的是整体利润时，可以采用方案 A，而当需要较小的制作时间时，可以采用方案 B。

由图 4-14 中的近似帕累托前沿可知，PEAIL 可以同时提高所装载的物品的总利润和实现各维度上资源的均衡。其中，极端解 1 对应的总利润最大，但各维度上均衡性最差；极端解 3 所获得的总利润最小，但能够实现各维度上最好的均衡。因此，如果期望总利润最大，应采用极端解 1 对应的装载方案，如果期望能够实现各维度上资源的均衡，则应该选择极端解 3 对应的装载方案。由表 4-6 可知，可以在总利润牺牲较少的情况下提高资源均衡，获得两者之间的合理的折中。例如，极端解 1 对应的总利润为 98960，高于极端解 3 的总利润（75711），但与极端解 1 相比，极端解 3 的资源占用率最高的维度上的资源占用率比极端解 1 低 7.3%，能够显著提高资源的均衡性。

表 4-6　　　　　　　　三个极端解所对应的目标函数值

非支配解	总利润（f_1）	资源占用率最高的维度上的资源占用率（f_2）（%）
极端解 1	98960	98.67
极端解 2	88533	93.97
极端解 3	75711	91.38

为了进一步观察所获得的装载方案的合理性，表 4-7 中给出了三个极端解对应的各个维度上的资源占用率。由表 4-7 可知，在该货物装载实例中，重量和准备时间的资源占用率高，这与该案例中物品的重量和所需的准备时间差异性比较大，且所给的准备时间和车辆的载重量有限相一致，也表明了车辆的装载率高。此外，重量和体积的资源占用率比较接近，说明所装载的物品的重量和体积在车厢内的匹配性较好。最后，破损率低，能够降低运输过程中由于破损带来的损失。综上所述，PEAIL 能够获得合理的装载方案，进一步验证了本章的模型和算法的合理性和有效性。

表 4-7　　　　　　　不同运输方式下的运输成本和运输速度

非支配解	各维度上的资源占用率（%）			
	重量	体积	破损概率	准备时间
极端解 1	98.67	67.21	43.11	97.54
极端解 2	93.97	80.55	46.86	93.96
极端解 3	90.24	74.62	45.88	91.38

注：各维度上的资源占用率＝各维度上实际资源占用量/各维度上资源总量×100%。

第五章

考虑产销不平衡的多目标公路货物运输优化模型与算法

一、问题描述

本章以某企业的相同产品的加工销售为背景，考虑由多个供应商（产地）与多个客户（销地）组成的运输系统，如图 5 - 1 所示。给定每个供应商的产量和客户的需求量，使用由同种类型的车辆组成的车队用于将产品从供应商运输到客户。其中，在每对供应商和客户之间，考虑了车辆的每车次的固定运输成本，该成本与车辆的装载量无关。此外，由于卡车运输具有高能耗的特征，降低燃油消耗既是企业的社会责任，油耗成本也是运输成本中的重要组成部分，因此考虑了与燃油消耗相关的可变运输成本。每个客户的产品可以来自一个或多个供应商，每个供应商可以为一个或多个客户提供产品。由于供应商的总生产能力往往与客户的总需求不相等，当供应商的生产能力大于客户的总需求时，未售出的产品会增加供应商的库存成本和产品积压，反之，则客户的需求无法被满足。因此，本章的工作是确定每一对供应商和客户之间的产品运输量，以使供应量和需求

量的偏差（supply-demand deviation，SDD）和总运输成本最小。由于降低
SDD之间和总运输成本之间存在冲突，本章从多目标优化的角度来解决这
一问题，将其构建为多目标公路货物运输问题（MO_RCTP）。

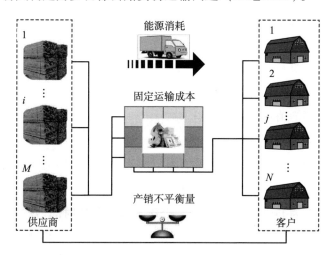

图 5-1 考虑 SDD 的多目标公路货物运输问题框架

本章包括以下基本假设：

（1）运输活动只发生在供应商和顾客之间，供应商（或顾客）之间不
存在运输路径；

（2）产品为同质物品，具有相同的物理属性，且只能通过一种单一的
运输工具（即卡车）进行运输，这一假设是运输问题的一般性假设；

（3）卡车的外观设计和发动机类型相同，对于每单位产品，固定运输
成本和燃料消耗的计算参数相同；

（4）卡车在每对供应商和客户之间以匀速行驶，不考虑发动机起动和
停止阶段的速度变化。

二、符号定义

（一）模型参数

M：供应商的集合，也表示该集合的势；

N：客户的集合，也表示该集合的势；

p_i：供应商 $i \in M$ 的生产量（kg）；

d_j：客户 $j \in N$ 的需求量（kg）；

$r_{ij} = \begin{cases} 1，如果供应商 i 可以为客户 j 提供产品 \\ 0，否则 \end{cases}$；

c_{ij}：供应商 $i \in M$ 到客户 $j \in N$ 的每车次的固定运输费用（\$）；

$\bar{u}_{ij}$：供应商 $i \in M$ 到客户 $j \in N$ 的匀速度（km/h）；

t_{ij}：供应商 $i \in M$ 到客户 $j \in N$ 运输时间（h）；

b：平均燃油消耗率（g/kW·h）；

cw：卡车的整备重量（kg）；

rw：卡车的额定载重量（kg）；

F_{ij}^w：供应商 $i \in M$ 到客户 $j \in N$ 的卡车空气阻力（N）；

Q_{ij}^{LD}：供应商 $i \in M$ 到客户 $j \in N$ 的载货卡车单位时间内的燃油消耗量（L/h）；

ρ：燃油的密度（kg/L）；

η_T：发动机传动系统的传动效率；

g：重力加速度（m/s^2）；

f：滚动摩擦力系数；

q：燃油的单位价格（\$/L）；

K_1：常数值；

K_2：常数值；

$\mathcal{M}$：一个足够大的数。

（二）决策变量

x_{ij}：供应商 $i \in M$ 到客户 $j \in N$ 的产品运输量（kg）；

y_{ij}：供应商 $i \in M$ 到客户 $j \in N$ 的总燃油消耗（L）；

z_{ij}：供应商 $i \in M$ 到客户 $j \in N$ 使用的卡车数量（辆）；

μ_{ij}：供应商 $i \in M$ 和客户 $j \in NC$ 之间使用未满载的车辆进行运输的运输量（kg）；

$nl_{ij} = \begin{cases} 1，如果供应商 i 和客户 j 之间存在未满载的车辆 \\ 0，否则 \end{cases}$。

第二节　模型构建

一、燃油消耗模型构建

为了获得货物运输过程中车辆的燃油消耗量，本节基于汽车相关理论构建了燃油消耗模型。

载货卡车行驶过程中的受力分析如图 5 - 2 所示，令 F_{ij}^e 为发动机牵引力 [图 5 - 2（a）]，F_{ij}^w 为空气阻力 [图 5 - 2（b）]，F_f 为滚动摩擦力 [图 5 - 2（c）]。基于牛顿第一定律，在水平方向，匀速度为 $\bar{u}_{ij}$ 时，F_{ij}^e、F_{ij}^w 和 F_f 之间受力平衡。基于汽车理论，受力分析如下：

$$F_{ij}^e = F_{ij}^w + F_f, i \in M, j \in N \qquad (5-1)$$

$$F_{ij}^w = \frac{1}{21.15} C_D A \bar{u}_{ij}^2, i \in M, j \in N \qquad (5-2)$$

$$F_f = (cw + rw) \cdot g \cdot f \qquad (5-3)$$

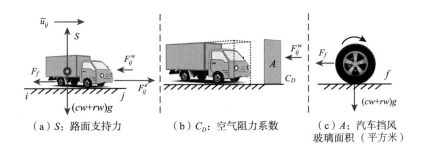

（a）S：路面支持力　　　（b）C_D：空气阻力系数　　　（c）A：汽车挡风玻璃面积（平方米）

图 5 - 2　载货卡车匀速度下的受力分析

基于式（5 - 1）至式（5 - 3），可以计算 F_{ij}^e、F_{ij}^w 和 F_f。令 P_{ij}^{ELD} 为由 F_{ij}^e 产生的总发动机牵引力，P_{ij}^{LD} 为 F_{ij}^w 和 F_f 产生的总阻力，满载卡车的 P_{ij}^{LD} 和 P_{ij}^{ELD} 计算如下：

$$P_{ij}^{LD} = P_{ij}^{ELD} = \frac{\bar{u}_{ij}}{\eta_T K_1}(F_{ij}^w + F_f) = \frac{\bar{u}_{ij}}{\eta_T K_1}(F_{ij}^w + (cw + rw) \cdot g \cdot f), i \in M, j \in N(\text{kW})$$

$$(5-4)$$

其中，$K_1 = 3600$ 用于标准化 P_{ij}^{LD} 和 P_{ij}^{ELD}。令 P_{ij}^{NF} 表示由空气阻力和运输量为 μ_{ij} 的非满载的车辆的滚动摩擦力产生的总阻力，则 P_{ij}^{NF} 和相应的传动功率计算如下：

$$P_{ij}^{NF} = P_{ij}^{ENF} = \frac{\bar{u}_{ij}}{\eta_T K_1}(F_{ij}^w + (cw + \mu_{ij}) \cdot g \cdot f), i \in M, j \in N(\mathrm{kW}) \quad (5-5)$$

基于式（5-4）和式（5-5），可以得到满载和非满载情况下卡车的油耗。设为非满载的卡车从供应商 i 到客户 j 的单位时间内的燃油消耗量。根据汽车相关理论，Q_{ij}^{LD} 和 Q_{ij}^{NF} 的计算如下：

$$Q_{ij}^{LD} = \frac{P_{ij}^{LD} bg}{K_2 \rho g} = \frac{P_{ij}^{LD} b}{K_2 \rho} = \frac{b\bar{u}_{ij}}{K_1 K_2 \rho \eta_T}(F_{ij}^w + (cw + rw) \cdot g \cdot f), i \in M, j \in N(L/h)$$
$$(5-6)$$

$$Q_{ij}^{NF} = \frac{P_{ij}^{NF} b}{K_2 \rho} = \frac{b\bar{u}_{ij}}{K_1 K_2 \rho \eta_T}(F_{ij}^w + (cw + \mu_{ij}) \cdot g \cdot f), i \in M, j \in N(L/h)$$
$$(5-7)$$

其中，$K_2 = 1000$ 用于对 Q_{ij}^{LD} 和 Q_{ij}^{NF} 进行归一化。式（5-6）为对于给定车型的常数表达式，式（5-7）是的线性函数。

基于上述 Q_{ij}^{LD} 和 Q_{ij}^{NF} 的计算方法，燃油消耗的机理模型构建如下：

$$f_{fc} = \sum_{i \in M} \sum_{j \in N} r_{ij} \cdot y_{ij} \quad (5-8)$$

$$y_{ij} = (Q_{ij}^{LD} \cdot z_{ij} + Q_{ij}^{NF}) \cdot t_{ij}$$
$$= \left(Q_{ij}^{LD} \cdot z_{ij} + \frac{b\bar{u}_{ij}}{K_1 K_2 \rho \eta_T} \left[F_{ij}^w + (cw + \mu_{ij}) \cdot g \cdot f \right] \right) \cdot t_{ij}, i \in M, j \in N$$
$$(5-9)$$

$$z_{ij} \leqslant \frac{1}{rw} x_{ij}, \forall i \in M, j \in N \quad (5-10)$$

$$z_{ij} > \frac{1}{rw} x_{ij} - 1, \forall i \in M, j \in N \quad (5-11)$$

$$\mu_{ij} = x_{ij} - rw \cdot z_{ij}, \forall i \in M, j \in N \quad (5-12)$$

其中，式（5-8）为总燃油消耗，式（5-9）为决策变量 y_{ij} 的定义，式（5-10）和式（5-11）为决策变量 z_{ij} 的定义，式（5-12）为决策变量

μ_{ij} 的定义。

二、MO_RCTP 的模型构建

根据供应商和客户之间的供需关系，考虑了以下两种情形：情形 1
(S1)：$\sum_{i \in M} p_i > \sum_{j \in N} d_j$（总生产能力大于总需求）；情形 2（S2）：$\sum_{i \in M} p_i \leqslant \sum_{j \in N} d_j$
（总生产能力小于或等于总需求）。基于第五章第一节和第二节的内容，
MO_RCTP 的多目标数学模型构建如下：

$$\min \quad f_1 = \sum_{i \in M} | \sum_{j \in N} x_{ij} - p_i | + \sum_{j \in N} | \sum_{i \in M} x_{ij} - d_j | \qquad (5-13)$$

$$\min \quad f_2 = \sum_{i \in M} \sum_{j \in N} c_{ij} \cdot (z_{ij} + nl_{ij}) + \sum_{i \in M} \sum_{j \in N} q \cdot y_{ij} \qquad (5-14)$$

s. t.

$$x_{ij} \leqslant p_i, \forall i \in M, j \in N \qquad (5-15)$$

$$x_{ij} \leqslant d_j, \forall i \in M, j \in N \qquad (5-16)$$

$$x_{ij} \leqslant r_{ij} \cdot \mathcal{M}, \forall i \in M, j \in N \qquad (5-17)$$

$$y_{ij} = (Q_{ij}^{LD} \cdot z_{ij} + \frac{b\bar{u}_{ij}}{K_1 K_2 \rho \eta_T} (F_{ij}^w + (cw + \mu_{ij}) \cdot g \cdot f)) \cdot t_{ij}, i \in M, j \in N$$

$$(5-18)$$

$$z_{ij} \leqslant \frac{1}{rw} x_{ij}, \forall i \in M, j \in N \qquad (5-19)$$

$$z_{ij} > \frac{1}{rw} x_{ij} - 1, \forall i \in M, j \in N \qquad (5-20)$$

$$\mu_{ij} = x_{ij} - rw \cdot z_{ij}, \forall i \in M, j \in N \qquad (5-21)$$

$$nl_{ij} \geqslant \frac{x_{ij} - rw \cdot z_{ij}}{rw}, \forall i \in M, j \in N \qquad (5-22)$$

$$nl_{ij} \leqslant \frac{x_{ij} - rw \cdot z_{ij}}{rw} \cdot \mathcal{M}, \forall i \in M, j \in N \qquad (5-23)$$

$$\mu_{ij} \geqslant \frac{1}{2} rw \cdot nl_{ij}, \forall i \in M, j \in N \qquad (5-24)$$

$$x_{ij} \geqslant \mu_{ij}, \forall i \in M, j \in N \qquad (5-25)$$

$$nl_{ij} \in \{0,1\}, \forall i \in M, j \in N \qquad (5-26)$$

$$y_{ij} \geq 0, \forall i \in M, j \in N \qquad (5-27)$$

$$z_{ij} \in Z, \forall i \in M, j \in N \qquad (5-28)$$

$$\mu_{ij} \geq 0, \forall i \in M, j \in N \qquad (5-29)$$

其中，式（5-13）和式（5-14）为目标函数，式（5-13）使 SDD 最小化，式（5-14）使运输总成本最小化；式（5-15）和式（5-16）保证从供应商 i 到客户 j 的运输量不超过供应商 i 的生产能力和客户 j 的需求；式（5-17）保证产品的运输决策必须满足运输约束 r_{ij}；式（5-18）为燃油消耗量；式（5-19）和式（5-20）为使用的卡车的数量；式（5-21）为 μ_{ij} 的定义；式（5-22）和式（5-23）为 nl_{ij} 的定义；式（5-24）保证载货卡车的装载量不小于 rw 的一半；式（5-25）为决策变量 x_{ij} 的取值范围；式（5-26）至式（5-29）为决策变量的取值范围。

▶ 第三节　混沌驱动的差分进化算法

MO_RCTP 问题本质上是一个涉及供应商和客户之间产品的分配和调运的连续优化问题，而差分进化（differential evolution，DE）算法（Storn et al.，1997）利用基因的差异在搜索空间中进行全局探索，是求解连续优化问题最有效的算法之一。为了求解 MO_RCTP，本节提出了一种混沌驱动差分进化算法（CdDE）。CdDE 中采用基于分解的多目标进化算法（MOEA/D）作为全局搜索框架，并使用了 DE 作为底层算法。此外，为了提高 CdDE 的局部探索能力，在 CdDE 中嵌入了一个混沌驱动的局部搜索操作。本节将对 CdDE 进行详细介绍。

一、解的表达

对于 S1 和 S2 两种情形，由于式（5-15）和式（5-16）的存在，x_{ij} 的值应不大于 p_i 和 d_j。因此，采用了如下的矩阵作为 CdDE 的解的表达：

$$\boldsymbol{\pi} = [\pi_{ij}]_{M \times N} \qquad (5-30)$$

其中，$\pi_{ij} \in [0,1]$ 表示客户 j 从供应商 i 处运输的产品的重量占客户 j 的总需求的比例（S1）或供应商 i 运往客户 j 的产品的重量占供应商 i 的总生产能力的比例（S2）。供应商 i 与客户 j 之间的运输量为 $\pi_{ij} \cdot d_j$（S1）或 $\pi_{ij} \cdot p_i$（S2）。因此，在 S1 中，每个客户的需求能被完全满足，在 S2 中，每个供应商的产品可以被全部运出，即

$$S1: \sum_{i \in N} \pi_{ij} = 1, \forall j \in M \tag{5-31}$$

$$S2: \sum_{i \in M} \pi_{ij} = 1, \forall i \in N$$

例如，对于规模为的算例，S1 和 S2 下的解的表达如下：

$$\boldsymbol{\pi} = \begin{bmatrix} 0.5 & 0.2 & 0.3 & 0.1 & 0.3 \\ 0.2 & 0.1 & 0.3 & 0.3 & 0.5 \\ 0.3 & 0.7 & 0.4 & 0.6 & 0.2 \end{bmatrix}_{M \times N = 3 \times 5} \quad (\text{S1})$$

$$\boldsymbol{\pi} = \begin{bmatrix} 0.1 & 0.2 & 0.1 & 0.2 & 0.4 \\ 0.2 & 0.1 & 0.3 & 0.2 & 0.2 \\ 0.1 & 0.3 & 0.4 & 0.1 & 0.1 \end{bmatrix}_{M \times N = 3 \times 5} \quad (\text{S2}) \tag{5-32}$$

二、不可行解的修复机制

使用第五章第四节的解的表达，除了式（5-24）之外，MO_RCTP 的其余约束均可被满足。为了对违反式（5-24）的解进行修复，提出了一种修复操作，并将其嵌入 CdDE 的搜索框架中。令 P 表示 CdDE 的子问题个数，$\boldsymbol{\pi}^t = \{\boldsymbol{\pi}_1^t, \cdots, \boldsymbol{\pi}_p^t\}$ 为第 t 代种群中的个体，$\boldsymbol{x}^t = \{\boldsymbol{x}_1^t, \cdots, \boldsymbol{x}_p^t\}$ 为第 t 代可行的运输量集合，修复操作如算法 5-1 所示。

算法 5-1 不可行解修复操作

输入：不可行解 $\boldsymbol{\pi}_k^t$

1：/ * 计算供应商和客户之间的运输量 * /

2：**If**(S1) **then**

3： 令 $x_{k,i,j}^t := \pi_{k,i,j}^t \cdot d_j, i \in M, j \in N$；// S1

4：**Else**

5： 令 $x_{k,i,j}^t := \pi_{k,i,j}^t \cdot p_i, i \in M, j \in N$; $/\!/ S2$

6： **End If**

7： $/*$ 修复供应商和客户之间的不可行运输量 $*/$

8： **For** 任意 $i \in M$ 和 $j \in N$ **do**

9： 令 $tmpNF := x_{k,i,j}^t/rw - trunc(x_{k,i,j}^t/rw)$; $/\!/$计算非满载车辆的装载量

10： **If**$(tmpNF < 1/2 - tmpNF)$ **then**

11： 令 $x_{k,i,j}^t := x_{k,i,j}^t - tmpNF \cdot rw$;

12： **Else**

13： **If**$(tmpNF < 1/2)$ **then**

14： 令 $x_{k,i,j}^t := x_{k,i,j}^t - tmpNF \cdot rw + \dfrac{1}{2} \cdot rw \cdot (1 + rand(0,1))$;

15： **End If**

16： **End If**

17：**End For**

18：$/*$ 获得可行解 $*/$

19：**If**$(S1)$ **then**

20： **For** $j := 1$ to N **do**

21： 令 $tmpSUM := \sum_{i \in M} x_{k,i,j}^t$;

22： 令 $\pi_{k,i,j}^t := x_{k,i,j}^t/tmpSUM, i \in M$;

23： **End For**

24：**Else**

25： **For** $i := 1$ to M **do**

26： 令 $tmpSUM := \sum_{j \in N} x_{k,i,j}^t$;

27： 令 $\pi_{k,i,j}^t := x_{k,i,j}^t/tmpSUM, j \in N$;

28： **End For**

29：**End If**

输出： 可行解 $\boldsymbol{\pi}_k^t$

基于算法 5 – 1 可以获得可行的运输重量，通过对可行解进行解码可获得目标函数值。

三、CdDE 的算法框架

令 $t\max$ 为 CdDE 的最大迭代次数，$\boldsymbol{\lambda} = \{\boldsymbol{\lambda}_1, \cdots, \boldsymbol{\lambda}_P\}$ 为权重向量集合，为每个权重向量的邻居个体数量，$\boldsymbol{Nbr}_k = \{Nbr_{k,1}, \cdots, Nbr_{k,T}\}, k \in \{1, \cdots, P\}$ 为权重向量的 T 个最近的权重向量的集合，其中 $Nbr_{k,l} \in \{1, \cdots, P\}$（$Nbr_{k,1} = k, l \in \{1, \cdots, T\}$）也表示的第 l 个最近的权重向量对应的子问题的索引，

$\{z_1, z_2\}$ 为 CdDE 找到的最小的 f_1 和 f_2 对应的乌托邦点，$\boldsymbol{\alpha}_k^t (\forall k \in \{1, \cdots, P\})$ 为第 t 代中变异操作获得的第 k 个变异个体，$\boldsymbol{\beta}_k^t (\forall k \in \{1, \cdots, P\})$ 为第 t 代中交叉操作所获得的第 k 个实验个体，EP 为外部档案，CdDE 的算法框架和算法流程如算法 5 – 2 和图 5 – 3 所示。

算法 5 – 2　CdDE 的算法框架

输入：MO_RCTP 和 CdDE 的算法框架

1： 均匀生成权重向量 $\boldsymbol{\lambda} := \{\boldsymbol{\lambda}_1, \cdots, \boldsymbol{\lambda}_P\}$；

2： 为每个权重向量 $\boldsymbol{\lambda}_k (k \in \{1, \cdots, P\})$ 找到 T 个最近的权重向和每个子问题 $k \in \{1, \cdots, P\}$ 的邻居个体的索引 $\boldsymbol{Nbr}_k := \{Nbr_{k,1}, \cdots, Nbr_{k,T}\}$；

3： **For** t： $= 0$ to $tMax$ **do**

4：　　**If** $t = 0$ **then**

5：　　　随机初始化种群 $\boldsymbol{\pi}^{t=0} := \{\boldsymbol{\pi}_1^{t=0}, \cdots, \boldsymbol{\pi}_P^{t=0}\}$；

6：　　　修复 $\boldsymbol{\pi}^{t=0}$ 中的不可行解；//算法 5.1

7：　　　使用初始种群 $\boldsymbol{\pi}^{t=0}$ 初始化乌托邦点 $z := \{z_1, z_2\}$ 和外部档案；

8：　　**Else**

9：　　**For** k： $= 1$ to P **do**

10：　　　　执行变异操作用于生成 $\boldsymbol{\alpha}_k^t$；//算法 5.3

11：　　　执行变异操作生成 $\boldsymbol{\beta}_k^t$；//算法 5.4

12：　　　修复不可行的 $\boldsymbol{\beta}_k^t$；//算法 5.1

13：　　　计算 $\boldsymbol{\beta}_k^t$ 的目标函数；

14：　　　对 $\boldsymbol{\beta}_k^t$ 执行混沌驱动的局部搜索操作并获得改进后的解 $\boldsymbol{\pi}_{impr}$；//算法 5 – 5

15：　　　使用 $\boldsymbol{\pi}_{impr}$ 的目标函数值更新 z，如果 $f_{1(2)}(\boldsymbol{\pi}_{impr}) < z_{1(2)}$，则 $z_{1(2)} := f_{1(2)}(\boldsymbol{\pi}_{impr})$；

16：　　　使用切比雪夫分解方法更新 $\boldsymbol{Nbr}_k$ 中的邻居个体；

17：　　　使用 $\boldsymbol{\pi}_{impr}$ 根据支配关系更新 EP；

18：　　**End For**

19：　　**End If**

20： **End For**

输出：EP

四、基于 DE 的交叉和变异操作

常用的 DE 的变策略包括 DE/Rand/1、DE/Rand/2、DE/Best/1、DE/Best/2 和 DE/ TBest/1 五种（Das et al.，2016）。由于这些变异策略适应于单目标优化，为了适应于 CdDE 中的多目标优化情形，对现有的变异策略进行改进，并提出了 5 种基于子问题和外部档案的变异操作，即 DE/SegRand/1、DE/SegBest/1、DE/SegRand/2、DE/SegBest/2 和 DE/SegTBest/1。令 SMS 为所选择的变异策略，F 为变异操作的放缩因子，变异操作如算法 5 – 3 所示。由算法 5 – 3 可知，CdDE 的变异操作主要包括两个步骤，即基本的变异操作（第 2 行至第 21 行）和对得到的变异个体的形式进行更改（第 23 行至第 25 行）。前者考虑相邻解的方向信息，而后者考虑 MO_RCTP 的解的特征。此外，在 EP 中使用非支配解生成 DE/SegBest/1（第 6 行至第 9 行）、DE/SegBest/2（第 13 行至第 16 行）和 DE/SegTBest/1（第 17 行至第 20 行）中的变异个体。

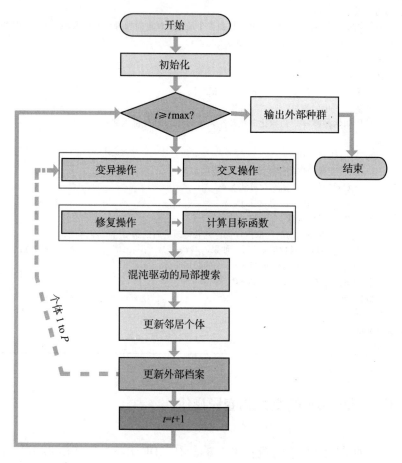

图 5 – 3　CdDE 的算法流程

算法 5 – 3　子问题和外部档案引导的变异操作

输出：SMS, F, Nbr_k, π^i 和 EP

1：/ ＊ 执行基本的变异操作 ＊ /

2：**Switch**(SMS)

3：　**Case** DE/SegRand/1：

4：　　从 $\mathbf{Nbr}_k$ 中随机选择 r_1, r_2 和 r_3 且 $r_1 \neq r_2 \neq r_3$；

5：　　令 $\alpha_{k,i,j}^t := \pi_{r_1,i,j}^t + F \cdot (\pi_{r_2,i,j}^t - \pi_{r_3,i,j}^t), i \in M, j \in N$；**Break**；

6：　**Case** DE/SegBest/1：

7：　　从 $\mathbf{Nbr}_k$ 中随机选择 r_1 和 r_2 且 $r_1 \neq r_2$；

8：　　从集合 $\{1, \cdots, |EP|\}$ 中随机选择 b；

9：　　令 $\alpha_{k,i,j}^t := EP_{b,i,j} + F \cdot (\pi_{r_1,i,j}^t - \pi_{r_2,i,j}^t), i \in M, j \in N$；**Break**；

10：　**Case** DE/SegRand/2：

11：　　从 $\mathbf{Nbr}_k$ 中随机选择 r_1, r_2, r_3, r_4 和 r_5 且 $r_1 \neq r_2 \neq r_3 \neq r_4 \neq r_5$；

12：　　令 $\alpha_{k,i,j}^t := \pi_{r_1,i,j}^t + F \cdot (\pi_{r_2,i,j}^t - \pi_{r_3,i,j}^t) + F \cdot (\pi_{r_4,i,j}^t - \pi_{r_5,i,j}^t), i \in M, j \in N$；***Break***；

13：　**Case** DE/SegBest/2：

14：　　从 $\mathbf{Nbr}_k$ 中随机选择 r_1, r_2, r_3 和 r_4 且 $r_1 \neq r_2 \neq r_3 \neq r_4$；

15：　　从集合 $\{1, \cdots, |EP|\}$ 中随机选择 b；

16：　　令 $\alpha_{k,i,j}^t := EP_{b,i,j} + F \cdot (\pi_{r_1,i,j}^t - \pi_{r_2,i,j}^t) + F \cdot (\pi_{r_3,i,j}^t - \pi_{r_4,i,j}^t), i \in M, j \in N$；**Break**；

17：　**Case** DE/SegTBest/1：

18：　　从 $\mathbf{Nbr}_k$ 中随机选择 r_1 和 r_2 且 $r_1 \neq r_2$；

19：　　从集合 $\{1, \cdots, |EP|\}$ 中随机选择 b；

20：　　令 $\alpha_{k,i,j}^t := \pi_{k,i,j}^t + F \cdot (EP_{b,i,j} - \pi_{k,i,j}^t) + F \cdot (\pi_{r_1,i,j}^t - \pi_{r_2,i,j}^t), i \in M, j \in N$；**Break**；

21：　**End Switch**

22：　/ * 对 $\alpha_{k,i,j}^t$ 的形式进行更改 * /

23：　**For** $i \in M, j \in N$ **do**

24：　　**If** $\alpha_{k,i,j}^t < 0$ **then** 令 $\alpha_{k,i,j}^t := rand[0,1]$；**Else If** $\alpha_{k,i,j}^t > 0$ **then** 令 $\alpha_{k,i,j}^t := 1$；

25：　**End For**

输出：$\boldsymbol{\alpha}_k^t$

CdDE 中使用基于行向量的交叉操作将变异个体与目标个体（即当前种群中的个体）进行混合，从而生成实验个体。令 CR 表示交叉概率，基于行向量的交叉操作如算法 5 – 4 所示。由算法 5 – 4 可知，交叉操作由两部分组成，即将矩阵中每个行向量的元素进行混合（第 2 行至第 15 行）和对新生成的解进行修正以获得合格的个体（第 17 行至第 21 行）。

算法 5 – 4　基于行向量的交叉操作

输入：$CR, \boldsymbol{\pi}_k^t$ 和 $\boldsymbol{\alpha}_k^t$

1：　/ * 将解中每一行的元素进行交叉 * /

2：　**For** $i := 1$ to M **do**

3：　　令 $rndpos := rand[1, N]$；

4：　　**For** $j := 1$ to N **do**

5：　　　**If** $j = rndpos$ **then**

6：　　　　令 $\beta_{k,i,j}^t := \pi_{k,i,j}^t$；//保留目标个体中至少一个元素

7：　　　**Else**

续表

8：	**If** $rand[0,1] \leqslant CR$ **then**
9：	令 $\beta_{k,i,j}^{t} := \pi_{k,i,j}^{t}$ ；//保留目标个体的元素
10：	**Else**
11：	令 $\beta_{k,i,j}^{t} := \alpha_{k,i,j}^{t}$ ；//将目标个体与变异个体进行交叉
12：	**End If**
13：	**End If**
14：	**End for**
15：	**End For**
16：	/＊基于解的表达获得合格的个体＊/
17：	**If(S1) then**
18：	令 $\beta_{k,i,j}^{t} := \beta_{k,i,j}^{t} / \sum_{i \in M} \beta_{k,i,j}^{t}, i \in M, j \in N$ ；//S1
19：	**Else**
20：	令 $\beta_{k,i,j}^{t} := \beta_{k,i,j}^{t} / \sum_{j \in N} \beta_{k,i,j}^{t}, i \in M, j \in N$ ；//S2
21：	**End If**

输出：$\boldsymbol{\beta}_{k}^{t}$

五、混沌驱动的局部搜索

混沌的固有性质，即遍历性、随机性和初值敏感性，使其与 MOEA 的随机搜索过程具有高度的一致性。根据 MO_RCTP 的解的表达，对于个体 $\boldsymbol{\pi}_{k}^{t}$（ $\forall k \in \{1,\cdots,P\}$ ）通过将选定的初始元素 $\pi_{k,i,j}^{t}$（ $i \in M, j \in N$ ）映射到相应的候选元素来构造邻域，如图 5-4 所示。其中，使用了著名的逻辑映射作为映射方法。

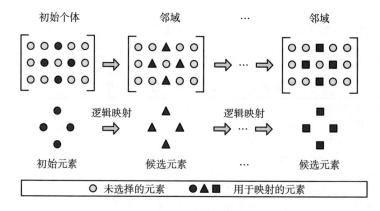

图 5-4　邻域构造

令 IC 表示逻辑映射的最大迭代次数，$C_l(\pi_{k,i,j}^t)$ 为第 $l(l \in \{0, \cdots, IC\})$ 代初始元素 $\pi_{k,i,j}^t(i \in M, j \in N)$ 的混沌路径，$C_{l=0}(\pi_{k,i,j}^t) = \pi_{k,i,j}^t$ 为混沌路径的初始值，使用如下方法确定混沌路径：

$$C_l(\pi_{k,i,j}^t) = \mu \cdot C_{l-1}(\pi_{k,i,j}^t) \cdot [1 - C_{l-1}(\pi_{k,i,j}^t)],$$
$$\forall i \in M, j \in N, \text{and } l \in \{1, \cdots, IC\} \qquad (5-33)$$

其中，$C_l(\pi_{k,i,j}^t)$ 为 $\pi_{k,i,j}^t$ 的映射值，$\mu = 3.96$ 为常数，表示完全混沌的状态。在图 5-5 中展示了两个初始值分别为 0.062 和 0.684 的起点的混沌路径，显然，尽管均采用了式（5-33）中相同的映射方法但不同初始值下的混沌路径不同。

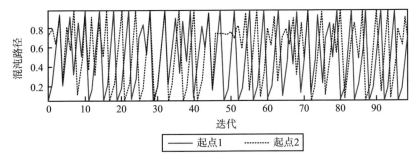

图 5-5　混沌路径

在混沌驱动的局部搜索中，首先根据概率 DP 选择元素的子集。其次，使用逻辑映射构造邻域。令 $se = \{(se_{1,0}, se_{1,1}), \cdots, (se_{l,0}, se_{l,1}), \cdots, (se_{|se|,0}, se_{|se|,1})\}$ 为所选元素的坐标。混沌驱动局部搜索如算法 5-5 所示。

算法 5-5　混沌驱动局部搜索

输入：π_k^t 和 Nbr_k
1：/ ＊根据邻居个体确定是否执行局部搜索＊/
2：令 $flagLS := true$；
3：**For** $l := 1$ to T **do**
4：　**If** π_k^t 支配 $Nbr_{k,l}$ **then**
5：　　令 $flagLS := false$；**Break**；//π_k^t 支配至少一个邻居个体
6：　**End If**
7：**End For**
8：/ ＊执行混沌驱动局部搜索＊/
9：**If** $flagLS := false$ **then**
10：　令 $\pi_{impr} := \pi_k^t$；//跳过混沌驱动的局部搜索
11：**Else**
12：　/ ＊从初始个体中构建用于混沌逻辑映射的元素的子集＊/

续表

13： 令 $se = \phi, cs := 1$；

14： 令 $se_{cs,0} := rand[1, M], se_{cs,1} := rand[1, N]$；//至少选择一个元素

15： 令 $se := se \leftarrow (se_{cs,0}, se_{cs,1})$

16： **For** $i := 1$ **to** M **do**

17：   **For** $j := 1$ **to** N **do**

18：   **If** $rand[0,1] \leqslant DP$ **then**

19：   令 $cs := cs + 1$；

20：   令 $se_{cs,0} := i$ and $se_{cs,1} := j$；

21： $se := se \leftarrow (se_{cs,0}, se_{cs,1})$

22：   **End If**

23：   **End For**

24： **End for**

25：/ * 生成混沌路径并构造邻域 * /

26： 令 $C_{ll=0}(\pi_k^t) := flagsucc := false$；//初始化混沌驱动的局部搜索

27： **For** $ll := 1$ **to** IC **do** //混沌驱动的局部搜索主循环

28：   令 $\pi^{nbr} := \pi_k^t$；//初始化邻居个体

29： **For** $l := 1$ **to** $|se|$ **do**

30：   令 a $:= se_{l,0}$, b $:= se_{l,1}$；

31：   令 $C_{ll}(\pi_{k,a,b}^t) := \mu \cdot C_{ll-1}(\pi_{k,a,b}^t) \cdot (1 - C_{ll-1}(\pi_{k,a,b}^t))$；//逻辑映射

32：   令 $\pi_{a,b}^{nbr} := C_{ll}(\pi_{k,a,b}^t)$；//构造邻域个体

33： **End For**

34：   **For** $l := 1$ **to** T **do**

35：   **If** π^{nbr} 支配 $Nbr_{k,l}$ **then**

36：   令 $flagsucc := true$；**Break**；//首次改进跳出

37：   **End If**

38：   **End For**

39：   **If** $flagsucc = true$ **then**

40：   令 $\pi_{impr} := \pi^{nbr}$；**Break**；//终止主循环

41：   **End If**

42： **End for**

43： **End If**

在算法 5－5 中，首先确定是否执行混沌驱动的局部搜索（第 2 行至第 7 行），然后建立所选元素的子集（第 13 行至第 24 行）。最后，每循环一次检查停止条件，即首次改进跳出原则，并修复不可行的构造邻域解（第 34 行至第 41 行）。也就是说，一旦从当前解的邻域找到一个相对较好的解，便终止局部搜索操作。

六、邻居个体更新机制

在 CdDE 中，采用切比雪夫分解方法（Zhang et al. , 2008）来计算

邻居个体的标量值。由于 MO_RCTP 的两个目标函数数量级不同，提出了一种改进的分解方法来平衡每个目标在标量值上的贡献，计算如下：

$$g^{te}(\boldsymbol{\pi}_k^t \mid \boldsymbol{\lambda}_k, z) = \max\left\{\lambda_{k,1} \cdot \frac{|f_1(\boldsymbol{\pi}_k^t) - z_1|}{Sn_1}, \lambda_{k,2} \cdot \frac{|f_2(\boldsymbol{\pi}_k^t) - z_2|}{Sn_2}\right\},$$

$$\forall k \in \{1, \cdots, P\} \tag{5-34}$$

其中，和表示 MO_RCTP 的两个目标函数第 k 个个体的邻居个体的范围，计算如下：

$$Sn_{1(2)} = \max_{k' \in Nbr_k}\{f_{1(2)}(\boldsymbol{\pi}_{k'}^t)\} - \min_{k' \in Nbr_k}\{f_{1(2)}(\boldsymbol{\pi}_{k'}^t)\} \tag{5-35}$$

基于式（5-34）和式（5-35），邻居个体的更新方法如图 5-6 所示，对个体，首先通过式（5-34）计算 $\boldsymbol{Nbr}_k$ 中的每个解的标量值；其次，使用 $\boldsymbol{\pi}_{impr}$ 代替标量值相对较差的邻居个体 d 和 e。

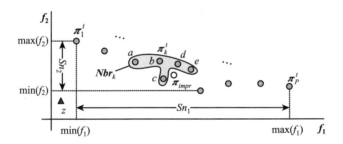

图 5-6　邻居个体更新机制

第四节　仿真计算实验与数值分析

一、实验设计

由于目前没有本章所考虑的 MO_RCTP 的 benchmark 算例，本节使用基于随机生成的算例对 CdDE 的性能进行测试。考虑了 S1 和 S2 情形下的 10 种不同的 $M \times N$ 组合：3×5，4×6，5×9，6×13，8×15，10×20，15×40，20×60，25×80 和 30×100。对于每种组合，随机生成 5 个算例，因此，一共生成 100 个测试算例。其中考虑了两种类型的卡车，卡车的相关

参数如表 5-1 所示。其余参数的生成规则如下：（1）供应商的生产量 $p_j \in$ U[100000, 500000]，客户的需求量 $d_j \in$ U[100000, 500000]；（2）$r_{ij}(i \in M, j \in N)$ 以 0.9 的概率随机生成，如果满足概率条件，则 $r_{ij} = 1$，否则 $r_{ij} = 0$；（3）匀速度 $\bar{u}_{ij} \in$ U[50, MV]；（4）运输时间 $t_{ij} \in$ U[1.5, 5]；（5）运输成本 $c_{ij} = h_0 + h_1 \cdot t_{ij}(i \in M, j \in N)$，其中，$h_0$ 和 h_1 分别表示每辆卡车的固定运输成本和可变运输成本系数，且 $h_0 = 22.36$，$h_1 = 7.45$；（6）平均油耗率 $b \in$ U[200, 260]；（7）F_{ij}^w 和 Q_{ij}^{LD} 根据式（5-2）和式（5-6）进行计算；（8）常数 $\rho = 0.82$，$g = 9.8$，$f = 0.008$。

表 5-1   S1 和 S2 下的卡车参数

情形	参数						
	A（平方米）	cw（千克）	rw（千克）	η_T	F_f（N）	C_D	MV（千米/小时）
S1	8.60	14775	16095	0.93	2420.21	0.70	90
S2	8.63	12130	12675	0.91	1944.71	0.70	85

注：MV 表示 S1 和 S2 下的最大行驶速度。

所有算法均使用 Microsoft Visual Studio 2008（C++语言）编程实现，实验硬件环境为 Core i5 3.3 GHz，RAM 4 GB；软件环境为 Windows 7。所有算法均独立运行 21 次，采用世代距离（GD）、反向世代距离（IGD）和支配性指标（Ω）作为评价指标，用于衡量算法的性能。为了进一步表明算法在三个指标下的情况，使用了最好值（Best）、均值（Mean）、方差（SD）3 个统计量。此外，还报道了每种算法在 Best、Mean 和 SD 上获得的具有最好质量的解的个数（NB）。

二、变异策略有效性比较

为了选择 CdDE 中合适的变异策略，对第五章第五节中提出的 5 种变异策略进行测试。使用不同变异操作的 CdDE 分别独立运行 21 次，停止条件为 tmax = 1000。由于此时 CdDE 的参数尚未设置，采用各参数候选水平的均值（见表 5-4）。基于 S1 的 50 个算例，计算得出 GD、IGD、Ω 和 CPU 运行时间（s）的比较结果如图 5-7 至图 5-10 所示。

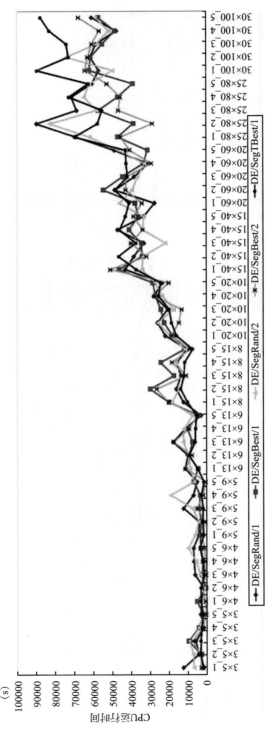

图 5－7　5 种变异操作 GD 比较结果

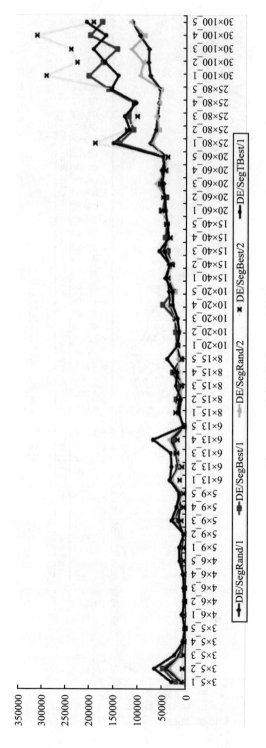

图 5 - 8　5 种变异操作 *IGD* 比较结果

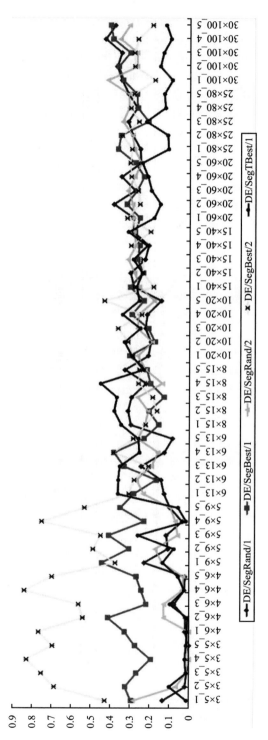

图 5 – 9 5 种变异操作 Ω 比较结果

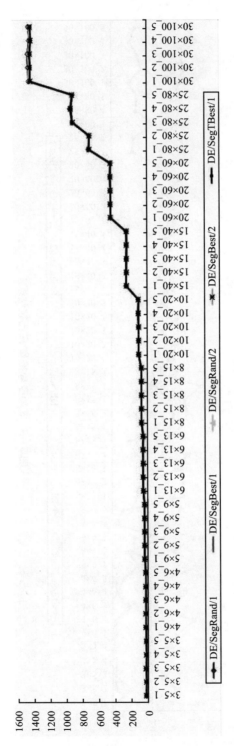

图 5-10　5 种变异操作 CPU 运行时间比较结果

由图 5 - 10 可知，5 种变异操作的 CPU 运行时间非常接近。然而，从图 5 - 7 至图 5 - 9 中无法给出关于 GD、IGD 和 Ω 的比较结果的可靠结论。因此，采用了置信区间为 95% 的方差分析（analysis of variance analysis, ANOVA）检验两者之间的显著性差异。ANOVA 结果如表 5 - 2 所示。由表 5 - 2 可知，GD 和 IGD 的 p 值分别为 0.886（>0.05）和 0.121（>0.05），说明 5 个变异操作在 GD 和 IGD 上无显著差异。但 Ω 的 p 值小于 0.05，说明 5 个变异操作在 Ω 上存在显著差异。为了评估 Ω 的差异，使用 Tukey 多重比较试验进行事后分析，如表 5 - 3 所示。

表 5 - 2　　　　5 个变异操作关于 3 个性能指标的方差分析结果

评价指标	F 值	p 值	敏感性排名
GD	0.288	0.886	3
IGD	1.844	0.121	2
Ω	18.767	0.000	1

表 5 - 3　　　　5 个变异操作关于 Ω 的 Tukey 多重比较实验结果

变异操作	p 值	95% 置信区间的上界	95% 置信区间的下界
DE/SegBest/2 *vs.* DE/SegRand/1	0.000	0.243	0.102
DE/SegBest/2 *vs.* DE/SegBest/1	0.002	0.167	0.026
DE/SegBest/2 *vs.* DE/SegRand/2	0.000	0.237	0.096
DE/SegBest/2 *vs.* DE/SegTBest/1	0.000	0.261	0.120

在表 5 - 3 的所有比较结果中，DE/SegBest/2 是唯一一个与其他变异操作比较时 p 值都小于 0.05 的变异操作，说明 DE/SegBest/2 与其他变异操作之间存在显著差异。因此，选择 DE/SegBest/2 作为 CdDE 的变异操作。

三、参数设置

CdDE 中一共包括六个算法参数，即子问题数 P、最近的权重向量个数 T、放缩因子 F、交叉概率 CR、混沌驱动的局部搜索最大迭代次数 IC、变异概率 P_m 和在局部搜索中从初始个体选择元素的概率 DP。为了获得这些参数的较好的组合，采用田口方法（Khalilpourazari et al.，2018）对参数进行设置。使用三个性能评价指标的标准化后的值和 CPU 运行时间作为响应值。田口方法有两个影响因素，即可控因素 S 和噪声因素 $\mathcal{N}$，噪声越小则实验设计的鲁棒性越好。本节采用信噪比 $S/\mathcal{N}$ 作为数据分析方法。

由于较好的参数组合通常具有较小的 GD 和 IGD，以及较大的 Ω，需要对各个性能评价指标进行归一化处理，田口方法的目标是最大化 $S/\mathcal{N}$，具体如下：

$$S/\mathcal{N} = -10\log\left(\frac{1}{m}\sum_{i=1}^{m}\frac{1}{Sum_i^2}\right) \qquad (5-36)$$

其中，$Sum_i(i=1,2,\cdots,21)$ 为归一化后的性能评价指标值之和，$m=21$ 为重复实验次数。基于 S1 中的中等规模算例 "$15\times40\_1$"，采用实验设计（DOE）方法对参数进行设置。6 个参数的不同水平如表 5-4 所示，每种参数组合下的测试问题独立运行 21 次，停止条件为 $t\max=1000$，规模为 $L_{25}(4^6)$ 的正交表和响应值如表 5-5 所示。

表 5-4　　　　　　　　　　　参数组合

参数	参数水平			
	1	2	3	4
P	100	150	200	250
T	15	20	25	30
F	0.2	0.4	0.6	0.8
CR	0.2	0.4	0.6	0.8
IC	25	50	75	100
DP	0.1	0.2	0.3	0.4

表 5-5　　　　　　　　　　正交表和评价指标值

序号	P	T	F	CR	IC	DP	$S/\mathcal{N}$	时间（s）
1	3	3	3	4	1	1	-17.092	377.57
2	4	2	3	1	4	1	-22.801	1508.46
3	1	1	1	1	1	1	-23.77	192.12
4	1	1	3	3	3	4	-15.018	455.5
5	4	4	4	3	2	1	-17.774	827.44

续表

序号	P	T	F	CR	IC	DP	$S/\mathcal{N}$	时间（s）
6	4	1	1	1	1	2	−22.073	470.68
7	3	4	1	1	4	4	−15.861	1190.15
8	1	1	1	2	4	1	−23.061	599.03
9	2	2	2	1	3	1	−22.448	710.1
10	1	2	1	4	2	2	−15.013	317.11
11	2	1	4	4	4	3	−10.607	855.54
12	2	1	1	3	1	1	−20.659	279.15
13	1	4	2	1	1	3	−22.28	196.14
14	3	1	2	2	2	1	−24.483	650.81
15	1	1	3	1	2	3	−24.075	328.16
16	4	1	2	4	1	4	−8.465	450.52
17	2	4	3	2	1	2	−22.603	290.67
18	3	2	1	3	1	3	−25.627	373.28
19	1	3	4	1	1	1	−23.223	194.74
20	1	4	1	4	3	1	−7.98	475.53
21	1	2	4	2	1	4	−22.203	189.26
22	4	3	1	2	3	3	−21.73	1168.16
23	3	1	4	1	3	2	−24.491	931.9
24	2	3	1	1	2	4	−23.156	498.23
25	1	3	2	3	4	2	−19.798	612.05

根据表 5-5 的结果显示，对 $S/\mathcal{N}$ 进行 ANOVA，结果如表 5-6 所示。各参数水平趋势如图 5-11 所示。由表 5-6 和图 5-11 可知，CdDE 在 $S/\mathcal{N}$ 上对 CR 和 DP 最敏感。因此，设置参数 $CR=0.8$，$DP=0.4$，以获得最大的 $S/\mathcal{N}$。在 CPU 运行时间方面，对 P、T、F 和 IC 进行 ANOVA 以平衡 CdDE 的有效性和效率，ANOVA 结果和各参数水平趋势如表 5-7 和图 5-12 所示。

表 5-6　　　　　　　　　　　　　　$S/\mathcal{N}$ 的 ANOVA 结果

参数	F 值	p 值	敏感性排名
P	3.839	0.076	3
T	2.695	0.139	4
F	2.057	0.207	5

续表

参数	F 值	p 值	敏感性排名
CR	25.730	0.001	1
IC	0.731	0.570	6
DP	6.825	0.023	2

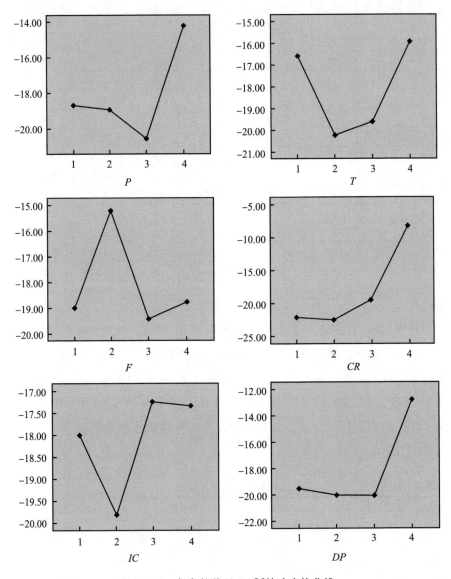

图 5 – 11　各参数关于 S/N 的响应值曲线

表5-7　　　　　　　　　　CPU 运行时间的 ANOVA 结果

参数	F 值	p 值	敏感性排名
P	24.099	0.000	2
T	0.890	0.474	3
F	0.432	0.734	4
IC	37.125	0.000	1

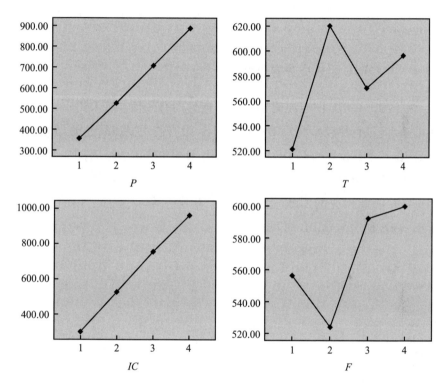

图5-12　各参数关于 CPU 运行时间的响应值曲线

从单因素 ANOVA 结果以及 S/N 和 CPU 运行时间的水平趋势图中，综合考虑 CdDE 的有效性和效率，首先，CdDE 在 S/N 上对 P 的敏感性高于 T、F 和 IC，所以尽管 P 对 CPU 运行时间比较敏感，仍然设置 $P = 250$ 以获得最大的 S/N；其次，$T = 15$ 和 $T = 30$ 时的 S/N 的值相似，但 $T = 15$ 时的 CPU 运行时间更短，故设置 $T = 15$；再次，$F = 0.4$ 时 CPU 运行时间最短且 S/N 的值最大，故设置 $F = 0.4$；最后，CdDE 在 CPU 运行时间上对 IC 最敏感，对 S/N 不敏感，因此较小的 IC 有利于提高效率，且 $IC = 25$

和 $IC = 75$ 时 $S/\mathcal{N}$ 相差较小,因此设置 $IC = 25$。

四、数值分析

本节中,首先基于第五章第五节所生成的随机算例进行计算实验和比较以验证 CdDE 及其组成成分的有效性;其次以一个实际的公路货物运输问题为背景进行了案例分析,以验证所提出的模型和算法的有效性和实际应用价值。

(一) CdDE 组成成分有效性验证

为了测试 CdDE 中混沌驱动的局部搜索的有效性,将 CdDE 与其变种 CdDE_noLS 进行比较。在 CdDE_noLS 中,没有使用混沌驱动的局部搜索,其余操作和参数设置与 CdDE 一致。使用 S1 中的 50 个算例,对于每个算例,CdDE 和 CdDE_noLS 分别运行 21 次。由图 5 – 13 可知,首先,运行 CdDE,并记录相应的 CPU 运行时间;其次,为了保证比较的公平性,CdDE_noLS 使用与 CdDE 相同的。

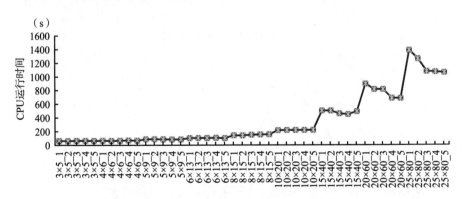

图 5 – 13 S1 的 50 个算例的平均 CPU 运行时间

由图 5 – 14 以及附表 1 至附表 3 的结果可知,CdDE 在 GD、IGD 和 Ω 获得的 NB 总数分别为 80 (43 + 37)、100 (50 + 50) 和 86 (42 + 44),均大于 CdDE_noLS 所获得的 NB 总数。因此,混沌驱动的局部搜索有助于提高 CdDE 的搜索性能。

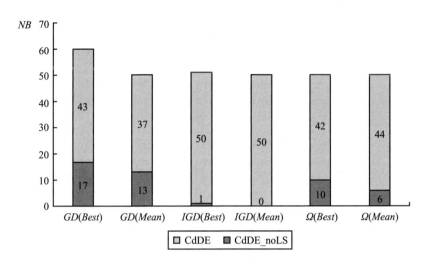

图 5 - 14　CdDE 与 CdDE_noLS 的 *NB* 比较结果

（二）CdDE 与其他算法比较结果

为了进一步验证 CdDE 的有效性，将 CdDE 与 NSGAII 和 MOEA/D 这两种被广泛应用于求解多目标组合优化问题的算法进行了比较。在比较中，NSGAII 和 MOEA/D 中分别采用了与德布等（Deb et al.，2002）、张和李（Zhang and Li，2008）中相同的参数设置。此外，所有比较算法均以 CPU 运行时间作为停止条件，如图 5 - 13 所示。本节中报道了不同 $M \times N$ 组合下的五个算例在 *Best*、*Mean* 和 *SD* 上的均值，S1 情形下的比较结果如表 5 - 8 至表 5 - 10 所示（详细比较结果见附表 4 至附表 6），S2 情形下的比较结果（详细比较结果见附表 7 至附表 9）如表 5 - 11、图 5 - 13 所示。

表 5 - 8　　　　　NSGAII、MOEA/D 和 CdDE 在 S1 下的 *GD* 的比较结果

算例	NSGAII			MOEA/D			CdDE		
	Best	*Mean*	*SD*	*Best*	*Mean*	*SD*	*Best*	*Mean*	*SD*
$3 \times 5_{(1-5)}$	0.39	3858.99	5701.78	0.27	2048.00	2392.47	**0.02**	**1528.52**	**2285.10**
$4 \times 6_{(1-5)}$	172.80	30618.58	28622.83	1231.95	35454.56	28781.01	**0.35**	**683.32**	**1254.80**
$5 \times 9_{(1-5)}$	3425.68	39395.82	39714.84	4751.61	52023.02	40092.26	**0.00**	**458.27**	**811.56**
$6 \times 13_{(1-5)}$	1729.96	34038.71	27529.75	7009.64	56336.63	44420.73	**0.00**	**546.34**	**1564.20**

续表

算例	NSGAII			MOEA/D			CdDE		
	Best	Mean	SD	Best	Mean	SD	Best	Mean	SD
$8 \times 15_{(1\sim5)}$	78.52	3353.35	4098.12	0.38	**1667.10**	**2685.66**	**0.22**	1950.77	3102.61
$10 \times 20_{(1\sim5)}$	0.80	5175.59	7187.16	0.54	2552.76	3161.17	**0.00**	**1098.14**	**1939.81**
$15 \times 40_{(1\sim5)}$	2080.02	26605.68	24892.68	27915.83	112256.99	68582.48	**0.00**	**295.49**	**534.16**
$20 \times 60_{(1\sim5)}$	577.93	36257.81	32300.78	3977.66	56268.73	46949.52	**0.00**	**247.41**	**547.91**
$25 \times 80_{(1\sim5)}$	1444.36	41016.95	35844.77	2330.18	55544.10	41017.10	**0.00**	**697.98**	**1179.51**
$30 \times 100_{(1\sim5)}$	2001.43	62710.96	41568.65	96516.43	455566.75	274916.52	**0.00**	**29.64**	**65.79**
NB	11	2	—	11	4	—	47	44	—
p 值	0.000	0.000		0.000	0.000	0.000			

表 5 – 9　　　　NSGAII、MOEA/D 和 CdDE 在 S1 下的 *IGD* 的比较结果

算例	NSGAII			MOEA/D			CdDE		
	Best	Mean	SD	Best	Mean	SD	Best	Mean	SD
$3 \times 5_{(1\sim5)}$	**1.29**	3278.27	4636.44	75.79	12055.12	15116.75	6.70	**3368.38**	**4503.27**
$4 \times 6_{(1\sim5)}$	454.33	4828.87	**4902.39**	1254.94	7087.31	5504.81	**3.94**	**3048.93**	5503.27
$5 \times 9_{(1\sim5)}$	677.09	13110.85	12700.16	3030.53	15161.92	9991.64	**0.39**	**3144.29**	8022.28
$6 \times 13_{(1\sim5)}$	1153.54	5217.93	**4661.99**	2866.42	10808.89	9097.27	234.10	5394.94	11647.37
$8 \times 15_{(1\sim5)}$	302.54	4325.45	4816.63	251.15	11361.47	13553.47	**7.35**	**2443.16**	**3434.85**
$10 \times 20_{(1\sim5)}$	**1.22**	4474.09	6618.78	47.40	14229.02	16557.73	15.04	**1283.25**	**1393.14**
$15 \times 40_{(1\sim5)}$	**6883.03**	**27817.76**	**20197.19**	120084.12	154899.03	20839.43	8975.51	43309.45	25937.99
$20 \times 60_{(1\sim5)}$	**412.68**	9176.08	17473.35	2651.32	10630.28	8208.44	434.82	**4426.97**	**5124.72**
$25 \times 80_{(1\sim5)}$	958.65	8618.52	**11056.45**	2432.43	12032.43	9477.10	225.50	**5051.12**	11414.77
$30 \times 100_{(1\sim5)}$	**740.78**	61728.68	64428.39	354335.12	462454.09	53478.14	13841.60	**57549.50**	**47802.16**
NB	20	11	—	5	1	—	27	38	—
p 值	0.383	0.010	—	0.000	0.000	—	—	—	—

表 5 – 10　　　　NSGAII、MOEA/D 和 CdDE 在 S1 下的 Ω 的比较结果

算例	NSGAII			MOEA/D			CdDE		
	Best	Mean	SD	Best	Mean	SD	Best	Mean	SD
$3 \times 5_{(1\sim5)}$	0.91	0.24	**0.30**	0.98	0.29	0.39	**0.97**	**0.51**	0.38
$4 \times 6_{(1\sim5)}$	0.69	0.16	0.25	0.52	0.11	**0.17**	**0.97**	**0.75**	0.22
$5 \times 9_{(1\sim5)}$	0.60	0.12	0.18	0.46	0.07	**0.13**	**0.99**	**0.84**	0.18
$6 \times 13_{(1\sim5)}$	0.53	0.12	0.17	0.37	0.05	**0.10**	**0.99**	**0.86**	0.16
$8 \times 15_{(1\sim5)}$	0.79	0.20	**0.29**	0.95	0.34	0.40	**0.95**	**0.44**	0.38

续表

算例	NSGAII			MOEA/D			CdDE		
	Best	*Mean*	*SD*	*Best*	*Mean*	*SD*	*Best*	*Mean*	*SD*
$10 \times 20_{(1 \sim 5)}$	0.84	0.18	**0.27**	0.95	0.24	0.35	**0.96**	**0.54**	0.39
$15 \times 40_{(1 \sim 5)}$	0.62	0.15	**0.22**	0.63	0.19	0.23	**0.95**	**0.69**	0.23
$20 \times 60_{(1 \sim 5)}$	0.66	0.14	0.20	0.32	0.05	**0.10**	**0.99**	**0.70**	0.17
$25 \times 80_{(1 \sim 5)}$	0.64	0.15	0.22	0.29	0.06	**0.08**	**0.99**	**0.82**	0.18
$30 \times 100_{(1 \sim 5)}$	0.61	0.14	0.20	0.52	0.16	**0.15**	**0.95**	**0.69**	0.18
NB	0	2	—	7	1	—	45	48	—
p 值	0.000	0.000	—	0.000	0.000	—	—	—	—

由表 5-8 至表 5-10 可知，对于大部分 S1 的算例，CdDE 在 *GD*、*IGD* 和 Ω 三个评价指标上的表现均优于 NSGAII 和 MOEA/D。除了与 NGSAII 的比较时，*IGD* 的 *Best* 的 *p* 值为 0.383 外，其他的 *p* 值均小于 0.05，且 CdDE 在 *IGD* 的 *Mean* 和 *SD* 上表现优于 NSGAII。此外，CdDE 在 *GD*、*IGD* 和 Ω 获得的 *NB* 总数分别为 91（47 + 44）、65（27 + 38）和 93（45 + 48），均大于 NSGAII 和 MOEA/D，表明了 CdDE 在求解 S1 的算例时占优于其他两种对比算法。

表 5-11　　　　NSGAII、MOEA/D 和 CdDE 在 S2 下的 *GD* 的比较结果

算例	NSGAII			MOEA/D			CdDE		
	Best	*Mean*	*SD*	*Best*	*Mean*	*SD*	*Best*	*Mean*	*SD*
$3 \times 5_{(1 \sim 5)}$	515.25	3939.96	3955.09	705.80	4152.67	3580.29	**9.32**	**1019.76**	**940.83**
$4 \times 6_{(1 \sim 5)}$	412.63	4342.95	3845.15	999.61	2229.43	**1214.83**	**93.11**	**2159.76**	2629.62
$5 \times 9_{(1 \sim 5)}$	258.41	16184.21	18524.98	2790.71	23304.65	22980.17	**0.00**	**1108.52**	**2449.56**
$6 \times 13_{(1 \sim 5)}$	397.77	18333.12	25916.30	2083.54	24064.43	24019.48	**0.00**	**1249.98**	**3373.93**
$8 \times 15_{(1 \sim 5)}$	571.34	3770.52	2815.02	**267.09**	**1981.04**	**1236.77**	305.88	2379.99	1837.91
$10 \times 20_{(1 \sim 5)}$	577.33	3793.69	2078.28	846.85	3449.44	2044.48	**77.38**	**1001.28**	**909.03**
$15 \times 40_{(1 \sim 5)}$	13189.43	67346.37	51891.26	15878.09	82496.24	57441.60	**0.00**	**0.00**	**0.00**
$20 \times 60_{(1 \sim 5)}$	192.93	20478.68	27125.87	2126.94	26551.02	28192.28	**0.00**	**1415.16**	2966.25
$25 \times 80_{(1 \sim 5)}$	**180.03**	19621.85	26129.61	4479.58	24460.14	31638.42	1914.63	**1497.47**	3403.53
$30 \times 100_{(1 \sim 5)}$	5634.66	67462.66	52894.40	19106.34	78239.86	55571.44	**0.00**	**0.00**	**0.00**
NB	1	0	—	8	8	—	42	41	—
p 值	0.000	0.000	—	0.000	0.000	—	—	—	—

表 5 – 12   NSGAII、MOEA/D 和 CdDE 在 S2 下的 *IGD* 的比较结果

算例	NSGAII			MOEA/D			CdDE		
	Best	*Mean*	*SD*	*Best*	*Mean*	*SD*	*Best*	*Mean*	*SD*
$3 \times 5_{(1 \sim 5)}$	252.78	15278.55	25194.10	2118.62	49258.10	41070.34	435.21	**4357.01**	**3908.09**
$4 \times 6_{(1 \sim 5)}$	1156.15	**7044.30**	**5805.11**	1427.42	57168.03	49897.23	**253.11**	8070.63	8538.46
$5 \times 9_{(1 \sim 5)}$	878.46	21558.72	18938.24	7517.50	21650.98	12226.43	2856.48	**11437.93**	6540.97
$6 \times 13_{(1 \sim 5)}$	1762.92	21954.40	18364.66	9827.01	22704.55	17003.42	2112.11	**11940.99**	8870.99
$8 \times 15_{(1 \sim 5)}$	1026.33	12445.82	19070.29	5536.98	56665.06	51224.60	**170.66**	6346.78	6801.73
$10 \times 20_{(1 \sim 5)}$	279.53	12089.26	12864.36	4722.13	51924.22	47469.22	1135.16	**3074.18**	1394.37
$15 \times 40_{(1 \sim 5)}$	72508.27	272186.71	207389.51	266783.07	436233.51	90219.20	**23715.98**	94593.12	70482.59
$20 \times 60_{(1 \sim 5)}$	1850.82	18984.43	14215.90	9785.21	22608.60	20303.69	1906.60	**11491.06**	8666.48
$25 \times 80_{(1 \sim 5)}$	1241.59	23034.31	25506.62	6553.68	22326.35	17331.54	3535.09	**10851.41**	4600.52
$30 \times 100_{(1 \sim 5)}$	75291.22	277948.83	217471.75	280112.63	434953.08	92413.00	**26007.61**	100942.79	90184.95
NB	25	9	—	0	0	—	25	41	—
p 值	0.777	0.000	—	0.000	0.000	—			

表 5 – 13   NSGAII、MOEA/D 和 CdDE 在 S2 下的 Ω 的比较结果

算例	NSGAII			MOEA/D			CdE		
	Best	*Mean*	*SD*	*Best*	*Mean*	*SD*	*Best*	*Mean*	*SD*
$3 \times 5_{(1 \sim 5)}$	0.83	0.31	**0.26**	0.70	0.23	0.24	**0.99**	**0.65**	0.30
$4 \times 6_{(1 \sim 5)}$	0.78	0.27	0.25	0.86	0.35	0.28	**0.91**	**0.61**	**0.23**
$5 \times 9_{(1 \sim 5)}$	0.68	0.24	0.23	0.38	0.08	0.11	**1.00**	**0.91**	0.14
$6 \times 13_{(1 \sim 5)}$	0.68	0.23	0.22	0.36	0.25	0.14	**1.00**	**0.91**	**0.16**
$8 \times 15_{(1 \sim 5)}$	0.76	0.25	**0.25**	0.90	0.40	0.30	**0.93**	**0.55**	0.26
$10 \times 20_{(1 \sim 5)}$	0.77	0.27	0.23	0.79	0.26	**0.22**	**0.98**	**0.68**	0.24
$15 \times 40_{(1 \sim 5)}$	0.52	0.24	0.15	0.62	0.43	**0.12**	**0.99**	**0.87**	0.15
$20 \times 60_{(1 \sim 5)}$	0.72	0.25	0.26	0.37	0.09	**0.12**	**1.00**	**0.88**	0.18
$25 \times 80_{(1 \sim 5)}$	0.72	0.24	0.25	0.44	0.10	**0.13**	**1.00**	**0.89**	0.18
$30 \times 100_{(1 \sim 5)}$	0.54	0.24	0.17	0.65	0.44	**0.14**	**0.99**	**0.88**	**0.14**
NB	2	0	—	2	3	—	47	48	—
p 值	0.000	0.000	—	0.000	0.000	—			

由表 5 – 11 至表 5 – 13 可知，对于大部分 S1 的算例，CdDE 在 *GD*、*IGD* 和 Ω 三个评价指标上的表现均优于 NSGAII 和 MOEA/D。此外，除了与 NGSAII 的比较时，在 *IGD* 的 *Best* 的 p 值为 0.777 外，其他的 p 值均小于 0.05，但 CdDE 在 *IGD* 的 *Mean* 和 *SD* 上显著优于 NSGAII。此外，CdDE 在 *GD*、*IGD* 和 Ω 获得的 NB 总数分别为 83（42 + 41）、66（25 + 41）和 95（47 + 48），均大于 NSGAII，验证了 CdDE 在求解 S2 的算例时的有效性。

此外，为了更加直观地比较 NSGAII、MOEA/D 和 CdDE 的性能，基于 S1 的算例 3 × 5_5、10 × 20_5 和 30 × 100_5，给出了三种算法的近似帕累托

前沿。由图 5 – 15 可知，PEAIL 能够获得质量更好的近似帕累托前沿。

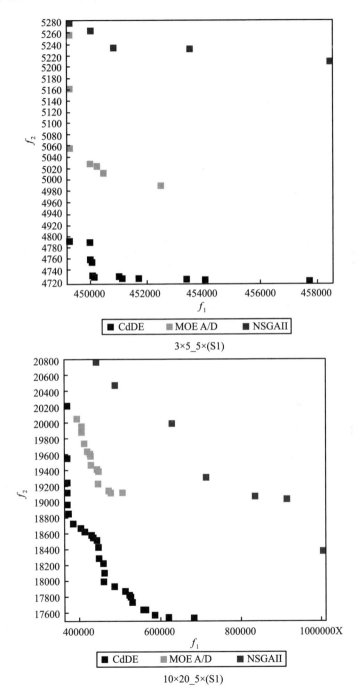

3×5_5×(S1)

10×20_5×(S1)

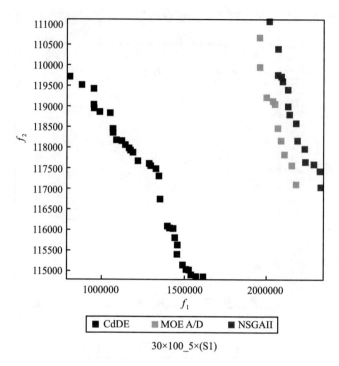

图 5 – 15　CdDE、NSGAII 和 MOEA/D 的近似帕累托前沿

（三）案例求解与分析

本节以国内某木材企业的木材调运为背景进行案例分析。该企业的主营业务为标准木材的加工和销售，共有 8 个木材加工工厂和 35 个销售代理点，根据各工厂的生产能力和各销售代理点的需求，需要确定最佳的木材运输方案，相关数据可从 https：//www. researchgate. net/publication/336739734_Case_study 进行下载。该企业所使用的运输车辆的参数如下：$b = 200.08$，$\rho = 0.82$，$f = 0.008$，$A = 9.20$，$cw = 12545$，$rw = 15000$，$\eta_T = 0.94$，$F_f = 2420.21$。根据实际数据，CdDE 能在 322.376s 内获得 20 个非支配解，如图 5 – 16 所示。此外，为了进一步评价 CdDE 的性能，将 CdDE 与求解运输问题最常用的基于伏格尔法的表上作业法（table-manipulation method，TMM）进行比较。

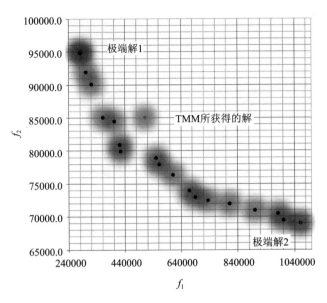

图 5 – 16　CdDE 与 TMM 比较结果

由图 5 – 16 可知，TMM 所获得的解被 CdDE 所获得的非支配解集中的部分解所支配，验证了 CdDE 比 TMM 能够获得更优质的解，且计算效率高，因此 CdDE 有利于提升企业的整体效益。此外，总运输成本越高的解，其 SDD 越低，说明两个目标函数之间互相冲突。但尽管 MO_RCTP 的两个目标函数之间存在强烈的冲突，CdDE 可以为决策者提供一系列的非支配解，决策者可以根据管理需求，选择最偏好的解。例如，如果期望最大程度地降低 SDD，则决策者应该采用极端解 1，如果决策者期望最低的运输成本，应该选择极端解 2。此外，CdDE 提供的近似帕累托前沿能够实现 SDD 和总运输成本之间较好的平衡，可以为不同需求的决策者提供合适的运输方案。

为了分析车辆的装载率约束水平（θ）对 CdDE 所获得的近似帕累托前沿的影响，比较了 $\theta = 0.3$、$\theta = 0.4$ 和 $\theta = 0.5$ 下的近似帕累托前沿，如图 5 – 17 所示。其中，由图 5 – 17 可知，随着 θ 值增加，能够获得更好的近似帕累托前沿，说明考虑车辆的装载率约束有助于降低 SDD 和总运输成本。在实际应用中，装载量过少意味着空车率高，会带来运输成本的增加，图 5 – 17 中结果与该现实情况一致，验证了考虑合理的装载率约束水平可以提高卡车的装载率。

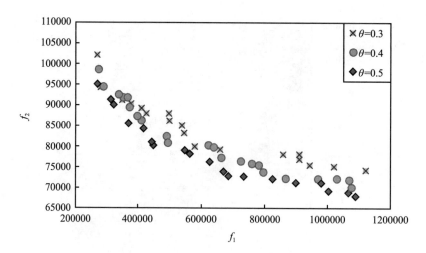

图 5 - 17 不同装载率约束水平下的近似帕累托前沿

图 5 - 18 展示了车辆的装载率对 SDD、总运输成本和卡车数量的影响。为了不失一般性，此处设置 $\theta = 0.5$。由图 5 - 18 可知，CdDE 所获得的解的装载率在 0.84 ~ 0.90，说明 CdDE 能够较好地保证车辆的装载率，提高了装载效率。此外，图 5 - 18 的结果表明随着装载率的提升，SDD 逐渐增加，而运输成本和使用的卡车的数量随着装载率的提高而降低。因此，θ 取值过高，会导致 SDD 增加，而 θ 取值过小，会导致运输成本增加，为了有效地平衡总运输成本和 SDD，应该将装载率约束控制在一定的水平。

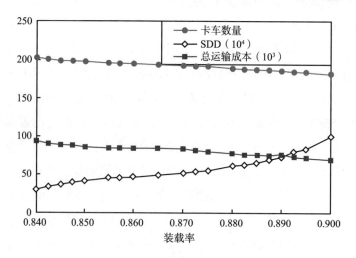

图 5 - 18 装载率的影响（$\theta = 0.5$）

第六章

考虑多源采购的多目标货物
多式联运优化模型与算法

▶ ## 第一节　问题描述与符号定义

一、问题描述

针对企业的某种产品生产中，需要从多个货源地采购原材料，而这些原材料的货源地往往分散在不同的位置上，且相互间的距离比较远，需要分别进行独立运输，在将所有原材料送达后，方可进行产品的生产的情形，本章考虑一个由 $N(N>1)$ 个货源地和一个客户组成的多式联运下的运输网络，如图 6−1 所示，根据地理空间分布和基础设施情况，将该运输网络划分成多个阶段，每个阶段上包含多个具有不同运输方式换装能力的节点（枢纽），两个相邻阶段之间使用不同的运输方式（如公路、铁路、水路等）相连接，称为区段，该运输网络的规模中共有 $M+1$ 个给定的运输阶（阶段 0，阶段 1，…，阶段 M），其中，由于阶段 0 中的节点为货源地，不需要进行节点的选择，因此阶段 0 实际上为一个虚拟节点。在运输过程中，来自不同货源地的运输任务 $A_i(i=1,\cdots,N)$ 均需独立运输，不能进行拆分和拼装。因此，由于多式联运终端节点共享，中间节点存在来自不同货源地的交叉物流，必须考虑各节点的处理能力（容量）约束。在该运输网络中，将来自不同货源地的货物经过各个阶段上的某一节点和选择合适的运输方式送至客户手中，提供门到门的一站式服务。由于对来自各个货源地的货物进行独立运输，故货物的最终到达的时间不同，因此，为了尽快开始该产品的生产，应该缩短各个货源地间运输时间最长的货源地的运输时间以提高整个网络的运输效率。在实际运输中，节约运输时间与降低运输成本之间存在冲突，本章从多目标优化的角度来解决这一问题，将其构建为多目标货物多式联运网络设计问题。

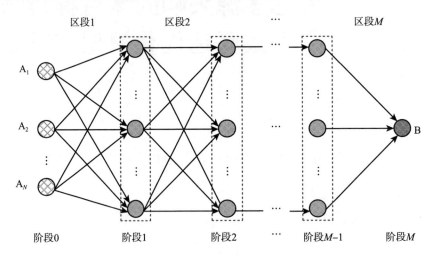

图 6-1　所考虑的多源采购多式联运网络框架

本章包括以下基本假设：

（1）所有的货物必须不可逆地依次从阶段 0 运输到阶段 M，且同一阶段上的节点之间不存在运输路径；

（2）不同运输方式的变化（换装）只能发生在各个阶段的节点上，在运输过程中不能进行换装；

（3）任意一个运输区段上最多只能选择一条运输路径，且在每条运输路径上只能选择一种运输方式；

（4）不同运输方式的运输能力均能满足货运量的要求。

二、符号定义

(一) 模型参数

$\mathcal{M}$：一个足够大的数；

Q_i：货源地 i 的采购量，$i \in \{1, \cdots, N\}$；

R_j：阶段 j 上的节点的集合，$j \in \{1, \cdots, M-1\}$；

R_0：阶段 0 上的节点且 $|R_0| = N$；

R_M：阶段 M 上的节点且 $|R_M| = 1$；

S_j：区段 j 上的运输方式，$j \in \{1, \cdots, M\}$；

W_{kj}：阶段 j 上的第 k 个节点的处理能力，$j \in \{1, \cdots, M-1\}$，$k \in \{1, \cdots, |R_j|\}$，$W_{10}, W_{20}, \cdots, W_{N0}, W_{1M} = \mathcal{M}$；

$e_i^w(j-1, j, l, h)$：货物 i 从阶段 $j-1$ 的第 l 个节点到阶段 j 的第 h 个节点在运输方式 w 下的碳排放量，$i \in \{1, \cdots, N\}$，$w \in S_j$，$l \in R_{j-1}$，$h \in R_j$；

$C_i^w(j-1, j, l, h)$：货物 i 从阶段 $j-1$ 的第 l 个节点到阶段 j 的第 h 个节点在运输方式 w 下的运输成本，$i \in \{1, \cdots, N\}$，$w \in S_j$，$l \in R_{j-1}$，$h \in R_j$；

$T_i^w(j-1, j, l, h)$：货物 i 从阶段 $j-1$ 的第 l 个节点到阶段 j 的第 h 个节点在运输方式 w 下的运输时间，$i \in \{1, \cdots, N\}$，$w \in S_j$，$l \in R_{j-1}$，$h \in R_j$；

$\xi_i^{w,v}(j, k)$：货物 i 在运输阶段 j 的第 k 个节点上由运输方式 w 转换为运输方式 v 的换装成本，$i \in \{1, \cdots, N\}$，$j \in \{1, \cdots, M-1\}$，$w \in S_j$，$v \in S_{j+1}$，$k = 1, \cdots, |R_j|$；

$\tau_i^{w,v}(j, k)$：货物 i 在运输阶段 j 的第 k 个节点上由运输方式 w 转换为运输方式 v 的换装时间，$i \in \{1, \cdots, N\}$，$j \in \{1, \cdots, M-1\}$，$w \in S_j$，$v \in S_{j+1}$，$k = 1, \cdots, |R_j|$；

$$U^w(j-1, j) = \begin{cases} 1, & \text{如果阶段 } j-1 \text{ 和阶段 } j \text{ 之间存在运输方式 } w \\ 0, & \text{否则} \end{cases}$$。

(二) 决策变量

$$x_i^w(j-1, j, l, h) = \begin{cases} 1, & \text{如果货物 } i \text{ 从阶段 } j-1 \text{ 的第 } l \text{ 个节点到阶段} \\ & \quad j \text{ 的第 } h \text{ 个节点上选择了运输方式 } w \\ 0, & \text{否则} \end{cases};$$

$$y_i^{w,v}(j,k) = \begin{cases} 1, \text{如果货物 } i \text{ 在运输阶段 } j \text{ 的第 } k \text{ 个节点上由运输} \\ \quad\ \text{方式 } w \text{ 转换为运输方式 } v \\ 0, \text{否则} \end{cases};$$

st_{ij}：货物 i 在节点 j 上的到达时间；

ct_{ij}：货物 i 在节点 j 上的离开时间。

第二节　模型构建

一、基础模型构建

MO_CITNDP 中，对各个运输区段上的运输方式和各个阶段上的节点选择进行综合决策。同时考虑了最小化总成本和各货源地间最大的运输时间，并将碳排放成本纳入总成本中。总成本和最大运输时间最小化之间存在强烈的冲突，因此将 MO_CITNDP 构建为一个多目标整数规划模型。基于六章第二节中的符号和变量定义，本章考虑的 MO_CITNDP 的基础模型构建如下：

$$\min f_1 =$$

$$\sum_{i\in\{1,\cdots,N\}}\sum\left\{\begin{array}{l}\sum_{j\in\{1,\cdots,M\}}\left(\sum_{w\in S_j}\sum_{l\in R_{j-1}}\sum_{h\in R_j}\left(\begin{array}{l}C_i^w(j-1,j,l,h)\cdot x_i^w(j-1,j,l,h)\\ +e_i^w(j-1,j,l,h)\cdot x_i^w(j-1,j,l,h)\end{array}\right)\right)\\ +\sum_{j\in\{1,\cdots,M-1\}}\sum_{k\in R_j}\sum_{w\in S_j}\sum_{v\in S_{j+1}}\xi_i^{w,v}(j,k)\cdot y_i^{w,v}(j,k)\end{array}\right\}$$

$$(6-1)$$

$$\min f_2 = \max_{i\in N}\left\{\begin{array}{l}\sum_{j\in\{1,\cdots,M\}}\sum_{w\in S_j}\sum_{l\in R_{j-1}}\sum_{h\in R_j}T_i^w(j-1,j,l,h)\cdot x_i^w(j-1,j,l,h)\\ +\sum_{j\in\{1,\cdots,M-1\}}\sum_{k\in R_j}\sum_{w\in S_j}\sum_{v\in S_{j+1}}\tau_i^{w,v}(j,k)\cdot y_i^{w,v}(j,k)\end{array}\right\}$$

$$(6-2)$$

s. t.

$$\sum_{j \in \{1,\cdots,M\}} \sum_{w \in S_j} \sum_{l \in R_{j-1}} \sum_{h \in R_j} x_i^w(j-1,j,l,h) = 1, \forall i \in \{1,\cdots,N\} \quad (6-3)$$

$$\sum_{k \in R_j} \sum_{w \in S_j} \sum_{v \in S_{j+1}} y_i^{w,v}(j,k) = 1, \ \forall i \in \{1,\cdots,N\}, j \in \{1,\cdots,M-1\}$$

$$(6-4)$$

$$\sum_{i \in \{1,\cdots,N\}} \sum_{w \in S_j} \sum_{l \in R_{j-1}} x_i^w(j-1,j,l,h)Q_i \leqslant W_{hj}, \forall j \in \{1,\cdots,M-1\}, h \in R_j$$

$$(6-5)$$

$$x_i^w(j,j+1,g,l) + x_i^v(j+1,j+2,l,h) \geqslant 2y_i^{w,v}(j+1,k), \ \forall i \in \{1,\cdots,N\},$$
$$j \in \{0,\cdots,M-2\}, j \in \{0,\cdots,M-2\}, k \in R_{j+1}, w \in S_{j+1}, v \in S_{j+2} \quad (6-6)$$

$$x_i^w(j,j+1,l,h) \leqslant U^w(j,j+1), \ \forall i \in \{1,\cdots,N\}, j \in \{0,\cdots,M-1\}, w \in S_{j+1}$$

$$(6-7)$$

$$\mathrm{st}_{ij} = ct_{i,j-1} + \sum_{w \in S_j} \sum_{l \in R_{j-1}} \sum_{h \in R_j} T_k^w(j-1,j,l,h)x_i^w(j-1,j,l,h), \ \forall i \in \{1,\cdots,N\},$$
$$j \in \{1,\cdots,M\}, k \in R_j \quad (6-8)$$

$$ct_{ij} = \mathrm{st}_{ij} + \sum_{k \in R_j} \sum_{w \in S_j} \sum_{v \in S_{j+1}} \tau_i^{w,v}(j,l) \cdot y_i^{w,v}(j,k),$$
$$\forall i \in \{1,\cdots,N\}, j \in \{1,\cdots,M-1\} \quad (6-9)$$

$$\mathrm{st}_{ij} \geqslant ct_{i,j-1}, \ \forall i \in \{1,\cdots,N\}, j \in \{1,\cdots,M\} \quad (6-10)$$

$$x_i^w(j-1,j,l,h) \in \{0,1\}, \ \forall i \in \{1,\cdots,N\}, j \in \{1,\cdots,M\}, l \in R_{j-1}, h \in R_j, w \in S_j$$

$$(6-11)$$

$$y_i^{w,v}(j,k) \in \{0,1\}, \forall i \in \{1,\cdots,N\}, j \in \{1,\cdots,M-1\}, k \in R_j, w \in S_j, v \in S_{j+1}$$

$$(6-12)$$

$$z_{ijk} \in \{0,1\}, \forall i \in \{1,\cdots,N\}, j \in \{0,\cdots,M-1\}, k \in R_j \quad (6-13)$$

$$\mathrm{st}_{ij} \geqslant 0, \forall i \in \{1,\cdots,N\}, j \in \{1,\cdots,M\} \quad (6-14)$$

$$ct_{ij} \geqslant 0, \forall i \in \{1,\cdots,N\}, j \in \{0,\cdots,M-1\} \quad (6-15)$$

其中，式（6-1）和式（6-2）为目标函数，式（6-1）使包括运输成本、换装成本和碳排放成本的总成本最小，式（6-2）使各货源地间最大的运输时间最小；式（6-3）保证两个相邻阶段上只能选择一种运输方式；式（6-4）确保只能在多式联运终端上进行换装；式（6-5）表示每个阶段上的节点的容量约束；式（6-6）为运输连续性约束；式（6-7）表示两个相邻阶段之间的运输方式约束；式（6-8）和式（6-9）为货物在各阶段的节点上的到达时间和离开时间；式（6 – 10）说明了本章所考虑的多式联运网络的整体结构从时间角度来看是一个有向非循环图；式（6 – 11）至式（6 – 15）为决策变量的取值范围。

二、基础模型的修改

根据上述基础模型，本章所考虑的 MO_CITNDP 本质上是一个带容量约束的双目标优化问题，其中，约束（6 – 5）为容量约束。因此，应该在HEDA 中采用约束处理技术以实现 HEDA 的全局搜索。与单目标优化问题不同，传统的罚函数法不适合处理多目标优化问题的硬约束。此外，由于该问题的解是一个将运输方式和中间节点相结合的矩阵，因此，基于修复的约束处理技术会导致计算效率较低，尤其是当问题规模较大或存在强约束时，基于修复的约束处理方法无法保证解的可行率和计算效率。基于以上分析，本章采用了基于多目标的约束处理方法（Salcedo-Sanz et al.，2009）对模型进行修改，即将约束（6 – 5）转化为一个新的优化目标，表示所有中间节点的总约束违反程度，如式（6 – 16）所示：

$$\min f_3 = \sum_{j \in \{1,\cdots,M-1\}} \left\{ \max_{h \in R_j} \left[\sum_{i \in \{1,\cdots,N\}} \sum_{w \in S_j} \sum_{l \in R_{j-1}} x_i^w(j-1,j,l,h) Q_i - W_{hj}, 0 \right] \right\}$$

$$(6-16)$$

将式（6 – 16）作为一个新的目标函数，对模型进行如下修改：

$$\min \{ f_1, f_2, f_3 \} \qquad (6-17)$$

其中，第一个和第二个目标函数 f_1 和 f_2 与式（6 – 1）和式（6 – 2）相同，修改后的模型除约束（6 – 5）外，其余约束与基础模型保持不变。

▶ 第三节　混合分布估计算法

为了对本章所考虑的 MO_CITNDP 进行求解，本节提出了一种混合分布估计算法（hybride estimation of distribution algorithm，HEDA）。HEDA 作

为一种新颖的基于概率模型的进化算法，一直是智能计算领域的研究热点（Wang et al.，2013）。与遗传算法相比，HEDA 没有变异和交叉操作，根据搜索过程中发现的优秀个体来估计概率模型。然后，通过对估计的概率模型采样来生成新的种群。使用 HEDA 求解本章所考虑的 MO_CITNDP，相当于是确定不同货物在不同区段上运输方式以及中间节点的匹配概率，HEDA 从帕累托支配的角度对修改后的模型进行求解，目标函数 f_1 和 f_2 为问题的优化目标，而目标函数 f_3 节可以从可行性的角度引导算法的搜索方向。本节将对 HEDA 进行详细介绍。

一、解的表达

由于 MO_CITNDP 中，需要同时确定中间节点和区段上的运输方式，因此，使用矩阵 $\pi = [\pi_{ij}]$ $(i=1,\cdots,N; j=1,\cdots,2M-1)$ 来表示问题规模为 $N \times M$ 的一个解。其中，当 $j \bmod 2 = 0$，π_{ij} 表示从货源地 i 采购的货物所选择的节点的索引，当 $j \bmod 2 \neq 0$ 时，π_{ij} 表示所选择的运输方式的索引。来自货源地 $i(i=1,\cdots,N)$ 的货物从货源地发出后，需要经过 M 个节点和 M 个区段，均需要对节点或运输方式进行决策，但不需要考虑货源地（即阶段 0）和客户（即阶段 M）上的节点和运输方式的选择。显然，当 $j \bmod 2 = 0 \cap \pi_{ij} \leq |R_{\lceil j/2 \rceil}|$ $(i=1,\cdots,N; j=1,\cdots,2M-1)$ 时，π_{ij} 表示来自货源地 i 的货物在第 $\lceil j/2 \rceil$ 阶段上所选择的节点，当 $j \bmod 2 \neq 0 \cap \pi_{ij} \leq |R_{\lceil j/2 \rceil}|$ $(i=1,\cdots,N; j=1,\cdots,2M-1)$ 时，π_{ij} 表示来自货源地 i 的货物在区段 $\lceil (j+1)/2 \rceil$ 上选择的运输方式。以问题规模为 $N \times M = 4 \times 5$ 的问题的一个解为例，矩阵

$$\pi_{ij} = \begin{bmatrix} ① & 3 & ② & 4 & ① & 3 & ① & 1 & ② \\ 2 & 4 & 1 & 4 & 2 & 4 & 2 & 2 & 1 \\ 1 & 2 & 2 & 2 & 2 & 2 & 2 & 4 & 1 \\ 2 & 3 & 1 & 3 & 1 & 3 & 2 & 3 & 2 \end{bmatrix}_{N \times (2M-1) = 4 \times 9}$$

表示来自货源地 1 的货物在第 1 区段至第 5 区段上分别选择运输方式 1、2、1、1 和 2，在第 1 阶段至第 4 阶段中选择中间节点 3、4、3 和 1。

二、基于多目标的约束处理机制

令 PS 表示 HEDA 的种群规模，$N\pmb{\pi}_i(gen)(i=1,2,\cdots,PS)$ 表示第 gen 代的当前种群的第 i 个个体，PA 表示用于存储算法搜索过程中所获得的非支配解的外部档案，$AC(gen)$ 表示第 gen 代的 PA 的长度，$P\pmb{\pi}_i(gen)(i=1,\cdots,AC(gen))$ 表示第 gen 代的 PA 中的第 i 个非支配解，所提出的 PA 的更新方法如算法 6-1 所示。

算法 6-1　外部档案更新

输入：外部档案 PA

1： **For** $i:=1$ to PS **do**

2：　　**For** $ii:=1$ to $AC(gen)$ **do**

3：　　**If** $N\pmb{\pi}_i(gen)$ 支配 $P\pmb{\pi}_{ii}(gen)$ **then**

4：　　　$N\pmb{\pi}_i(gen)\rightarrow$PA 并将 $P\pmb{\pi}_{ii}(gen)$ 从当前 PA 中移出

5：　　　**For** $iii:=ii+1$ to $AC(gen)$ **do**

6：　　　　**If** $N\pmb{\pi}_i(gen)$ 支配 $P\pmb{\pi}_{iii}(gen)$ **then**

7：　　　　　从当前 PA 中移出 $P\pmb{\pi}_{ii}(gen)$

8：　　　　**End If**

9：　　　**End For**

10：　　**End If**

11：　　**Else**

12：　　　**Continue**；

13：　　**End Else**

14：　　**End For**

15：　**End For**

输出：更新后的 PA

三、异构概率模型与更新机制

利用 EDA 求解离散组合优化问题时，通常将概率模型构建为独立随机变量的联合概率分布函数。针对 MO_CITNDP 的内在特征，提出了一种异构边缘分布律（heterogeneous marginal distribution law，HMDL）作为 HEDA 的概率模型。概率模型 $\pmb{pr}(gen)$ 构建如下：

$$pr_i(gen) = P^i \cup R^i$$

$$
= \begin{bmatrix}
p_{11}^i(gen) & \cdots & p_{1j}^i(gen) & \cdots & p_{1M}^i(gen) \\
\vdots & \cdots & \vdots & \cdots & \vdots \\
p_{s1}^i(gen) & \cdots & p_{sj}^i(gen) & \cdots & p_{sM}^i(gen) \\
\vdots & \cdots & \vdots & \cdots & \vdots \\
p_{maxS,1}^i(gen) & \cdots & p_{maxS,j}^i(gen) & \cdots & p_{maxS,M}^i(gen)
\end{bmatrix} \cup
$$

$$
\begin{bmatrix}
r_{11}^i(gen) & \cdots & r_{1j}^i(gen) & \cdots & r_{1M-1}^i(gen) \\
\vdots & \cdots & \vdots & \cdots & \vdots \\
r_{r1}^i(gen) & \cdots & r_{rj}^i(gen) & \cdots & r_{rM-1}^i(gen) \\
\vdots & \cdots & \vdots & \cdots & \vdots \\
r_{|R_1|,1}^i(gen) & \cdots & r_{|R_j|,j}^i(gen) & \cdots & r_{|R_M|,M-1}^i(gen)
\end{bmatrix}
$$

$$i = 1, \cdots, N \qquad (6-18)$$

其中，$maxS = \max_{j \in \{1, \cdots, M\}} \{ | S_j | \}$ 表示网络中存在的运输方式总数，$p_{sj}^i(gen)$ 表示在 gen 代，来自货源地 i 的货物在区段 j 上选择运输方式 s 的概率，$r_{rj}^i(gen)$ 表示在 gen 代，来自货源地 i 的货物在阶段 j 上选择节点 r 的概率。

$$
Pr_i(gen) = \begin{pmatrix}
u^1(0,1) & \cdots & u^{maxS}(0,1) \\
u^2(0,1) & \cdots & u^{maxS}(0,2) \\
\vdots & \cdots & \vdots \\
u^1(M-1,M) & \cdots & u^{maxS}(M-1,M)
\end{pmatrix} \cdot
$$

$$
\begin{pmatrix}
1/|S_1| & 1/|S_2| & \cdots & 1/|S_M| \\
1/|S_1| & 1/|S_2| & \cdots & 1/|S_M| \\
\vdots & \cdots & \cdots & \vdots \\
1/|S_1| & 1/|S_2| & \cdots & 1/|S_M|
\end{pmatrix}_{maxS \times M} \cup
$$

$$
\begin{pmatrix}
1/|R_1| & 1/|R_2| & \cdots & 1/|R_M| \\
1/|R_1| & 1/|R_2| & \cdots & 1/|R_M| \\
\vdots & \cdots & \cdots & \vdots \\
1/|R_1| & 1/|R_2| & \cdots & 1/|R_M|
\end{pmatrix} \qquad (6-19)
$$

概率模型更新是 EDA 的关键操作之一,用于积累搜索过程中发现的优秀个体的历史信息(Nossack J et al. ,2013)。通过对更新的概率模型进行采样来生成新的种群。如上所述,通过对新生成的个体和 PA 中原来的个体根据支配关系进行添加或删除从而动态更新 PA(见算法 6 - 1),可以将 PA 看作是一组优秀的个体。因此,HEDA 中利用 PA 中的非支配解来更新概率模型。令 LR 为 HEDA 的学习率,x 和 y 为临时变量,则概率模型更新方法如算法 6 - 2 所示。

算法 6 - 2　概率模型更新

输入: PA 和 $pr_i(\text{gen})$

1:	从 PA 中随机选择一个个体 $\boldsymbol{\pi}^e = \left[\pi_{ij}^e\right]_{N \times (2M-1)}$;
2:	令 $x: = 1, y = 1$
3:	**For** $i: = 1$ to N **do**
4:	**For** $j: = 1$ to $2M - 1$ **do**
5:	**if** $j \bmod 2 \neq 0$ **then**
6:	$p_{\pi_{ij}^e, x}^i(\text{gen}): = p_{\pi_{ij}^e, x}^i(\text{gen}) + LR$;//更新运输方式的概率
7:	标准化概率 $p_{sx}^i(\text{gen}), s = 1, \cdots, \max S$
8:	$x: = x + 1$;//更新下一区段的运输方式的概率
9:	**End**
10:	**Else**
11:	$r_{\pi_{ij}^e, y}^i(\text{gen}): = r_{\pi_{ij}^e, y}^i(\text{gen}) + LR$;
12:	标准化概率 $r_{ry}^i(\text{gen}), r = 1, \cdots, |R_y|$;
13:	$y: = y + 1$;//更新下一阶段的节点的概率
14:	**EndElse**
15:	**End For**
16:	**End For**

输出: $pr_i(\text{gen})$

四、概率模型采样

HEDA 通过对更新后的概率模型 (HDML) 进行采样产生新的种群。在采样过程中,新生成的个体应与 HDML 一致以用来指导 HEDA 的全局搜索方向。同时,为了保持种群多样性,需要考虑随机因素。也就是说,在产生新个体时,虽然倾向于在 HDML 中选择概率较大的随机变量,但也赋予了概率相对较小的随机变量被选择的机会。为此,提出了一种基于轮盘赌轮的采样方法，该方法中随机变量的选择概率与 HDML 中随机变量的选择概率成正比。

令 $\boldsymbol{FP}_j^i(gen) = \left[FP_{1,j}^i(gen),\cdots,FP_{\max S,j}^i(gen),FP_{\max S+1,j}^i(gen)\right]^T(j = 1,\cdots,M)$ 表示第 gen 代的概率矩阵 $\boldsymbol{P}^i$ 的第 j 个边缘分布函数（Marginal Distribution Function，MDF），$\boldsymbol{FR}_j^i(gen) = \left[FR_{1,j}^i(gen),\cdots,FR_{|R_j|,j}^i(gen),\right.$ $\left.FR_{|R_j|+1,j}^i(gen)\right]^T(j=1,\cdots,M-1)$ 表示第 gen 代的 $\boldsymbol{R}^i$ 的第 j 个 MDF，x、y 为临时变量。MDF 的计算和新种群的生成过程如算法 6 - 3 和算法 6 - 4 所示。

算法 6 - 3　HMDL 中 MDF 的计算

输入：$\boldsymbol{P}^i$ 和 $\boldsymbol{R}^i$

1：　　**For** $i: = 1$ to N **do**

2：　　　**For** $j: = 1$ to M **do**

3：　　　　令 $FP_{1,j}^i(gen): = 0$；

4：　　　**For** $k: = 2$ to $\max S + 1$ **do**

5：　　　　$FP_{k,j}^i(gen): = FP_{k-1,j}^i(gen) + p_{k-1,j}^i(gen)$；//计算 MDF

6：　　　**End For**

7：　　**End For**

8：　　　**For** $j: = 1$ to $M - 1$ **do**

9：　　　　令 $FR_{1,j}^i(gen): = 0$；

10：　　　**For** $k: = 2$ to $|R_j| + 1$ **do**

11：　　　　$FR_{k,j}^i(gen): = FR_{k-1,j}^i(gen) + r_{k-1,j}^i(gen)$；//计算 MDF

12：　　　**End For**

13：　　**End For**

14：　**End For**

输出：MDF

算法 6 - 4　生成新种群

输入：$N\boldsymbol{\pi}(gen)$ 和 $\boldsymbol{pr}(gen)$

1：　**For** $h: = 1$ *to* PS **do**

2：　　**For** $i: = 1$ to N **do**

3：　　　令 $x: = 1, y: = 1$；

4：　　　**For** $j: = 1$ to $2M - 1$ **do**

5：　　　　$rnd: = random[0,1]$；

6：　　　　**If** $j\bmod 2 \neq 0$ **then**

7：	**For** k：= 1 to max$S$ **do**
8：	**If** $FP^i_{k,x}(gen) \leqslant rnd < FP^i_{k+1,x}(gen)$ **then**
9：	$N\pi_{h,i,j}(gen)$：= k；//运输方式采样
10：	x：= $x+1$；//转向下一运输区段
11：	**End If**
12：	**End For**
13：	**End If**
14：	**Else**
15：	**For** k：= 1 to $|R_j|$ **do**
16：	**If** $FR^i_{k,y}(gen) \leqslant rnd < FR^i_{k+1,y}(gen)$ **then**
17：	$N\pi_{h,i,j}(gen)$：= k；//中间节点采样
18：	y：= $y+1$；//转向下一阶段
19：	**End If**
20：	**End For**
21：	**End Else**
22：	**End For**
23：	**End For**
24：	**End For**
输出：$N\pi(gen+1)$	

五、基于问题结构特征的局部搜索

根据以上描述的算法流程，HEDA 在迭代过程对局部搜索关注较少。因此，将依赖于问题特征的局部搜索嵌入 HEDA 中，有助于在相对狭窄的解空间中挖掘质量较好的解。由于本章所考虑的 MO_CITNDP 是一个 $N \times M$ 的矩阵，传统的邻域结构，如插入、交换、翻转（Insert、Swap、Inverse）等（Nowicki et al.，1996）不适合作为 HEDA 的邻域结构。因此提出了一种新的邻域结构，即部分交换邻域（partially interchanged neighborhood，PIN）。在 PIN 中，首先，随机选择两个位置 $c_1, c_2 \in \{1, \cdots, 2M-1\}$ 且 $c_1 < c_2$；其次，在 c_1 和 c_2 之间随机选取 r_1 和 r_2，其中，$r_1, r_2 \in \{1, \cdots, N\}$ 且 $r_1 \neq r_2$；最后，将属于 r_1 和 r_2 且在 c_1 和 c_2 之间的元素互换。PIN 的示意图如图 6-2 所示。

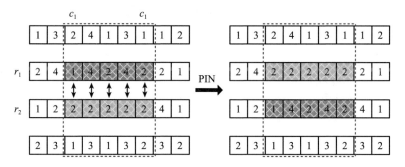

图 6 – 2 PIN 示意

在此基础上，对 PA 中的所有非支配解进行基于 PIN 的局部搜索，同时采用首次改进跳出原则来避免对解空间局部区域的过度利用。令 $\boldsymbol{\beta} = \ell(\boldsymbol{\pi})$ 表示要在 $\boldsymbol{\pi}$ 上执行一次基于 PIN 的局部搜索所获得的解，cnt 为临时变量。基于 PIN 的局部搜索操作的流程如算法 6 – 5 所示。

算法 6 – 5 基于 PIN 的局部搜索

输入：PA

1： **For** $i: = 1$ to $AC(gen)$ **do**

2： $cnt: = 0$；

3： **Repeat**

4： $\boldsymbol{\beta}: = \ell(\boldsymbol{P\pi}_i(gen))$；//使用构造邻居个体

5： $cnt: = cnt + 1$；

6： **Until** ($cnt = 2M - 1$ 或 $\boldsymbol{\beta}$ 支配 $\boldsymbol{P\pi}_i(gen)$)

7： $\boldsymbol{\beta} \rightarrow \boldsymbol{P\pi}_i(gen)$；//使用邻居个体替换当前的解

8： **End For**

9： 更新 PA；

输出：更新后的 PA

六、HEDA 的算法框架

令 maxGen 表示 HEDA 的最大迭代次数，HEDA 的算法流程如算法 6 – 6 所示。

算法 6 - 6　HEDA 的算法框架

输入：$PS,LR,gen\max$

1　　**For** $gen:=1$ to $\max Gen$ **do**

2　　　**If** $gen=1$ **then**

3　　　　随机初始化种群 $N\pi_i(gen=1),i=1,2,\cdots,PS$;

4　　　　初始化外部档案 PA $P\pi_i(gen=1),i=1,\cdots,AC(gen=1)$;

5　　　　初始化概率模型 $pr_i(gen=1),i=1,\cdots,N$;

6　　　**End If**

7　　　**Else**

8　　　　更新概率模型 $pr_i(gen),i=1,\cdots,N$;//算法 6 - 2

9　　　　生成新种群 $N\pi_i(gen),i=1,2,\cdots,PS$;//算法 6 - 4

10　　　更新 PA $P\pi_i(gen),i=1,\cdots,AC(gen)$;//算法 6 - 1

11　　　执行基于 PIN 的局部搜索操作;//算法 6 - 5

12　　　**End Else**

13　　**End For**

输出：$P\pi_i(\max Gen)$

第四节　基于随机算例的仿真计算实验与数值分析

一、实验设计

由于目前没有本章所考虑的 MO_CITNDP 的 benchmark 算例，本节使用基于随机生成的算例对 HEDA 的性能进行测试。考虑了以下 15 种不同的 $N\times M$ 组合：5×3，$10\times\{3,4,5\}$，$20\times\{4,5,6,7\}$，$30\times\{6,7,8,9\}$，$40\times\{9,11\}$ 和 50×13，用于生成算例。对于每种组合，随机生成 10 个算例，因此，一共生成 150 个测试算例。算例的生成规则如下：一是来自货源地 i 的货物数量 $Q_i\in[100,500]$；二是第 j 阶段的节点数 $R_j|\in[1,6]$，$|R_0|=N$，$|R_M|=1$；三是运输方式约束 $u^w(j-1,j)$ 通过将水路、铁路、公路分配到相关区段上随机生成；四是碳排放成本 $e_i^w(j-1,j,l,h)\in[1,100]$，运输成本 $C_i^w(j-1,j,l,h)\in[1,100]$，运输时间 $T_i^w(j-1,j,l,h)\in[1,10]$；五是换装成本 $\xi_i^{w,v}(j,k)\in[1,10]$，换装时间 $\tau_i^{w,v}(j,k)\in[1,3]$；六是节点上的处理能力 $W_{kj}=\sum_{i=1}^{N}Q_i/r\cdot|R_j|$，其中，$r\in[0.1,0.5]$，并

设置 W_{10}，W_{20}，$\cdots$，W_{N0} 和 W_{1M} 为一个无限大的数。

所有算法均使用 Microsoft Visual Studio 2008（C++语言）编程实现，实验硬件环境为 Core i5 3.3 GHz，RAM 4 GB；软件环境为 Windows 7。所有算法均独立运行 20 次，采用非支配解的个数（$ONSN$）、支配性指标（Ω）和反向世代距离（IGD）（Qian et al.，2009；Cho et al.，2011；Mohammadi et al.，2013）作为评价指标，用于衡量算法的性能。为了进一步展示算法在三个评价指标下的性能，使用了最好值（$Best$）、均值（$Mean$）和方差（SD）3 个统计量。所报道的实验结果均是基于每种 $N \times M$ 组合下的 10 个算例的均值。所有算法的停止条件为目标函数的最大评价次数为 $1000 \times N \times M$。

二、数值分析

本节中，首先基于第六章第五节所生成的随机算例进行计算实验和比较以验证 HEDA 及其组成成分的有效性；其次，以一个实际的多源采购多式联运网络设计问题为背景进行了案例分析，以验证所提出的模型和算法的有效性和实际应用价值。

（一）HEDA 与其他算法比较结果

在本节中，首先，将 HEDA 与以下三种算法进行比较：

（1）HEDA_noLS：HEDA_noLS 是 HEDA 的一个变种，HEDA_noLS 中不含基于 PIN 的局部搜搜（算法 6-5），其余操作和参数设置与 HEDA 相同；

（2）NSGAII：由德布（Deb et al.，2002）提出的著名的 MOEA；

（3）PGA：张等（Zhang et al.，2015）提出的一种用于求解一类特殊的多式联运下的运输问题的一种较新颖的遗传算法。

在参数设置方面，将所有算法的种群规模设置为 $PS = 50$，HEDA 的学习率为 $LR = 0.06$，NSGAII 和 PGA 的交叉和变异概率分别为 0.8 和 0.2。其中，将基于 PIN 的局部搜搜操作嵌入 NSGAII 和 PGA 中以确保比较的公平性。

在五种不同参数组合（10×5，20×5，30×7，40×9 和 50×13）下，

HEDA、HEDA_noLS、NSGAII 和 PGA 所获得的第一个算例的近似帕累托前沿进行观察，如图 6 – 3 所示。

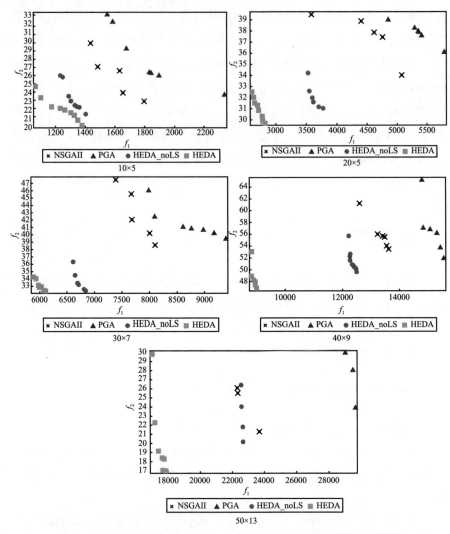

图 6 – 3　HEDA、HEDA_noLS、NSGAII 和 PGA 的近似帕累托前沿

　　由图 6 – 3 可知，与其他三种对比算法相比，HEDA 能够获得在解的数量和质量方面更好的帕累托前沿，验证了 HEDA 在求解本章所考虑的 MO_CITNDP 的有效性。此外，HEDA 所获得的非支配解集明显占优于 HEDA_noLS，也验证了基于 PIN 的局部搜索的有效性。这四种算法对比的统计结果如表 6 – 1 至表 6 – 4 所示。

表 6 - 1　　HEDA、NSGAII、PGA 和 HEDA-noLS 关于 ONSN 的比较结果

算例	HEDA vs. NSGAII						HEDA vs. PGA						HEDA vs. HEDA-noLS					
	NSGAII			HEDA			PGA			HEDA			HEDA_noLS			HEDA		
	Best	Mean	SD	Best	Mean	SD	Best	Mean	SD	Best	Mean	SD	Best	Mean	SD	Best	Mean	SD
5×3	44	20.24	14.45	5	3.71	0.63	3	1.57	0.79	5	3.81	0.59	4	2.52	1.26	4	2.81	0.96
10×3	53	6.29	13.99	8	5.48	1.65	2	0.10	0.43	6	4.57	1.22	8	2.76	2.04	8	3.81	2.38
10×4	52	3.76	12.22	10	5.81	1.87	0	0.00	0.00	12	6.52	2.34	9	2.43	2.57	9	5.67	2.40
10×5	36	6.81	12.55	9	4.86	2.05	1	0.14	0.35	9	4.62	2.08	6	2.00	1.90	6	3.43	1.47
20×4	0	0.00	0.00	9	3.81	1.94	0	0.00	0.00	9	4.24	1.82	4	0.71	1.16	7	4.00	1.57
20×5	0	0.00	0.00	8	3.67	1.98	0	0.00	0.00	9	3.86	1.61	2	0.52	0.73	7	3.95	1.43
20×6	0	0.00	0.00	8	4.38	1.76	0	0.00	0.00	8	3.76	1.69	6	1.19	1.82	8	3.71	1.91
20×7	0	0.00	0.00	10	4.48	1.99	0	0.00	0.00	8	3.48	1.94	3	0.29	0.70	7	3.76	1.74
30×6	0	0.00	0.00	5	2.52	1.18	0	0.00	0.00	7	2.48	1.40	6	0.86	1.83	7	2.48	1.65
30×7	0	0.00	0.00	7	2.38	1.40	0	0.00	0.00	5	2.48	1.33	3	0.67	0.99	4	2.00	1.07
30×8	0	0.00	0.00	4	1.95	1.09	0	0.00	0.00	5	2.33	1.28	3	0.29	0.76	8	2.29	1.69
30×9	0	0.00	0.00	4	2.00	1.07	0	0.00	0.00	6	2.10	1.38	3	0.29	0.76	3	1.67	0.64
40×9	0	0.00	0.00	12	5.33	3.48	0	0.00	0.00	11	4.00	2.98	2	0.10	0.43	10	3.52	3.19
40×11	0	0.00	0.00	6	2.33	1.32	0	0.00	0.00	6	3.14	1.39	1	0.10	0.29	5	1.86	1.04
50×13	0	0.00	0.00	9	2.00	1.69	0	0.00	0.00	6	2.05		0	0.00	0.00	10	2.48	2.15
均值	12.33	2.47	3.55	7.60	3.65	1.67	0.40	0.12	0.10	7.47	3.56	1.65	4.00	0.98	1.15	6.87	3.16	1.69

表 6-2 **HEDA、NSGAII、PGA 和 HEDA −noLS** 关于 Ω 的比较结果

算例	HEDA vs. NSGAII						HEDA vs. PGA						HEDA vs. HEDA_noLS					
	NSGAII			HEDA			PGA			HEDA			HEDA_noLS			HEDA		
	Best	Mean	SD	Best	Mean	SD	Best	Mean	SD	Best	Mean	SD	Best	Mean	SD	Best	Mean	SD
5×3	0.44	0.21	0.15	1.00	1.00	0.00	0.67	0.33	0.18	1.00	1.00	0.00	1.00	0.68	0.35	1.00	0.78	0.24
10×3	0.53	0.07	0.14	1.00	1.00	0.00	0.25	0.01	0.05	1.00	1.00	0.00	1.00	0.55	0.38	1.00	0.69	0.34
10×4	0.54	0.04	0.13	1.00	0.99	0.02	0.00	0.00	0.00	1.00	1.00	0.00	1.00	0.37	0.33	1.00	0.85	0.30
10×5	0.36	0.07	0.13	1.00	1.00	0.00	0.25	0.04	0.09	1.00	1.00	0.00	1.00	0.43	0.38	1.00	0.99	0.05
20×4	0.00	0.00	0.00	1.00	1.00	0.00	0.00	0.00	0.00	1.00	1.00	0.00	0.75	0.17	0.26	1.00	1.00	0.00
20×5	0.00	0.00	0.00	1.00	1.00	0.00	0.00	0.00	0.00	1.00	1.00	0.00	0.50	0.13	0.19	1.00	0.99	0.03
20×6	0.00	0.00	0.00	1.00	1.00	0.00	0.00	0.00	0.00	1.00	1.00	0.00	1.00	0.20	0.30	1.00	1.00	0.00
20×7	0.00	0.00	0.00	1.00	1.00	0.00	0.00	0.00	0.00	1.00	1.00	0.00	0.50	0.06	0.13	1.00	1.00	0.00
30×6	0.00	0.00	0.00	1.00	1.00	0.00	0.00	0.00	0.00	1.00	1.00	0.00	0.86	0.13	0.27	1.00	1.00	0.00
30×7	0.00	0.00	0.00	1.00	1.00	0.00	0.00	0.00	0.00	1.00	1.00	0.00	1.00	0.17	0.26	1.00	1.00	0.00
30×8	0.00	0.00	0.00	1.00	1.00	0.00	0.00	0.00	0.00	1.00	1.00	0.00	0.75	0.07	0.19	1.00	1.00	0.00
30×9	0.00	0.00	0.00	1.00	1.00	0.00	0.00	0.00	0.00	1.00	1.00	0.00	1.00	0.12	0.30	1.00	1.00	0.00
40×9	0.00	0.00	0.00	1.00	1.00	0.00	0.00	0.00	0.00	1.00	1.00	0.00	1.00	0.05	0.21	1.00	1.00	0.00
40×11	0.00	0.00	0.00	1.00	1.00	0.00	0.00	0.00	0.00	1.00	1.00	0.00	1.00	0.07	0.23	1.00	1.00	0.00
50×13	0.00	0.00	0.00	1.00	1.00	0.00	0.00	0.00	0.00	1.00	1.00	0.00	0.00	0.00	0.00	1.00	1.00	0.00
均值	0.12	0.03	0.04	1.00	1.00	0.00	0.08	0.03	0.02	1.00	1.00	0.00	0.82	0.21	0.25	1.00	0.95	0.06

表 6-3　**HEDA、NSGAII 和 PGA 关于 IGD 的比较结果**

算例	HEDA vs. NSGAII						HEDA vs. PGA					
	NSGAII			HEDA			PGA			HEDA		
	Best	Mean	SD	Best	Mean	SD	Best	Mean	SD	Best	Mean	SD
5×3	36.64	123.36	67.77	0.00	1107.72	1012.93	61.66	116.48	74.67	0.00	60.73	51.70
10×3	181.89	544.88	265.34	0.00	2286.86	5945.60	158.87	793.87	400.31	0.00	55.16	246.67
10×4	269.57	1225.25	758.57	0.00	1550.08	6811.30	647.41	1960.32	800.04	0.00	0.00	0.00
10×5	1598.90	3824.40	1870.46	0.00	9359.46	17387.86	2038.44	4826.59	2376.99	0.00	203.33	504.80
20×4	1054.05	2843.73	1558.43	0.00	0.00	0.00	1954.42	4134.30	1889.59	0.00	0.00	0.00
20×5	1216.20	4652.32	3060.08	0.00	0.00	0.00	2946.40	6184.59	2407.24	0.00	0.00	0.00
20×6	1650.11	5755.40	2848.66	0.00	0.00	0.00	1967.32	7092.64	3234.82	0.00	0.00	0.00
20×7	1343.27	8610.60	3947.62	0.00	0.00	0.00	2449.42	10036.65	6093.77	0.00	0.00	0.00
30×6	2254.08	6060.90	3079.91	0.00	0.00	0.00	2639.69	8937.82	5210.97	0.00	0.00	0.00
30×7	1785.60	6760.44	4068.56	0.00	0.00	0.00	4635.60	11795.78	6546.49	0.00	0.00	0.00
30×8	3116.28	8257.92	4925.34	0.00	0.00	0.00	5636.08	15186.47	8625.25	0.00	0.00	0.00
30×9	3917.91	9219.88	5022.42	0.00	0.00	0.00	6149.95	15340.45	10717.45	0.00	0.00	0.00
40×9	5795.40	19982.45	10818.12	0.00	0.00	0.00	9074.13	34600.99	21887.46	0.00	0.00	0.00
40×11	2128.72	7800.28	4562.72	0.00	0.00	0.00	6379.80	20857.98	9415.57	0.00	0.00	0.00
50×13	4697.53	10692.39	6753.19	0.00	0.00	0.00	10426.97	22517.95	12695.50	0.00	0.00	0.00
均值	2069.74	6423.61	3573.81	0.00	953.61	2077.18	3811.08	10958.86	6158.41	0.00	21.28	53.54

表 6 – 4　　　　　　　　　　HEDA 和 HEDA – noLS 关于 *IGD* 的比较结果

算例	HEDA *vs.* NSGAII					
	NSGAII			HEDA		
	Best	*Mean*	*SD*	*Best*	*Mean*	*SD*
5 × 3	36. 64	**123. 36**	**67. 77**	**0. 00**	1107. 72	1012. 93
10 × 3	181. 89	**544. 88**	**265. 34**	**0. 00**	2286. 86	5945. 60
10 × 4	269. 57	**1225. 25**	**758. 57**	**0. 00**	1550. 08	6811. 30
10 × 5	1598. 90	**3824. 40**	**1870. 46**	**0. 00**	9359. 46	17387. 86
20 × 4	1054. 05	2843. 73	1558. 43	**0. 00**	**0. 00**	**0. 00**
20 × 5	1216. 20	4652. 32	3060. 08	**0. 00**	**0. 00**	**0. 00**
20 × 6	1650. 11	5755. 40	2848. 66	**0. 00**	**0. 00**	**0. 00**
20 × 7	1343. 27	8610. 60	3947. 62	**0. 00**	**0. 00**	**0. 00**
30 × 6	2254. 08	6060. 90	3079. 91	**0. 00**	**0. 00**	**0. 00**
30 × 7	1785. 60	6760. 44	4068. 56	**0. 00**	**0. 00**	**0. 00**
30 × 8	3116. 28	8257. 92	4925. 34	**0. 00**	**0. 00**	**0. 00**
30 × 9	3917. 91	9219. 88	5022. 42	**0. 00**	**0. 00**	**0. 00**
40 × 9	5795. 40	19982. 45	10818. 12	**0. 00**	**0. 00**	**0. 00**
40 × 11	2128. 72	7800. 28	4562. 72	**0. 00**	**0. 00**	**0. 00**
50 × 13	4697. 53	10692. 39	6753. 19	**0. 00**	**0. 00**	**0. 00**
均值	2069. 74	6423. 61	3573. 81	0. 00	953. 61	2077. 18

　　由表 6 – 1 ~ 表 6 – 4 可知, 在大部分情况下, HEDA 能够获得比其他三种算法更大的 ONSN 和 Ω 的值, 以及较小的 *IGD* 的值, 说明 HEDA 的性能明显占优于其他三种对比算法。HEDA 的性能明显优于它的变种 HEDA_noLS, 验证了基于 PIN 的局部搜索的有效性。因此, HEDA 获得的非支配解集不仅对帕累托前沿有较好的收敛性, 而且在其近似的帕累托前沿上保持合理的分布和多样性。

　　HEDA、NSGAII、PGA 和 HEDA-noLS 的运行时间如图 6 – 4 所示, 由图 6 – 4 可知, HEDA 的运行时间明显比 NSGAII 和 PGA 短, 说明 HEDA 的运行速度高于 NSGAII 和 PGA。HEDA 的运行时间略高于 HEDA_noLS, 这

意味着 HEDA 中基于 PIN 的局部搜索所耗费的时间相对较短。此外，所有算法的可行性率均为 100%，证明了所提出的基于多目标的约束处理方法的有效性和 HEDA 的可靠性。

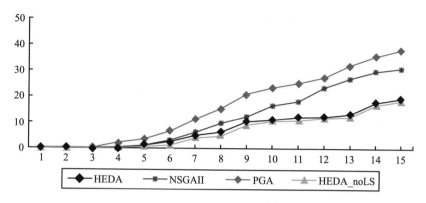

图 6 - 4　4 种算法的运行时间趋势

注：4 种算法的可行率为 100%。

（二）案例求解与分析

本节以中国石油吉林石化分公司（简称吉林石化）乙丙橡胶生产中的原材料采购为背景进行案例分析。中国石油吉林石化分公司是国内唯一家拥有乙丙橡胶生产设备的企业。乙丙橡胶是以乙烯和丙烯为基础单体合成的共聚物，主要原料是乙烯、丙烯和第三单体。所需要的乙烯主要依赖于企业自产，而丙烯和第三单体则主要依赖进口。在吉林石化的采购计划中，计划从澳大利亚采购丙烯，从乙叉降冰片烯（ENB）第三单体、双环戊二烯第三单体和 1，4 - 己二烯第三单体分别从日本、菲律宾和美国进行采购。在此背景下，吉林石化作为托运人，将来自不同产地的原材料的运输任务交给了一家多式联运公司负责运输，并使用集装箱进行运输。根据地理空间分布情况和基础设施分布情况，该多式联运公司选择 10 个城市作为多式联运网络的中间节点，将多式联运网络划分为六个阶段，每个阶段上的节点分布如表 6 - 5 所示，各货源地的货运量如表 6 - 6 所示。不同运输方式下相关的运输成本、碳排放成本和平均速度如表 6 - 7 所示。其中，使用了段和黑罗伊斯（Duan and Heragu，2015）中的方法对三种运输方式下的碳排放进行计算。

表 6-5   各个阶段上的节点

阶段	阶段 1	阶段 2	阶段 3	阶段 4	阶段 5
节点	香港（1） 福州（2） 温州（3） 上海（4）	武汉（1） 南京（2）	郑州（1） 济南（2）	北京（1） 天津（2）	吉林（1）

表 6-6   每个货源地的采购量

货源地	东京	美国	澳大利亚	马尼拉
采购量（标准箱）	80	50	50	120

表 6-7   不同运输方式下的运输成本、碳排成本和平均运输速度

运输方式	水路		铁路	公路
运输成本（美元/标准箱 - 千米）	0.2（海运）	0.18（驳船）	0.5	2
碳排放成本（美元/标准箱 - 千米）	0.018（海运）	0.015（驳船）	0.03	0.05
平均速度（千米/小时）	40（海运）	30（驳船）	70	70

根据以上数据，使用 HEDA 进行求解，所获得的非支配解如表 6-8 所示。

表 6-8   HEDA 获得的帕累托解集

非支配解	东京	美国	澳大利亚	马尼拉	总成本/（美元）	最大运输时间/（小时）	碳排放成本/（美元）	可行性
1	1 - 4 - 2 - 1 - 1 - 1 - 2 - 2 - 2	1 - 1 - 3 - 2 - 1 - 1 - 1 - 1 - 3	1 - 1 - 2 - 2 - 1 - 2 - 3 - 2 - 2	1 - 1 - 2 - 2 - 1 - 2 - 2 - 1 - 2	110799	601	2330	可行
2	1 - 1 - 2 - 1 - 1 - 2 - 2 - 2 - 2	1 - 1 - 2 - 2 - 1 - 1 - 3 - 2 - 3	1 - 1 - 2 - 1 - 1 - 1 - 2 - 2 - 2	1 - 1 - 2 - 2 - 1 - 2 - 2 - 2 - 2	99097	614	2041	可行
3	1 - 1 - 2 - 1 - 1 - 2 - 2 - 2 - 2	1 - 1 - 2 - 2 - 1 - 2 - 3 - 1 - 3	1 - 1 - 2 - 2 - 1 - 2 - 2 - 1 - 2	1 - 1 - 2 - 1 - 1 - 2 - 1 - 2 - 2	92188	617	1854	可行
4	1 - 4 - 2 - 2 - 1 - 2 - 2 - 1 - 2	1 - 1 - 2 - 2 - 1 - 1 - 2 - 2 - 2	1 - 1 - 2 - 1 - 1 - 2 - 3 - 2 - 2	1 - 1 - 2 - 2 - 1 - 2 - 2 - 2 - 2	92141	662	1850	可行
5	1 - 1 - 2 - 2 - 1 - 2 - 3 - 2 - 2	1 - 1 - 2 - 2 - 1 - 1 - 3 - 1 - 3	1 - 1 - 2 - 2 - 1 - 2 - 2 - 2 - 2	1 - 1 - 2 - 2 - 1 - 2 - 2 - 1 - 2	103661	610	2106	可行

在表 6 – 8 中，一共获得了 5 个非支配解可以供多式联运运输公司进行运输决策，且均为可行解。由表 6 – 8 可知，所获得的解可以获得成本、时间和碳排放之间的较好的平衡。例如，第四个解的总成本和碳排放成本分别为 9214 美元和 1850 美元，略高于第三个解的 92188 美元和 617 美元。但第三个解的运输时间远远小于第四个解。这说明，在不牺牲成本的情况下，可以大大减少运输时间和碳排放。例如，如果需要快速交付，则第一个解最合适，如果主要关注成本节约，则应该采用第四个解对应的运输方案。此外，所获得的解中，公路运输的使用率低，被碳排放较低的水路和铁路运输方式所取代，这意味着通过本章所提出的模型和算法可以降低碳排放。此外，根据现有的交通基础设施和空间分布为主要依据的多式联运网络阶段划分是模型构建的基础。因此，提出的模型和算法可以帮助货运集成商在运输成本、碳排放成本和最大运输时间之间进行合理的权衡，并提供相应的运输决策。此外，通过得到的解可以明显看出，有些节点被选中的频率较低，而有些节点被选择的概率非常高。例如，对于所有的解，在阶段 1 中从来没有选择第二个节点和第三个节点，这意味着在确定各个阶段上的节点时可以去这两个节点，以降低计算复杂度。

考虑能耗的多目标"最后一公里"
配送快递柜分配优化模型与算法

▶ 第一节 问题描述与符号定义

一、问题描述

本章以沈阳市某电商平台的"最后一公里"配送为背景,该电商平台在"最后一公里"配送中使用快递柜为客户提供 24 小时的自助取货服务。该电商平台在沈阳市主城区的 7 个区提供了快递柜服务,目前,在这 7 个区已经开放了 44 个快递柜站点,但随着客户需求的增加,现有的快递柜设施无法满足实际需求,因此,确定了 8 个拟开放的新站点,并且在目前已开放的站点中,也需要在原有的基础上考虑增加快递柜的投放量。由于目前市场上的快递柜品牌众多,不同品牌的快递柜,即使尺寸(即单元格数)相同,价格和能耗也不同,且快递柜生产商为了满足不同的需要,提供具有不同单元格数的快递柜,本章旨在为电商平台提供快递柜的采购决策以及对已采购的快递柜在站点进行分配的综合决策。该电商平台的主要销售产品可以分为两类:一类为普通产品,如服装、女士包、手表等;另一类为生鲜产品,如冷鲜肉、海鲜、蔬菜、鲜花等。与普通产品不同,生鲜产品必须保存在冷藏环境中。因此，该电商平台使用了两种快递柜，即普通柜和冷柜，需要对这两种类型的快递柜的采购和分配分别进行决策。

快递柜的投资成本主要包括设备购买成本和场地租赁成本，且成本高昂，因此，将降低总成本作为本章所考虑的快递柜分配问题的优化目标。此外，该电商平台期望在快递柜的运营期间能够尽可能地降低能耗。这是由于节约能源对企业来说既是一项重要的社会责任，对其长期的运营成本也有重要影响。在实际应用中，由于快递柜的能耗受很多因素的影响，如控制系统、通信方式、照明方式等，能耗与快递柜的尺寸并不成正比，故传统的加权和法无法平衡总成本和能耗。因此，本章从多目标优化的角度来解决这一问题，将其构建为多目标的绿色快递给分配问题（MO_PLAP）以最小化总成本和能源消耗。

本章包括以下基本假设：

（1）规划周期内有足够多的快递柜可供采购，这一假设符合市场中的快递柜生产能力的实际情况；

（2）不考虑"最后一公里"配送中其他配送方式对快递柜的需求及使用率带来的影响；

（3）每个快递柜只能为其分配的站点提供服务；

（4）假设每个站点上容纳不同类型快递柜的能力都是无限的，这是由于在大多数应用中，站点在地理空间上分布比较分散，每个站点上的快递柜的投放位置往往在空间分布上聚集在一个确定的中心的周围；

（5）假设组成快递柜的单元格的尺寸没有差异，均能满足客户的需求，对客户使用率不存在影响。

二、符号定义

（一）模型参数

F：用于分配的备选快递柜的集合，也表示该集合的势；

S：备选的快递柜站点的集合，也表示该集合的势；

L：快递柜类型的集合，也表示该集合的势；

T：当前快递柜决策的时间周期长度；

$P_i(t)$：快递柜 i 在连续时间周期 T 内的功率函数，$i \in F, t \in [1, T]$；

W_i^T：快递柜 i 在连续时间周期 T 内的能源消耗；

d_{jl}：站点 j 上 l 类型的快递柜的原有单元格数量，$j \in S, l \in L$；

g_i：快递柜 i 的每单元格采购成本，$i \in F$；

h_j：站点 j 上的快递柜每单元格的租赁成本，$j \in S$；

b_i：快递柜 i 的单元格数量，$i \in F$；

$$\alpha_{il} = \begin{cases} 1, & \text{如果快递柜 } i \text{ 为 } l \text{ 类型} \\ 0, & \text{否则} \end{cases};$$

$$\beta_{ij} = \begin{cases} 1, & \text{如果快递柜 } i \text{ 可以分配给站点 } j \\ 0, & \text{否则} \end{cases};$$

D_{jl}：站点 j 上 l 类型快递柜的需求量，$j \in S$。

（二）决策变量

$$x_{ij} = \begin{cases} 1, & \text{如果快递柜 } i \text{ 分配给站点 } j \\ 0, & \text{否则} \end{cases};$$

$$y_i = \begin{cases} 1, & \text{如果将备选快递柜 } i \text{ 加入采购计划} \\ 0, & \text{否则} \end{cases}。$$

▶ 第二节　模型构建

一、基础模型构建

MO_PLAP 是一个复杂的集成优化问题，同时考虑了快递柜的采购计划和分配方案。此外，总成本与能耗之间存在强烈的冲突，因此将 MO_PLAP 构建为一个多目标整数规划模型。基于第七章第二节中的符号和变量定义，本章考虑的 MO_PLAP 的基础模型构建如下：

$$\min f_1 = \sum_{i=1}^{F} \sum_{j=1}^{S} b_i \cdot h_j \cdot x_{ij} + \sum_{i=1}^{F} b_i \cdot g_i \cdot y_i \tag{7-1}$$

$$\min f_2 = \sum_{j=1}^{S} \sum_{i=1}^{F} W_i^T \cdot x_{ij} \tag{7-2}$$

s. t.

$$\sum_{j=1}^{S} x_{ij} \leqslant 1, \forall i \in F \tag{7-3}$$

$$x_{ij} \leqslant \beta_{ij}, \quad \forall i \in F, j \in S \tag{7-4}$$

$$y_i = \sum_{j=1}^{S} x_{ij}, \forall i \in F \tag{7-5}$$

$$\sum_{i=1}^{F} \alpha_{il} \cdot b_i \cdot x_{ij} + d_{jl} \geqslant D_{jl}, \forall j \in S, l \in L \tag{7-6}$$

$$W_i^T = \int_1^T P_i(t) d_t \tag{7-7}$$

$$x_{ij} \in \{0,1\}, \forall i \in F, j \in S \tag{7-8}$$

$$y_i \in \{0,1\}, \quad \forall i \in F \tag{7-9}$$

其中，式（7-1）和式（7-2）为目标函数，式（7-1）使包括快递柜的采购成本和场地的租赁成本的总成本最小化，式（7-2）使快递柜的能耗最小化；式（7-3）保证每个备选快递柜只能分配到一个唯一的站点；式（7-4）表示快递柜的分配决策必须满足实际值的分配约束；式（7-5）为决策变量 y_i 的定义；式（7-6）确保分配给每一个站点的单元格的总数能满足该站点不同类型的快递柜的需求；式（7-7）为快递柜 i 在决策周期 T 内的总能源消耗；式（7-8）和式（7-9）为决策变量的取值范围。

二、代理模型构建

在式（7-7）中，采用积分计算的方法来计算连续时间段 T 内各快递柜的总能源消耗。然而，大量的积分计算无法满足实际中计算效率要求，尤其是当问题规模比较大的时候会非常复杂和耗时。由于进化算法的迭代并不依赖于精确的目标函数值（Wang et al.，2016），因此可以使用近似的搜索方向来引导进化算法的搜索过程。因此，使用每个快递柜的额定功率代替式（7-7）中的功率函数，建立了本章所考虑的 MO_PLAP 的代理模型，代理模型中总能耗的计算方法如下：

$$\min f_2' = \sum_{j=1}^{S} \sum_{i=1}^{F} T \cdot P_i^E \cdot x_{ij} \tag{7-10}$$

其中，P_i^E 为快速柜 i 的额定功率，则在代理模型中，将式（7－7）从模型中移除，而其他约束保持不变。

第三节　概率引导的基于分解的多目标进化算法

MO_PLAP 可以归约为一类广义分配问题，属于 NP－难问题（Sethanan et al.，2016）。为了对 MO_PLAP 进行求解，本节提出了基于问题特征的解的表达、遗传操作和不可行解的修复策略，在此基础上，使用 MOEA/D 作为算法的基础框架对问题进行求解。MOEA/D 可以将一个多目标优化问题分解为若干个具有单目标的子问题，然后将这些子问题分别进行求解。在 MOEA/D 的原始框架和大部分的改进的 MOEA/D 中，所有的子问题都被平等地对待，很少关注子问题之间的资源分配。但不同子问题对 MOEA/D 的全局探索的贡献往往不同，此外，有些子问题往往违背了两个邻居个体之间应该有类似的最优解这一基本假设（Cai et al.，2015；Zhou et al.，2016；Qian et al.，2008）从而在迭代过程合理分配计算资源可以有效提高 MOEA/D 的整体性能。基于此，本节提出了一种概率引导的基于分解的多目标进化算法（probability guided multi-objective evolutionary algorithm based on decom-position，PG-MOEA/D）用于求解 MO_PLAP，在 PG-MOEA/D 中嵌入概率引导的计算资源分配策略，使有限的计算资源在所有子问题中得到均衡。本节将对 PG-MOEA/D 进行详细介绍。

一、解的表达

由于 MO_PLAP 中需要考虑快递柜的采购计划，引入了一个虚拟站点 Ø，如果一个候选的快递柜被分配给虚拟站点 Ø，则将该快递柜从采购计划中移出。如图 7－1 所示，$\pi = [\pi[1], \cdots, \pi[i], \cdots, \pi[8]] = [2, 1, Ø, 2, Ø, 1, 2, 3]$ 表示 *MO_PLAP* 的一个解。在该解中，将购买 1 号、2 号、4 号、6 号、7 号、8 号快递柜并将这些快递柜分别分配到 2 号、1 号、2 号、1 号、2 号、3 号站点，而 3 号和 5 号快递柜将不进行购买。

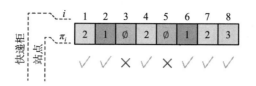

图 7-1 解的表达示意（$F \times S = 8 \times 3$）

二、基于问题结构特征的启发式

解的表达受分配约束（即 β_{ij}，$\forall i \in F, j \in S$）的制约，因此在重组父代个体时要考虑子代个体的可行性。为了保证新生成的子代个体的可行性，PG-MOEA/D 采用了简单的单点交叉策略，如图 7-2 所示。

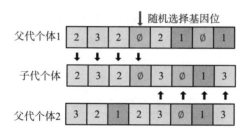

图 7-2 交叉操作示意

对于组合优化问题，变异操作主要包括基于互换的、基于插入的和基于反向的结构（Qian et al.，2008）。然而，由于基于插入和基于反向结构的插入操作的变异半径比基于交换的大而更容易产生不可行解，因此，PG-MOEA/D 中采用基于互换的变异操作。由图 7-3 可知，为了保证解的可行性和变异操作的效率，禁止将已分配到同一站点（包括虚拟站点）的两个快递柜之间的任何交换操作，同时交换时必须满足分配约束。

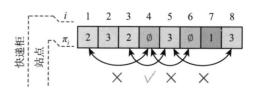

图 7-3 变异操作示意

三、两阶段不可行解修复机制

本节提出了一种两阶段修复机制，用于保证子代个体的可行性。令表示站点 j 上 l 类型快递柜的投放量与需求量的偏差，的计算如下：

$$W_{jl} = D_{jl} - \left(\sum_{i=1}^{F} \alpha_{il} \cdot b_i \cdot x_{ij} + d_{jl} \right), \forall j \in S, l \in L \qquad (7-11)$$

其中，表示站点 j 上 l 类型快递柜的需求被满足；否则，站点 j 上 l 类型快递柜的需求未被满足。

对于一个不可行解，修复的主要目的是为 τ 类型的快递柜需求未被满足的站点 ϑ 选择一个站点集合，并将这个集合称为站点活动集。令 **Active-Set** 为 ϑ 的站点活动集，*ActiveSetNum* 为 **ActiveSet** 中包含的站点数量，*ActiveDev* 为用于确定 *ActiveSetNum* 个站点的优先性的排序指标向量。第一阶段的修复机制如算法 7-1 所示。

算法 7-1　选择未被满足的站点活动集（第一阶段）

输入：$\tilde{\pi}$, W , ϑ , τ

1： 令 $u := 1$；

2： **For** $j := 1$ to S **do**

3： **If** $(j \neq \vartheta)$ 且 $(W_{j\tau} < 0)$ **then**

4： **For** $i := 1$ to F **do**

5： **If** $(\tilde{\pi}(i) = j)$, $(\alpha_{i\tau} = 1)$, $(W_{j\tau} + b_i \leq 0)$, $(\beta_{i\vartheta} = 1)$ **then**

6： **ActiveSet**$(u) := j$；//站点的索引

7： ***ActiveDev***$(u) := W_{j\tau}$；//排序指标计算

8： $u := u + 1$；

9： **Break**；

10： **End If**

11： **End For**

12： **End If**

13： **End For**

14： 对 **ActiveSet** 中的所有元素按照 ***ActiveDev*** 中的非降顺序进行排序

15： *ActiveSetNum* := $u - 1$；// **ActiveSet** 的长度

输出：**ActiveSet** , *ActiveSetNum*

如算法 7-1 所示，在第一阶段中，首先，将投放量与需求量的偏差作为每个候选站点的排序指标（第 7 行）；其次，对 *ActiveSet* 中的所有站点进行非降序排序（第 14 行）；最后，将偏差较小（即快递柜投放量较大）的站点中的快递柜优先移动到站点 ϑ 中，从而加速修复的过程。

在第二阶段中，对于 *ActiveSet* 中的 ρ 站点，首先，需要选择一组快递柜（即活动快递柜集），其次将这些快递柜从 *ActiveSet*(ρ) 中移出，并重新分配到 ϑ 站点上。令 *ActiveCabinets*(ρ) 表示 *ActiveSet*(ρ) 中的活动快递柜集，*ActiveCabinetsNum*(ρ) 表示 *ActiveSet*(ρ) 中可移出的快递柜的数量，表示确定 *ActiveCabinetsNum*(ρ) 个活动快递柜的移出的优先顺序的排序指标向量。第二阶段的修复机制如算法 7-2 所示。

算法 7-2　为活动站点集选择活动快递柜（第二阶段）

输入：$\widetilde{\pi}$，*ActiveSet*，*W*，ρ，ϑ，τ

1：　令 $J:=$ *ActiveSet*(ρ)；//所考虑的活动站点集中的站点
2：　令 $u:=1$；
3：　**For** $i:=1$ **to** F **do**
4：　　**If**($\widetilde{\pi}(i)=J$)，($\alpha_{i\tau}=1$)，($W_{J\tau}+b_i \leqslant 0$)，($\beta_{i\vartheta}=1$) **then**
5：　　　*ActiveCabinets*(ρ,u)$:=i$；//快递柜的索引
6：　　　*ActiveCabinetsDev*(ρ,u)$:=W_{J\tau}+b_i$；//排序指标计算
7：　　　$u:=u+1$；
8：　　**End If**
9：　**End For**
10：　对 *ActiveCabinets*(ρ) 中的元素按照 *ActiveCabinetsDev*(ρ) 中的非升顺序进行排序；
11：　*ActiveCabinetsNum*(ρ)$:=u-1$；//*ActiveCabinets* 的长度

输出：*ActiveCabinets*(ρ)，*ActiveCabinetsNum*(ρ)

如算法 7-2 中的第 4 行所示，当且仅当将快递柜 i 从站点 J 移出后站点 J 的需求仍然能够被满足时，快递柜 i 才能被作为一个活动快递柜。此外，第 10 行表明，为了提高修复效率，拥有更多单元格的快递柜将获得更高的移出的优先级。

基于算法 7-1 和算法 7-2，两阶段的修复机制的整体流程如算法 7-3 所示。在 **If** 主循环（第 3 行）中，首先考虑未满足的站点 j 的当前站点活动集中的活动快递柜（嵌套循环 **For** k），然后将这些活动快递柜逐一从活动站点集中移出并重新分配到未被满足的站点 j 中。在将这些活动快递柜移出和重新分配时，必须满足原站点 J 的需求。然而，执行嵌套循环 **For** k

后，站点 j 的需求很可能仍然未被满足。因此，引入了只考虑虚拟站点 ϕ 的辅助方法（第 25－34 行）。

算法 7－3　不可行解的修复机制

输入：

1：　**For** $l:=1$ to L **do**
2：　　**For** $j:=1$ to S **do**
3：　　　　**If** ($W_{ij}>0$) **then**
4：　　　　　　令 $flag=false$
5：　　　　　　获得站点 j 的 **ActiveSet** 和 *ActiveSetNum*；//算法 7－1
6：　　　　　　For $k:=1$ to *ActiveSetNum* **do**
7：　　　　　　　获得 *ActiveCabinets*(k) 和 *ActiveSetNum*(k)
8：　　　　　　　令 $J:=$ **ActiveSet**(k)
9：　　　　　　*For* $:=1$ to **ActiveCabinetsNum**(k) **do**
10：　　　　　　　令 $I:=$ **ActiveCabinetsNum**(k,m)
11：　　　　　　　**If** ($W_{Jl}+b_J\leqslant0$) **then**
12：　　　　　　　　$\widetilde{\pi}(I):=j$；
13：　　　　　　　　$W_{Jl}:=W_{Jl}+b_J$；
14：　　　　　　　　$W_{jl}:=W_{jl}+b_j$；
15：　　　　　　　**End If**　；
16：　　　　　　　**If**($W_{jl}\leqslant0$) **then**
17：　　　　　　　　$flag:=true$；
18：　　　　　　　　**Break**
19：　　　　　　　**End If**
20：　　　　　　**End For**
21：　　　　　　**If**($flag=true$) **then**
22：　　　　　　　**Break**；
23：　　　　　　**End If**
24：　　　　　**End For**
25：　　　　　**If**($flag=false$) **then** //考虑虚拟站点 ϕ
26：　　　　　　　令 $\mu:=1$；
27：　　　　　　**Repeat**
28：　　　　　　　**If**($\widetilde{\pi}(u):=\phi$),($\alpha_{ul}=1$),($\beta_{uj}=1$)**then**
29：　　　　　　　　$\widetilde{\pi}(u)=j$；
30：　　　　　　　　$W_{jl}:=W_{jl}-b_u$；
31：　　　　　　　　$u=u+1$；
32：　　　　　　　**End If**
33：　　　　　　**Until**($W_{jl}\leqslant0$)；
34：　　　　　**End If**
35：　　　　**End If**
36：　　**End For**
37：　**End For**

输出：可行解 π

四、PG-MOEA/D 的算法框架

令 N 为种群规模（即子问题数量），$\boldsymbol{\pi}^{gen} = \left[\boldsymbol{\pi}_1^{gen}, \cdots, \boldsymbol{\pi}_i^{gen}, \cdots, \boldsymbol{\pi}_N^{gen} \right]$ 为第 gen 代种群的子问题，f_{ik}^{gen} 为第 gen 代种群的第 i 个个体的第 k 个目标函数值，$\boldsymbol{u}^{gen}$ 为第 gen 代的乌托邦点，$\boldsymbol{\lambda}_i$ 为第 i 个个体的权重向量，使用切比雪夫分解方法，这 N 个子问题的目标函数计算方法如下：

$$g_i^{te}(\boldsymbol{\pi}_i^{gen} \mid \boldsymbol{\lambda}_i, \boldsymbol{u}^{gen}) = \max_{1 \leq k \leq 2} \left\{ \lambda_{ik} \cdot \mid f_{ik}^{gen} - u_k^{gen} \mid \right\}, \quad i = 1, 2, \cdots, N \quad (7-12)$$

令 $EA(gen)$ 为第 gen 代非支配解的外部档案，T 为每个子问题的权重向量个数，$B_i = \{ B_{i1}, \cdots, B_{ij}, \cdots, B_{iT} \}$ 为与第 i 子问题有 T 个最近的权重向量的邻居个体的集合，$\boldsymbol{\varpi}$ 为每一代中每个子问题通过遗传操作生成的新个体，$genmax$ 为最大迭代次数。PG-MOEA/D 的算法框架和流程如算法 7-3 和图 7-4 所示。

算法 7-4　PG-MOEA/D 的算法框架

输入：$N, T, \boldsymbol{\lambda}_1, \cdots, \boldsymbol{\lambda}_N, genmax$

1:	**For** $gen := 0$ to $genmax$ **do**
2:	**If** $(gen = 0)$ **then**
3:	均匀生成权重向量 $\boldsymbol{\lambda}_i$, $i = 1, \cdots, N$;
4:	基于 $\boldsymbol{\lambda}_i$ 找到 T 个最近的邻居个体 $B_i := \{ i_1, \cdots, i_T \}, \boldsymbol{\lambda}_i, i = 1, \cdots, N$;
5:	随机初始化种群 $\boldsymbol{\pi}^{gen=0}$;
6:	修复 $\boldsymbol{\pi}^{gen=0}$ 中的每个不可行解; //算法 7-1—算法 7-3
7:	计算目标函数值和初始化乌托邦点 $\boldsymbol{u}^{gen=0}$;
8:	初始化 $EA(0)$;
9:	**Else**
10:	令 $\boldsymbol{\pi}_i^{gen} := \boldsymbol{\pi}_i^{gen-1}, f_{ik}^{gen} := f_{ik}^{gen-1}, k = 1, 2$ and $i = 1, \cdots, N$; //当前种群
11:	**For** $i := 1$ to N **do**
12:	执行概率引导的遗传操作和反馈机制用于生成新个体 $\boldsymbol{\varpi}$; //算法 7-5
13:	根据可行性情况对 $\boldsymbol{\varpi}$ 进行修复; //算法 7-1—算法 7-3
14:	计算 $\boldsymbol{\varpi}$ 的目标函数;
15:	更新乌托邦点 $\boldsymbol{u}^{gen}$, 如果 $f_k(\boldsymbol{\varpi}) < u_k^{gen}$, 则令 $u_k^{gen} := f_k(\boldsymbol{\varpi})$, $k = 1, 2$;
16:	更新邻居个体;
17:	**For** $j := 1$ to T **do**
18:	令 $J := B_{ij}$;
19:	**If** $(g_i^{te}(\boldsymbol{\varpi} \mid \lambda_J, \boldsymbol{u}^{gen}) \leq g_i^{te}(\pi_j^{gen} \mid \lambda_J, \boldsymbol{u}^{gen}))$ **then**
20:	令 $\boldsymbol{\pi}_J^{gen} := \boldsymbol{\varpi}, f_{jk}^{gen} := f_k(\boldsymbol{\varpi}), k = 1, 2$; // 更新邻居个体 J
21:	**End If**

续表

22:	**End For**
23:	使用🐦 更新外部档案 $EA(gen)$;
24:	**End For**
25:	**If** $(gen = gen\text{max})$ **then**
26:	**Break**;
27:	**End If**
28:	**End If Else**
29:	**End For**
输出:	$EA(gen\text{max})$

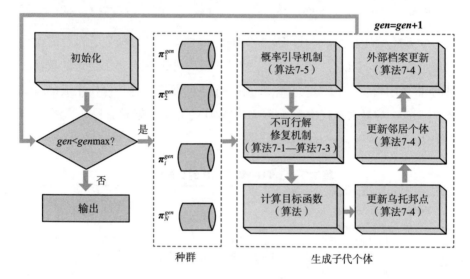

图 7-4　PG-MOEA/D 的算法流程

五、概率引导的遗传操作和信息反馈机制

如算法 7-4 所示，PG-MOEA/D 通过遗传操作探索新的搜索空间（第 12 行）。由于 MOEA/D 中许多子问题并不满足两个相邻个体应该有相对相似的最优解这一基本假设。因此，每个子问题对 MOEA/D 的整体性能的贡献可能不相等，在迭代过程中需要合理地分配计算资源。根据观察，在算法 7-5 的 **For** i 的嵌套循环中，如果仅随机选择子问题的子集来执行遗传算子，能在一定程度上提高整体的求解质量。这一现象表明，在进化过程中，每个子问题的贡献是不同的，没有必要在一次迭代中对所有子问题执

行遗传操作。因此，提出了一种遗传操作的概率引导策略，以有效地平衡 PG-MOEA/D 中的计算资源。令 APr 表示子问题的分配概率，ξ 表示当前子问题的索引，β 为从 EA（gen）中随机选择的非支配个体。遗传操作的概率引导策略如算法 7 – 5 所示。

算法 7 – 5　概率引导的遗传操作和反馈机制

输入：$APr, \xi, B_{lcs}, T, \pi_1^{gen}, \cdots, \pi_N^{gen}, EA(gen)$

1：　**If**(random$[0,1] \leqslant APr$) **then** //遗传操作
2：　　　令 $u \neq v := $ random$[1,T]$ ；//随机选择两个邻居个体
3：　　　对 $\pi_{B_{\xi,u}}^{gen}$ and $\pi_{B_{\xi,v}}^{gen}$ 执行交叉操作生成 ϖ ；
4：　　执行变异操作对 ϖ 进行扰动；
5：　**Else**//反馈机制
6：　　　令 $u := random[1,T]$ ；//随机选择一个邻居个体
7：　　从 $EA(gen)$ 中随机选择 β ；
8：　　**For** $i := 1$ **to** F **do**
9：　　　　**If** ($random[0,1] \leqslant 0.5$) **then**
10：　　　令 ϖ (i) $:= \beta(i)$ ；
11：　　　**Else**
12：　　　令 ϖ (i) $:= \pi_{B_{\xi,u}}^{gen}(i)$ ；
13：　　　**End If Else**
14：　　**End For**
15：　**End If Else**

输出：ϖ

如算法 7 – 5 所示，**Else** 的循环(第 5 行至第 15 行)中包含了一个反馈机制，如果当前的子问题不满足概率条件，可以从外部存档或当前的子问题中生成新的解。

▶ 第四节　基于随机算例的仿真计算实验与数值分析

一、实验设计

由于目前没有本章所考虑的 MO_PLAP 的 benchmark 算例，本节使用基于随机生成的算例对 PG-MOEA/D 的性能进行测试。随机生成包含不同的

$F \times S$ 组合的 4 个测试算例集，即 60×10（RS_1），120×20（RS_2），240×40（RS_3）和 360×60（RS_4），用于生成算例。对于每种组合，随机独立生成 5 个不同的算例，即 RS_1_01，$\cdots$，RS_1_05，$\cdots$，RS_4_01，$\cdots$，RS_4_05。这些算例的生成规则如下：（1）由于在实际中通常使用两种类型的快递柜，将快递柜的类型数设置为 2，包括用于普通产品配送的常温柜（类型 1）和用于生鲜类产品配送的冷柜（类型 0）；（2）对于任意 $F \times S$ 组合的算例，将 F 的前半部分的类型设为 1（即常温柜），其余的类型设为 0（即冷柜）；（3）类型 1 和类型 0 的快递柜的基本单元格数量 $b_1 \in U[50,70]$，$b_0 \in U[15,20]$；（4）类型 1 和类型 0 的快递柜的额定功率 $P_1(t) \in U[180,360]$，$P_0(t) \in U[950,1300]$；（5）以概率值为 0.99 的概率随机生成每个快递柜可以分配到相应站点的分配约束；（6）类型 1 和类型 0 的快递的每单元格采购成本 $g_1 \in U[200,300]$，$g_0 \in U[600,800]$；（7）每个站点的快递柜每单元格租金 $h_j \in U[125,180]$；（8）每个站点类型 1 和类型 0 的快速柜单元格初始投放量 $d_{j1} \in U[100,200]$，$d_{j0} \in U[10,50]$；（9）每个站点类型 1 和类型 0 的快递柜的单元格的需求量 $D_{j1} \in U[0,300]$，$D_{j0} \in U[0,80]$。

所有算法均使用 Microsoft Visual Studio 2008（C++语言）编程实现，实验硬件环境为 Core i5 3.3 GHz，RAM 4 GB；软件环境为 Windows 7。所有的算法均独立重复运行 21 次，采用世代距离（GD）、多样性指标（Δ）和支配性指标（Ω）作为评价指标，用于衡量算法的性能。为了进一步表明算法的三个指标下的情况，使用了最好值（Best）、均值（Mean）和方差（SD）3 个统计量。此外，还报道了每种算法在 Best、Mean 和 SD 上获得的具有最好质量的解的个数（number of the best solutions，NB）。

二、参数设置

PG-MOEA/D 一共包括三个算法参数，即种群规模 N、最近的权重向量个数 T、和分配概率 APr。为了获得这些参数的较好的组合，采用著名的实验设计（DOE）（Montgomery et al.，2000）方法对参数进行设置。基于三因素和四水平规模为 $L_{16}(4^3)$ 的正交试验进行了分析方差分析（ANOVA）。

每个参数组合独立运行 21 次，算法停止条件为 $genmax = 5000$，使用每种参数组合的支配性指标的均值（即 $\bar{\Omega}$）作为响应值。正交表和评价指标的值如表 7 – 1 所示。基于表 7 – 1 的结果，ANOVA 结果如表 7 – 2 所示。各参数的响应值的变化趋势如图 7 – 5 所示。

表 7 –1　　　　　　　　　　　　正交表和响应值

No.	参数组合			响应值（$\bar{\Omega}$）			
	N	T	APr	RS_1	RS_2	RS_3	RS_4
1	200	10	0.55	0.522	0.191	0.257	0.222
2	100	15	0.35	0.239	0.019	0.049	0.077
3	150	20	0.55	0.457	0.108	0.091	0.039
4	50	15	0.55	0.138	0.004	0.014	0.000
5	100	20	0.15	0.147	0.045	0.036	0.072
6	200	20	0.35	0.505	0.172	0.090	0.171
7	50	20	0.75	0.062	0.005	0.029	0.000
8	150	25	0.15	0.232	0.127	0.149	0.159
9	150	10	0.35	0.431	0.096	0.165	0.063
10	50	10	0.15	0.192	0.003	0.001	0.000
11	200	15	0.15	0.487	0.117	0.135	0.060
12	100	25	0.55	0.167	0.027	0.017	0.046
13	100	10	0.75	0.155	0.039	0.103	0.054
14	50	25	0.35	0.171	0.020	0.009	0.036
15	150	15	0.75	0.427	0.084	0.082	0.067
16	200	25	0.75	0.530	0.230	0.097	0.172

表 7 – 2　　　　　　　　　　　　ANOVA 结果

算例集	N		T		APr	
	F 值	p 值	F 值	p 值	F 值	p 值
RS_1（1）	25.052	0.001	0.477	0.710	0.817	0.530
RS_2（1）	39.893	0.000	2.341	0.173	0.354	0.789
RS_3（1）	6.392	0.027	1.833	0.242	0.112	0.950
RS_4（1）	5.050	0.044	0.664	0.604	0.057	0.980

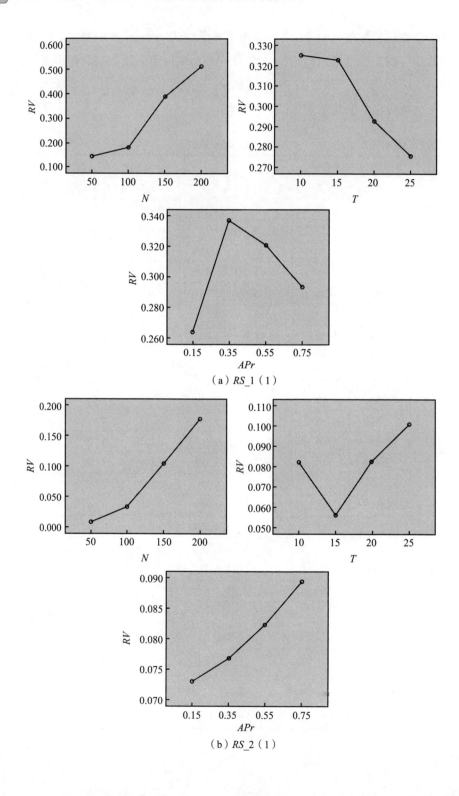

（a）RS_1（1）

（b）RS_2（1）

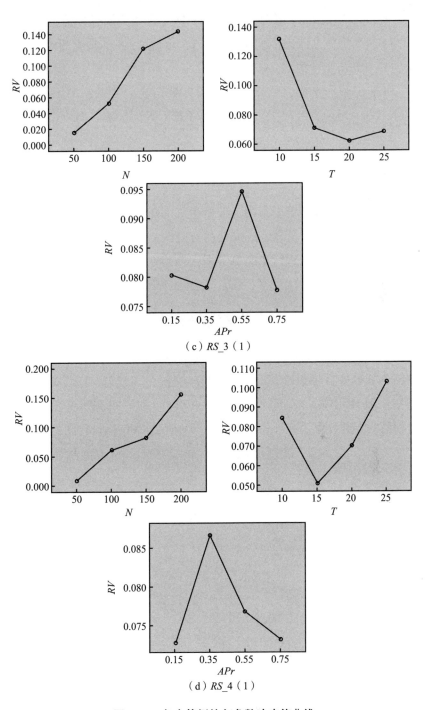

（c）RS_3（1）

（d）RS_4（1）

图 7-5 每个算例的各参数响应值曲线

由表7-1和图7-5可知，PG-MOEA/D对 N 最为敏感。当 N 取值过小时，PG-MOEA/D无法找到足够多的解，当 N 取值过大时，搜索的效率会显著降低。PG-MOEA/D对 T 和 Apr 的敏感性较低，表明PG-MOEA/D具有鲁棒性。因此，对于每个测试集，$N-T-Apr$ 的参数组合分别为：$200-10-0.35$（RS_1）、$200-25-0.75$（RS_2）、$200-10-0.55$（RS_3）、$200-25-0.35$（RS_4）。

三、数值分析

本节中，首先基于第七章第五节所生成的随机算例进行计算实验和比较以验证PG-MOEA/D及其组成成分的有效性；其次以一个实际的快递柜采购和分配问题为背景进行了案例分析，以验证所提出的模型和算法的有效性和实际应用价值。

（一）PG-MOEA/D 与其他算法比较分析

在本节中，首先，将PG-MOEA/D与MOGLS和MOEA/D这两种被广泛应用于求解多目标组合优化问题的算法进行了比较。在比较中，对于MOEA/D和MOGLS，采用了与张和李（2008）和贾斯基维茨（2000）研究中相同的参数设置。此外，所有比较算法都以CPU运行时间作为停止条件，如图7-6所示。三个评价指标的比较结果如表7-3至表7-5所示。

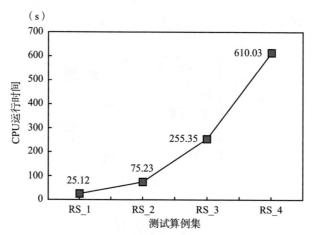

图7-6　每个测试算例集的平均 CPU 运行时间

表 7-3　PG-MOEA/D、MOGLS、NSGAII 和 MOEA/D 关于 GD 的比较结果

算例	MOGLS			NSGAII			MOEA/D			PG-MOEA/D		
	Best	Mean	SD	Best	Mean	SD	Best	Mean	SD	Best	Mean	SD
RS_1_01	4841.92	23697.76	10656.81	1.03	51.09	76.84	4.08	20.57	9.62	**0.00**	**1.87**	2.52
RS_1_02	8720.04	38116.14	14687.58	4.80	40.64	21.47	5.49	37.60	25.31	**0.00**	**8.05**	10.94
RS_1_03	44388.00	100275.38	23117.04	3.15	56.45	112.67	1.63	6.95	3.20	**0.00**	**0.87**	1.29
RS_1_04	40394.11	80683.92	20395.91	0.57	3055.05	4191.79	7.46	3748.93	4404.53	**0.00**	**5.58**	15.83
RS_1_05	47139.04	78686.70	13937.09	0.58	2678.04	4989.89	5.34	5942.97	6344.96	**0.00**	**94.76**	173.32
RS_2_01	325884.77	438084.78	38092.64	**0.00**	3125.22	5119.84	5.63	2161.71	3843.21	**0.00**	**1671.09**	3433.68
RS_2_02	444230.85	502010.21	28233.58	72.84	447.22	1514.07	**19.65**	45.93	16.93	20.63	**43.25**	16.91
RS_2_03	270526.88	320171.40	26635.93	163.91	3903.78	5041.73	7.34	1216.70	2750.97	**0.00**	**30.06**	21.96
RS_2_04	213625.51	256797.70	29675.46	**0.00**	2999.34	5545.94	14.80	7170.67	6953.59	**0.00**	**1981.92**	4893.42
RS_2_05	286271.77	335708.61	22388.39	366.87	4769.01	6352.89	**0.00**	1842.25	2934.42	**0.00**	**1258.20**	2416.16
RS_3_01	843006.09	904292.66	33038.92	988.09	16207.21	10224.94	34.89	252.47	379.41	**4.99**	**127.53**	66.35
RS_3_02	763961.30	827798.54	32463.75	698.11	5419.46	5672.90	14.76	3075.53	4395.19	**0.00**	**115.34**	89.76
RS_3_03	806902.56	902951.95	36641.26	1360.86	14885.27	10544.98	19.86	650.14	1971.77	**0.00**	**149.38**	90.93
RS_3_04	949997.38	992646.63	30020.15	660.72	8940.59	8305.79	5.15	1896.70	3625.36	**0.00**	**103.93**	78.97
RS_3_05	884372.12	953820.12	33904.46	7945.00	26871.32	13659.71	**0.00**	5223.57	5841.18	**0.00**	**1231.85**	2888.90
RS_4_01	1512244.41	1609765.62	39042.53	3737.52	19333.02	12142.85	**0.00**	4693.39	5708.92	**0.00**	**2935.03**	5437.40
RS_4_02	1287194.65	1366491.48	52985.18	2651.50	23905.41	17143.73	1.09	2755.29	4245.96	**0.00**	**369.56**	1103.20
RS_4_03	1292809.17	1392506.61	34496.15	3632.46	27362.94	10923.73	**0.00**	4297.15	4735.62	**0.00**	**178.61**	220.59
RS_4_04	1265394.62	1384936.26	56279.07	407.12	47225.22	29910.69	**0.00**	7851.60	9471.04	**0.00**	**1092.31**	2692.62
RS_4_05	1556094.71	1647301.71	35595.60	15296.35	55860.43	27031.63	**0.00**	7852.12	9128.68	**0.00**	**2514.56**	6679.49
NB	0	0	—	2	0	—	7	0	0	**19**	**20**	—

表 7 –4　　　　　PG-MOEA/D、MOGLS、NSGAII 和 MOEA/D
关于 Δ 的比较结果

Ins.	MOGLS			NSGAII			MOEA/D			PG-MOEA/D		
	Best	Mean	SD	Best	Mean	SD	Best	Mean	SD	Best	Mean	SD
RS_1_01	**0. 64**	0. 91	0. 07	0. 67	0. 71	0. 02	0. 67	0. 70	0. 01	0. 69	**0. 70**	0. 01
RS_1_02	0. 69	0. 92	0. 09	0. 54	0. 60	0. 03	0. 51	0. 61	0. 03	**0. 50**	**0. 58**	0. 03
RS_1_03	0. 74	0. 92	0. 07	**0. 71**	**0. 78**	0. 03	0. 75	**0. 78**	0. 02	0. 76	**0. 78**	0. 01
RS_1_04	0. 82	0. 94	0. 05	0. 71	0. 82	0. 08	**0. 69**	0. 83	0. 08	0. 71	**0. 78**	0. 05
RS_1_05	0. 87	0. 94	0. 04	0. 71	0. 83	0. 05	0. 77	0. 83	0. 04	**0. 68**	**0. 82**	0. 03
RS_2_01	0. 92	0. 97	0. 02	**0. 41**	**0. 53**	0. 10	0. 64	0. 72	0. 05	0. 63	0. 72	0. 05
RS_2_02	0. 92	0. 97	0. 02	**0. 50**	**0. 58**	0. 04	0. 78	0. 82	0. 02	0. 78	0. 83	0. 04
RS_2_03	0. 91	0. 96	0. 05	**0. 51**	**0. 64**	0. 08	0. 70	0. 79	0. 05	0. 65	0. 75	0. 05
RS_2_04	0. 90	0. 96	0. 05	**0. 54**	**0. 65**	0. 07	0. 75	0. 85	0. 04	0. 73	0. 82	0. 04
RS_2_05	0. 91	0. 95	0. 05	**0. 49**	**0. 68**	0. 11	0. 75	0. 80	0. 05	0. 66	0. 79	0. 05
RS_3_01	0. 94	0. 94	0. 02	0. 62	0. 69	0. 07	0. 60	0. 69	0. 05	**0. 58**	**0. 63**	0. 04
RS_3_02	0. 96	0. 98	0. 01	0. 65	0. 72	0. 11	0. 67	0. 78	0. 06	**0. 49**	**0. 66**	0. 04
RS_3_03	0. 93	0. 98	0. 01	0. 64	0. 75	0. 07	**0. 63**	0. 74	0. 06	0. 64	**0. 72**	0. 05
RS_3_04	0. 94	0. 98	0. 01	**0. 52**	**0. 68**	0. 07	0. 61	0. 74	0. 07	0. 56	0. 70	0. 07
RS_3_05	0. 93	0. 96	0. 01	0. 64	0. 77	0. 07	0. 70	0. 83	0. 10	**0. 62**	**0. 76**	0. 07
RS_4_01	0. 98	0. 99	0. 01	**0. 53**	0. 77	0. 09	0. 61	0. 77	0. 07	0. 66	**0. 75**	0. 04
RS_4_02	0. 97	0. 99	0. 01	**0. 54**	0. 78	0. 11	0. 64	0. 78	0. 07	0. 66	**0. 77**	0. 05
RS_4_03	0. 97	0. 99	0. 01	0. 69	**0. 77**	0. 06	**0. 65**	**0. 77**	0. 06	0. 72	**0. 77**	0. 02
RS_4_04	0. 97	0. 99	0. 01	0. 56	0. 84	0. 10	0. 61	0. 83	0. 11	**0. 54**	**0. 74**	0. 08
RS_4_05	0. 97	0. 99	0. 01	0. 78	0. 87	0. 05	0. 58	**0. 76**	0. 10	**0. 54**	**0. 76**	0. 11
NB	1	0	—	9	8	—	3	4	—	7	14	—

表 7 –5　　　　PG-MOEA/D、MOGLS、NSGAII 和 MOEA/D
关于 Ω 的比较结果

算例	MOGLS			NSGAII			MOEA/D			PG-MOEA/D		
	Best	Mean	SD	Best	Mean	SD	Best	Mean	SD	Best	Mean	SD
RS_1_01	0. 00	0. 00	0. 00	0. 85	0. 24	0. 23	0. 64	0. 23	0. 19	**0. 99**	**0. 84**	0. 14
RS_1_02	0. 00	0. 00	0. 00	0. 67	0. 08	0. 15	0. 79	0. 37	0. 24	**1. 00**	**0. 74**	0. 26
RS_1_03	0. 00	0. 00	0. 00	0. 95	0. 26	0. 32	0. 96	0. 79	0. 10	**1. 00**	**0. 98**	0. 03
RS_1_04	0. 00	0. 00	0. 00	0. 94	0. 24	0. 37	0. 78	0. 29	0. 30	**1. 00**	**0. 98**	0. 02
RS_1_05	0. 00	0. 00	0. 00	0. 68	0. 21	0. 25	0. 91	0. 37	0. 37	**1. 00**	**0. 83**	0. 23
RS_2_01	0. 00	0. 00	0. 00	**1. 00**	0. 22	0. 29	0. 95	0. 44	0. 35	0. 98	**0. 48**	0. 35
RS_2_02	0. 00	0. 00	0. 00	0. 39	0. 26	0. 09	0. 77	**0. 50**	0. 16	**0. 78**	0. 48	0. 16

续表

算例	MOGLS			NSGAII			MOEA/D			PG-MOEA/D		
	Best	Mean	SD	Best	Mean	SD	Best	Mean	SD	Best	Mean	SD
RS_2_03	0.00	0.00	0.00	0.38	0.08	0.11	0.86	0.36	0.26	**0.99**	**0.67**	0.23
RS_2_04	0.00	0.00	0.00	0.99	0.21	0.22	0.93	0.23	0.31	**1.00**	**0.68**	0.34
RS_2_05	0.00	0.00	0.00	0.38	0.16	0.15	**1.00**	0.44	0.40	**1.00**	**0.56**	0.41
RS_3_01	0.00	0.00	0.00	0.35	0.04	0.10	0.81	0.53	0.19	**0.98**	**0.57**	0.19
RS_3_02	0.00	0.00	0.00	0.24	0.05	0.08	0.86	0.52	0.38	**1.00**	**0.57**	0.31
RS_3_03	0.00	0.00	0.00	0.09	0.01	0.02	0.88	0.52	0.26	**0.99**	**0.59**	0.22
RS_3_04	0.00	0.00	0.00	0.26	0.03	0.08	0.95	0.54	0.39	**0.99**	**0.55**	0.34
RS_3_05	0.00	0.00	0.00	0.02	0.00	0.02	0.99	0.39	0.41	**1.00**	**0.66**	0.40
RS_4_01	0.00	0.00	0.00	0.37	0.04	0.10	0.99	0.42	0.44	**1.00**	**0.62**	0.46
RS_4_02	0.00	0.00	0.00	0.13	0.01	0.03	0.98	0.51	0.36	**0.99**	**0.59**	0.36
RS_4_03	0.00	0.00	0.00	0.04	0.00	0.01	**1.00**	0.42	0.41	**1.00**	**0.65**	0.40
RS_4_04	0.00	0.00	0.00	0.83	0.04	0.18	**1.00**	0.35	0.38	**1.00**	**0.71**	0.42
RS_4_05	0.00	0.00	0.00	0.00	0.00	0.00	**1.00**	0.39	0.41	**1.00**	**0.67**	0.39
NB	0	0	—	1	0	—	4	1	—	19	19	—

由表 7 – 3 至表 7 – 5 可知，PG-MOEA/D 在大多数情况下能获得最小的 GD 和 Δ 值，以及最大的 Ω 值，说明 PG-MOEA/D 在收敛性、多样性和支配性方面均占优于其他三种对比算法。此外，PG-MOEA/D 算法的求解质量明显优于 MOEA/D 算法，表明 PG-MOEA/D 算法能够在迭代过程中较好地平衡计算资源，并在迭代过程中探索更好的搜索区域，验证了所提出的概率引导的计算资源分配策略的有效性。此外，PG-MOEA/D 在 GD、Δ 和 Ω 三个评价指标上，关于 Best 和 Mean 统计量的 NB 的总数分别为 45（ = 19 + 7 + 19）和 54（ = 20 + 14 + 20），MOGLS 所获得的 NB 的总数分别为 1（ = 0 + 1 + 0）和 0（ = 0 + 0 + 0），NSGAII 所获得的 NB 的总数分别为 12（ = 2 + 9 + 1）和 8（ = 0 + 8 + 0），MOEA/D 所获得的 NB 的总数分别为 16（ = 7 + 5 + 4）和 8（ = 0 + 4 + 1）。因此，PG-MOEA/D 获得的 NB 总数均大于其他三种对比算法所获得的 NB 总数，说明了 PG-MOEA/D 所获得的解在质量和数量上均有较好的表现。

为了进一步观察 PG-MOEA/D 的性能，基于四个算例，即 RS_1_04、RS_2_04、RS_3_04 和 RS_4_04，给出了三个评价指标的 95% 置信区间下的比较结果，如图 7 – 7 所示。

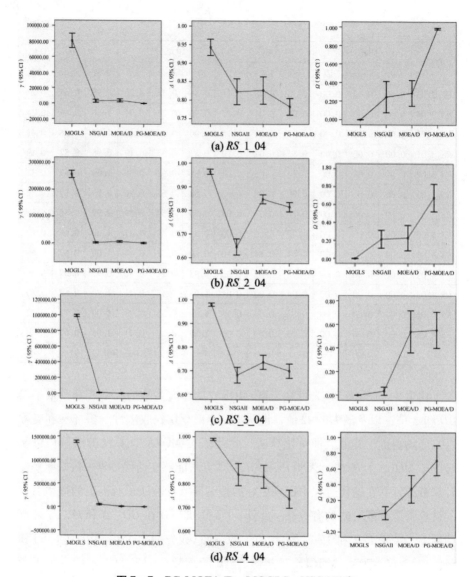

(a) *RS_1_04*

(b) *RS_2_04*

(c) *RS_3_04*

(d) *RS_4_04*

图 7 - 7 **PG-MOEA/D、MOGLS、NSGAII 和**
MOEA/D 的 95% 置信区间的比较结果

由图 7 - 7 可知，PG-MOEA/D 在有效性和鲁棒性方面均显著占优于其他三种对比算法。然而，由表 7 - 4 和图 7 - 7 可以看出，与 NSGAII 相比，*RS_2* 的多样性指标 Δ 上的表现稍差。因此，针对 *RS_2*，对 PG-MOEA/D 和 NSGAII 所获得的近似帕累托前沿进行观察，如图 7 - 8 所示。显然，PG-MOEA/D 的多样性在实际应用中是可以接受的。

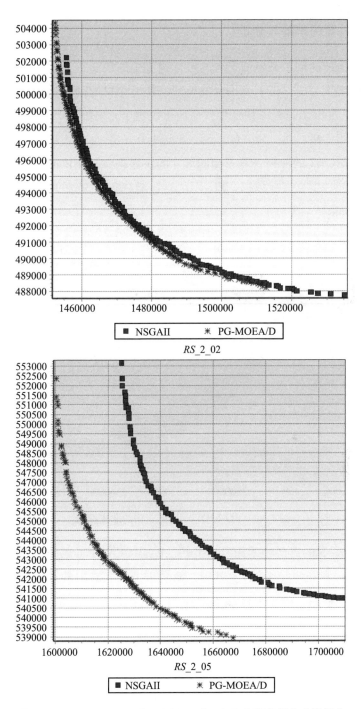

图 7 - 8　**PG-MOEA/D 和 NSGAII 在 *RS_2* 上所获得非支配解集**

（二）案例求解与分析

以前面的沈阳市某电商平台的自营物流中的快递柜采购和分配问题为背景进行案例分析。该电商平台拟从三家快递柜供应商处进行采购，分别为 S1、S2 和 S3。这三家快递柜供应商可提供单元格数为 16、20、24、28、32、36、40、44、48、56、60、68、80、120 的普通柜和单元格数为 16、20、24、28、32 的冷柜。对于相同尺寸的快递柜，三家供应商的价格和额定功率不同。根据实际数据，PG-MOEA/D 能在 218.36 秒内获得 125 个非支配解，如图 7 – 9 所示。

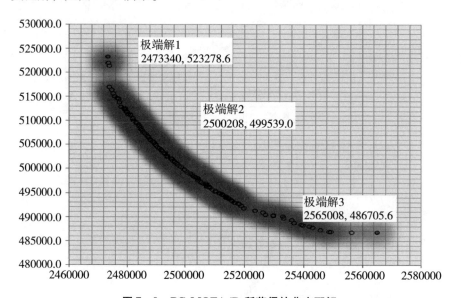

图 7 – 9　PG-MOEA/D 所获得的非支配解

由图 7 – 9 的近似帕累托前沿可知，PG-MOEA/D 可以同时最小化总成本（横轴）和能耗（纵轴）。其中，第一个极端点对应的总成本最低，但总能源消耗最高；第三个极端点对应的总成本最高，但总能源消耗最低。因此，如果期望成本最低，应采用第一个极端点对应的解，如果更倾向于降低总能源消耗，则应该采用第三个极端点对应的解。此外，由图 7 – 9 可知，可以在总成本变化较小的前提下减少能耗。虽然节约总成本似乎总是以增加总能源消耗为代价，但 PG-MOEA/D 所获得的解可以找到两者之间的合理的折中。例如，第二个极端点的成本为 2500208，高于第一个极端点的成本（2473340），然而，第二个极端点的能耗为499539.0，远低于第一个极端点的能耗（523278.6）。目前，该电商平台采用基于管理者经验的人工决策方法对快递柜的采购和分配进行决策。为了进一步验证所提出的模型和算法的有效性，将 PG-MOEA/D 与管理者提供的解进行比较。该平台通常使用单元格数为32的常温柜和单元格数为16的冷柜，三种不同偏好情形下的购买计划如下。

情形1：决策者期望总成本最低，所有快递柜都从价格最低的供应商2处进行采购；

情形2：决策者期望总能耗最低，所有快递柜都从额定功率最低的供应商3处进行采购；

情形3：决策者期望提高采购渠道的多样性，将从三家快递柜供应商处各采购快递柜总需求的1/3。

PG-MOEA/D 与人工决策方法的比较结果如表 7－6 所示。PG-MOEA/D 获得的解可以支配基于管理者经验的方法所获得的解，说明 PG-MOEA/D 可以提供更加柔性和质量更高的解。例如，在三种情形下，情形1的成本最低（3131968），但远远高于 PG-MOEA/D 所获得的解的最高成本（2565007）。此外，在189个候选快递柜中，许多快递柜没有加入采购计划，这表明 PG-MOEA/D 可以为决策者提供有效的快递柜采购方案。

表 7－6　　　　　　　　　与基于经验的方法比较结果

方法		f_1	f_2	采购的快递柜数量
PG-MOEA/D	极端解 1	2473340	523278.6	105
	极端解 2	2500208	499539.0	105
	极端解 3	2565008	486705.6	104
基于经验的方法	情形 1	3131968	851472	189
	情形 2	3469504	648064.8	189
	情形 3	3284976	747534.6	189

如上所述，对于相同尺寸的快递柜，三家快递柜供应商的快递柜的价格和功率不同。为了观察采购的快递柜的组成，根据 PG-MOEA/D 得到的

非支配解,计算来自不同供应商和不同尺寸的快递柜所占比例,如图 7 - 10 至图 7 - 12 所示。

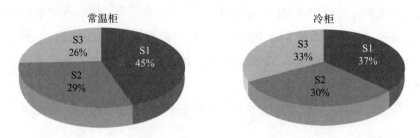

图 7 - 10   从不同供应商处采购的快递柜的百分比

由图 7 - 10 可知,从供应商 1 处购买的快递柜数量最多,其中,常温柜和冷柜分别占总采购量的 45% 和 37%,而从供应商 2 处购买的两种快递柜数量最少。说明该平台应与供应商 1 保持稳定的合作关系。此外,还可以发现,与单一供应商采购渠道相比,多供应商策略更有利于实现该平台的整体效益。由图 7 - 11 和图 7 - 12 可知,在常温柜和冷柜的采购计划中,涵盖了所有不同尺寸的快递柜,即对单元格数为 16 - 120 的常温柜和单元格数为 16 - 32 的冷柜均进行了采购,但两种类型的快递柜中,不同尺寸的快递柜的采购数量不同,这表明,采购不同尺寸的快递柜有助于平台降低成本和能耗,进一步验证了所提供的采购方案的有效性。

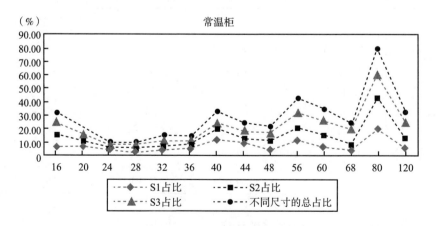

图 7 - 11   不同尺寸常温柜的百分比

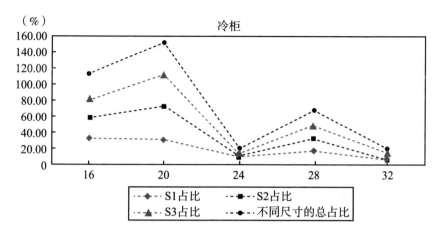

图 7-12　不同尺寸冷柜的百分比

第八章

考虑客户可到达性快递柜网络设计的主动学习帕累托进化算法

▶ 第一节　快递柜网络设计构建

快递配送作为城市"最后一公里"物流的重要组成部分，随着电子商务的快速发展，其面临的挑战也越来越大。为了提高城市"最后一公里"物流的效率，快递柜作为一种新型的快递投递方式被广泛采用。受现实生活中城市"最后一公里"物流网络设计问题的启发，提出了一个多目标快递柜网络设计问题（multi-objective parcel locker network design problem，MOPLNDP）。不同于以往物流系统中的网络设计问题，MOPLNDP 以优化网络的总成本和客户可到达性为最终目标。首先，建立了基于特定问题特征的 MOPLNDP 数学模型，并且提出了相关启发式。其次，为了求解 MOPLNDP，提出了一种主动学习的帕累托进化算法（active-learning pareto evolutionary algorithm，ALPEA）。ALPEA 依赖于一种精英非支配排序方法和一种新颖的主动学习改进机制，前者可以发现有较好解的搜索区域，后者可以在给定的搜索区域中集中地找到高质量的解。最后，公布了基于 70 个不同规模的随机算例的实验结果，并进行了实际案例分析，获得了有价值的数值结果和管理启示。

随着物联网、云计算和大数据的发展，消费者对电子商务（B2C）的需求快速增长（Li et al.，2019）。市场的快速发展带来了快递需求量的剧增。城市"最后一公里"配送（urban last-mile delivery，ULMD）是将产品运输到客户的最后一个环节，已经成为 B2C 物流中最大的挑战之一（Devari et al.，2017）。对物流公司来说，ULMD 相关成本在快递行业总成本中高达约28%，使 ULMD 仍然是一个昂贵而复杂的过程（Kitjacharoenchai et al.，2020）。另外，一些棘手的情况，如客户不在家，客户没有在约定的交付时间内碰面，以及客户地址难以找到，通常会导致交付失败和额外的配送行程。对于物流供应商而言，在 ULMD 中开发合适的交付模式可有利于提高交付效率，从而提高客户满意度和企业竞争力。

鉴于上述事实，快递柜作为一种24/7无人值守型设施，被广泛应用于 ULMD 中。快递柜可以智能地记录、存储和检索包裹（Faug'ere and Montreuil，2020；Stanisław et al.，2016）。快递柜的使用已经受到了越来越多的关注（Enthoven et al.，2020；Ulmer and Streng，2019）。快递柜的主要优点在于对客户来说具有灵活性和高效率（Boyer et al.，2005）。特别地，在客户和快递员之间没有"面对面"的接触，有利于保护客户的隐私（Lachapelle et al.，2018）。倘若在 ULMD 中采用快递柜，那么快递柜网络设计是首要关注的问题，不仅与运营成本有关，而且对客户的可到达性具有重要影响。然而，当前考虑系统固有特征的快递柜网络设计研究工作相对来说还非常有限。因此，研究快递柜网络设计的建模和求解方法非常必要。

研究了多目标快递柜网络设计问题（MOPLNDP），该问题源于现实背景。在过去几年中，作者拜访了在 ULMD 过程中，提供快递柜服务的几家物流公司和电子商务平台。特别是，在中国沈阳，开展了为电子商务平台进行快递柜网络设计的实际项目。如图 8 – 1 所示，该平台有两类产品，分别是一般产品（如服装、玩具和化妆品）和生鲜产品（如冻肉、海鲜和蔬菜）。与一般产品不同，新鲜产品必须在冷冻条件下储存。因此，该平台采用普通柜和冷藏柜两种快递柜，并将其视为不同的服务级别。

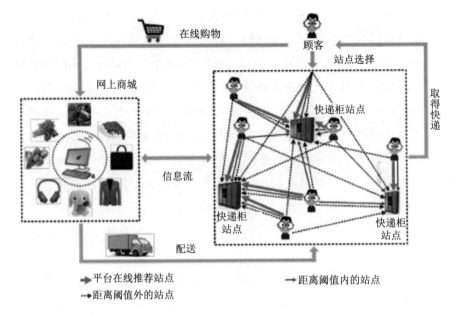

图 8 - 1　快递柜网络

　　在合作平台中，客户首先填写地址，然后构建所有快递柜站的默认列表（如站点 A 至站点 Z），如图 8 - 2 所示。同时，根据算法运行的结果和决策者的偏好，推荐默认列表中的一个站点（如 A 站）。由于客户通常更喜欢更近的快递柜站（Deutsch and Golany，2017；Refaningati et al.，2020；Wang et al.，2017）推荐的站点必须在可接受的距离阈值内。然而，客户也可能更喜欢不在距离阈值内的快递柜站点（Gul et al.，2014；Oliveira et al.，2019；Rusme et al.，2010）。例如，客户偏向于选择工作地

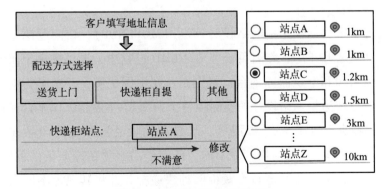

图 8 - 2　快递柜站点推荐示意

点附近的快递柜站点，而不是居住地附近的快递柜站点。在这种情况下，如果站点 A 不是首选站点，客户可以手动将其修改另外一个站点作为首选站点（如站点 C）。这一事实促使最大限度地提高客户对快递柜站的可到达性，从而提高客户满意度和快递柜的使用率。

除上述的可到达性目标外，MOPLNDP 还考虑了降低总成本，包括快递柜站点的开放成本和快递柜的采购成本。实际上，设置更多的储物柜单元和快递柜站点可以提高客户可到达性，但也使总成本更高，因此适当数量的快递柜单元格和快递柜站有利于改善整个网络（Lin et al.，2020b）。因此，MOPLNDP 的两个目标之间相互冲突，传统的加权平均和方法无法实现对两个目标的同时优化。其中，首先构建了 MOPLNDP 的多目标数学模型；其次为了适当的权衡两个目标，基于多目标优化的思想解决该问题。据目前所知，研究 ULMD 中的可到达性的研究工作相对较少。特别是，目前在快递柜网络设计领域已经发表的研究中，没有考虑网络的总成本和客户的可到达性。

MOPLNDP 涉及选取快递柜站点的位置、向客户推荐快递柜站点以及确定快递柜单元格的数量。因此，MOPLNDP 与传统的容量限制设施选址问题（capacitated facility location problem，CFL）或其变种具有相同特点（Arulselvan et al.，2019；Halper et al.，2015；Melkote et al.，2001；Saif and Delage，2021；Sun，2012）。它们都包括选址、分配和容量规划。由于 CFLP 问题是 NP 难问题，显然 MOPLNDP 也是 NP 难问题。CFLP 和 MOPLNDP 之间的差异总结如下：CFLP 通常被构建为单目标模型，最小化固定开放成本和从开放设施到客户的分配成本。而 MOPLNDP 具有多个优化目标，最小化固定设施开放成本和快递柜购买成本，最大化客户的可到达性。此外，在 MOPLNDP 中，考虑了每个开放站点的设施数量，并且每个站点根据实际应用具有无限容量，这与 CFLP 的明显不同。这些差异使 CFLP 的求解方法不适用于解决 MOPLNDP。

由于 MOPLNDP 的 NP 难特性，多目标进化算法（multi-objective evolutionary algorithm，MOEA）可以在可接受的运行时间内获得一组高质量的非支配解，是一种有效的求解方法。这是因为，对于多目标优化问题，只有一组非支配解才能为决策者提供有价值的信息（Luo et al.，2019）。

近年来，机器学习已经成功地用于改进进化算法，这促使引入有效的机器学习机制，提出改进 MOEA。其中，首先分析了解的特性，并提出启发式；其次引入一个主动学习的 Pareto 进化算法（ALPEA）来解决 MOPLNDP。由于考虑了解的性质和主动学习机制，ALPEA 不同于以往的 MOEA。

▶ 第二节　MOPLNDP 模型构建

在介绍模型的假设、参数和决策变量之后，我们构建 MOPLNDP 的多目标数学模型。

本章包括以下基本假设：

（1）每个单元格一次只能存放一个客户订单的产品，即不同订单的包裹即使属于同一个客户，地址相同，也需要存放在不同的单元格中；

（2）不考虑其他配送方式对快递柜的需求及使用率带来的影响；

（3）每个站点上容纳快递柜的能力没有上限，这是由于站点在地理空间上分布比较分散，每个站点上的快递柜的投放位置往往在空间分布上聚集在一个确定的中心的周围；

（4）假设组成快递柜的单元格的尺寸对客户使用率不产生任何影响，均能满足客户的存放需求；

（5）客户没有取货时间限制，不考虑延迟取货。这也是电子商务平台为了提高客户满意度广泛采用的策略。

（一）模型参数如下

I：快递柜站点候选位置（以下简称为节点）的集合，也表示该集合的势；

K：电子商务平台所提供的服务层次的集合，也表示该集合的势；

H_i：在节点 i 开放快递柜站点的固定费用，$i \in I$；

ρ_{ik}：针对节点 i 的第 k 服务层次的产品，在满足可推荐客户的基本需求的基础上增加快递柜投放量的扩大系数，$i \in I, k \in K$；

P_i：节点 i 的潜在客户数，定义为在该节点附近长期居住或工作的人口数量，$i \in I$；

r_{ik}：节点 i 上客户的第 k 服务层次的产品的需求率，$i \in I$，$k \in K$；

d_{ij}：节点 i 和节点 j 之间的距离，且当 $i = j$ 时，$d_{ij} = 0$，$i, j \in I$；

e_k：服务层次 k 上的快递柜单位购买成本，$k \in K$；

q_i：节点 i 上的客户的取货率，$i \in I$；

ε：客户最大可接受取货距离的阈值；

W_{ik}：如果节点 i 开放，节点 i 上关于服务层次 k 的期望服务能力，$i \in I$，$k \in K$。

（二）决策变量如下

$$x_i = \begin{cases} 1, & \text{如果开放节点 } i \text{ 作为快递柜站点} \\ 0, & \text{否则} \end{cases};$$

$$y_{ijk} = \begin{cases} 1, & \text{如果在服务层次 } k \text{ 上将节点 } i \text{ 的站点推荐节点 } j \text{ 的客户} \\ 0, & \text{否则} \end{cases};$$

$$z_{ij} = \begin{cases} 1, & \text{如果节点 } j \text{ 到一个开放快递柜站点的节点 } i \text{ 的距离大于 } \varepsilon \\ 0, & \text{否则} \end{cases};$$

u_{ik}：位置 i 上服务层次 k 的快递柜的单元格数。

基于上述符号，构建 MOPLNDP 的数学模型如下：

$$\min f_1 = \sum_{i \in I} H_i x_i + \sum_{i \in I} \sum_{k \in K} e_k u_{ik} \tag{8-1}$$

$$\max f_2 = \sum_{j \in I} \sum_{i \in I} \sum_{k \in K} \left(\frac{u_{ik} \cdot f(d_{ij})}{W_{ik}} \right) \tag{8-2}$$

s. t.

$$y_{ijk} \leqslant x_i, \ \forall i, j \in I, k \in K \tag{8-3}$$

$$y_{ijk} \leqslant 1 - z_{ij}, \ \forall i, j \in I, k \in K \tag{8-4}$$

$$\sum_{i \in I} y_{ijk} = 1, \ \forall j \in I, k \in K \tag{8-5}$$

$$y_{iik} = x_i, \ \forall i \in I, k \in K \tag{8-6}$$

$$u_{ik} \leqslant M x_i, \ \forall i \in I, k \in K \tag{8-7}$$

$$u_{ik} \geqslant \sum_{j \in I} \frac{r_{jk} P_j y_{ijk}}{q_j}, \ \forall i \in I, k \in K \tag{8-8}$$

$$u_{ik} \leqslant (1 + \rho_{ik}) \sum_{j \in I} \frac{r_{jk} P_j y_{ijk}}{q_j}, \forall i \in I, k \in K \qquad (8-9)$$

$$W_{ik} = \sum_{l \in I} \left(\frac{r_{lk} P_l}{q_l} \right) \cdot f(d_{il}), \forall i \in I, k \in K \qquad (8-10)$$

$$x_i \in \{0,1\}, \forall i \in I \qquad (8-11)$$

$$y_{ijk} \in \{0,1\}, \forall i,j \in I, k \in K \qquad (8-12)$$

$$z_{ij} \in \{0,1\}, \forall i,j \in I, i \neq j \qquad (8-13)$$

$$u_{ik} \in R^+, \forall i \in I, k \in K \qquad (8-14)$$

其中，式 (8-1) 和式 (8-2) 为目标函数，式 (8-1) 使包括快递柜站点的固定开放成本和快递柜购买成本的总成本最小化，式 (8-2) 使客户对快递柜站点的可到达性最大化；式 (8-3) 和式 (8-4) 确保只能将客户推荐给最大可结束取货阈值范围内且开放的位置；式 (8-5) 保证每个位置上的客户在每个服务层次上只能被推荐到唯一的开放站点；式 (8-6) 保证当某一位置上开放了快递柜站点时，则将该位置的客户推荐给该位置上的站点；式 (8-7) 确保快递柜只能投放在开放站点的位置上；式 (8-8) 保证每个快递柜站点上的单元格数能满足推荐给该站点的客户在每个服务层次上的需求；式 (8-9) 保证快递柜站点上的单元格数不超过根据系数 ρ_{ik} 计算所得的客户需求上限；式 (8-10) 每个站点在每个服务水平上的期望服务能力，需基于客户的需求和距离衰减函数进行计算〔见式 (8-15)〕。式 (8-11) 至式 (8-14) 为决策变量的取值范围。

在目标函数 (8-2) 和约束 (8-10) 中，$f(d_{il})$ 为用于计算顾客可到达性的距离衰减函数 (Liu et al., 2016; Wang and Tang, 2013)。中使用以下指数形式作为距离衰减函数：

$$f(d_{ij}) = \beta \cdot e^{-\alpha \cdot d_{ij}} \qquad (8-15)$$

其中，α 为距离摩擦系数，β 为调整系数。显然，α 的值越大，意味着客户更不愿意前往距离较远的站点取包裹，而更容易被距离较近的快递柜站点所吸引。

根据式 (8-7) 至式 (8-9)，可得：

$$\lim_{d_{ij} \to \varepsilon} \beta \cdot e^{-\alpha \cdot d_{ij}} \neq 0, \text{如果 } u_{ik} \neq 0 \qquad (8-16)$$

根据式（8-16），可以将模型中的目标函数（8-2）转化为最小化形式。为了不失一般性，在对模型进行求解时，将采用目标函数（8-2）的最小化形式，如下所示：

$$\min \tilde{f}_2 = 1 / \sum_{j \in I} \sum_{i \in I} \sum_{k \in K} \left(\frac{u_{ik} \cdot f(d_{ij})}{W_{ik}} \right) \tag{8-17}$$

▶ 第三节 基于问题特征的解的性质分析与启发式设计

一、引言

本节在给出解表达机制和 MOPLNDP 的解特性分析的基础上，设计 ALPEA 的特定问题启发式。这些启发式方法是第八章第四节中实现 ALPEA 的基础。

二、解的表达

根据 MOPLNDP 的解的结构，在 ALPEA 中使用了如下的集成的解的表达结构如下：

$$\boldsymbol{\pi} = \boldsymbol{\pi}(A(\boldsymbol{x}, \boldsymbol{y}), \boldsymbol{u}) \tag{8-18}$$

其中，$\boldsymbol{x} = [x_i]_{i \in I}, \boldsymbol{y} = [y_{ijk}]_{i,j \in I, k \in K}$ 和 $\boldsymbol{u} = [u_{ik}]_{i \in I, k \in K}$ 表示 MOPLNDP 的决策变量的向量（或矩阵）。特别地，引入了基于分组的向量 $A(\boldsymbol{x}, \boldsymbol{y})$（简称 A）将二进制决策变量 $\boldsymbol{x}$ 和 $\boldsymbol{y}$ 进行组合。即 A 同时中包含了 $\boldsymbol{x}$ 和 $\boldsymbol{y}$。例如，$A = [(2,3), (2,2), (2,3), (4,3), (4,3)]$ 表示一个解，在该解中，对于服务层次 k，将节点 1、2、3 上的客户推荐给开放在节点 2 上的快递柜站点，将 4、5 上的客户推荐给开放在节点 4 上的快递柜站点。同样，也可以用相同的方法获取关于 $k = 2$ 时快递柜站点推荐方案。从而，可以从 A 中获关于 $\boldsymbol{y}$ 的信息。此外，从 A 中可知 $\boldsymbol{x} = [0,1,1,1,0]$，表示在 $k = 1$ 和 2 时，在节点 2、3、4 上开放快递柜站点。

三、不可行解修复机制

ALPEA 的搜索框架基于解的表达。使用组合优化的理念对 A 进行优化，并提出了一种基于优化的解码方法来确定 u（见第八章第三节）。然而，由于 ALPEA 搜索的随机性，在搜索过程中会产生违背约束（8-6）的不可行解。因此，需要嵌入修复操作用于将不可行解修复到可行的状态。

令 $STD_i = \{j \mid d_{ij} \leq \epsilon, j \in I\}$（$\forall i \in I$）为节点 i 的最大可接受距离阈值范围内的候选节点集合，对于一个不可行解 A，首先检查是否满足式(8-10)和式（8-11），并按以下方法进行修复：

$$A_{ik} = \begin{cases} RandSel(STD_i) & \text{如果 } d_{A_{ik},i} > \varepsilon \\ A_{ik} & \text{否则} \end{cases}, \forall i \in I, k \in K \qquad (8-19)$$

其中，$RandSel(STD_i)$ 表示从集合 STD_i 中随机选择一个元素的过程。然后检查是否满足式（8-6），并对由式（8-19）得到的 A 按如下方法进行修复：

$$A_{\beta_{ik},k} = \beta_{ik}, \forall i \in I, k \in K, \boldsymbol{\beta} = [\beta_{ik}]_{\forall i \in I, k \in K} = A \qquad (8-20)$$

四、基于优化的解码机制

为了对 u 的元素进行优化，提出了一种基于优化的解码机制。如前所述，MOPLNDP 的两个目标函数互相冲突，为了对这两个目标函数之间的内在关系进行分析引入了 MOPLNDP 的一个变种 MOPLNDPF1。其中，MOPLNDPF1 不考虑 MOPLNDP 的第二个目标函数。相关结论如定理 8-1 所示。

定理 8-1　令决策变量 x，y 和 u 为 MOPLNDPF1 的最优解，则快递柜单元格总数 S_{lu} 为一个常数，计算如下：

$$S_{lu} = \sum_{i \in I} \sum_{k \in K} u_{ik} = \sum_{j \in I} \sum_{k \in K} (r_{jk} P_j / q_j), \forall u_{ik} \in \operatorname*{argmin}_{\boldsymbol{u}} f_1(\boldsymbol{x}, \boldsymbol{y}, \boldsymbol{u})$$

$$(8-21)$$

证明：如果 $x_i = 0, y_{ijk} = 0 (\forall i, j \in I, k \in K)$，显然 $u_{ik} = \sum\limits_{j \in I} r_{jk} P_j y_{ijk} / q_j = 0$。否则，假设 $x_i = 1$ 且仅有一个节点 $j \in I \setminus \{i\}$ 推荐给节点。因此，$y_{ijk} = y_{iik} = 1$。在此情形下，f_1 的第一项中与节点 i 相关的值是固定的，因此，f_1 的值仅与第二项相关。如果 $u_{ik} < r_{jk} P_j / q_j + r_{ik} P_i / q_i$，则不满足约束（8-8）。如果 $u_{ik} > r_{jk} P_j / q_j + r_{ik} P_i / q_i$，则式（1）的第二项的值会增加，与 MOPLNDPF1 的最优性相违背。因此，$u_{ik} = r_{jk} P_j / q_j + r_{ik} P_i / q_i$。将此扩展到所有的开放节点上，可得 $S_{lu} = \sum\limits_{j \in I} \sum\limits_{k \in K} r_{jk} P_j / q_j$。

由定理 8-1 可知，当 MOPLNDP 中 f_1 为最优时，将导致式（8-21）中 f_2 的值最差，说明 MOPLNDP 的两个目标函数之间存在很强的冲突性，解的性质与多目标优化的基本思想是一致的。因此，先得到可行的 A，再根据 A 的状态确定可行的 u 是合理的。定理 8-1 为提出的基于优化的解码方法提供了指导，显然，一个具有可行 x 和 y 的分组向量 A 确定了一个初始的 f_1 以及 u 中每个元素的下界，下界计算如下：

$$u_{ik}^{LB} = \sum\limits_{j \in N} y_{ijk} \cdot (r_{jk} \cdot P_j / q_j), \forall i \in I, k \in K \qquad (8-22)$$

由式（8-22）可知，当 $u = [u_{ik}^{LB}]_{i \in I, k \in K}$ 时，解 π 的 x 和 y 均可行。因此，基于 u，可以在快递柜站点集合 $S = \{s \mid x_s = 1, s \in I\}$ 中添加更多的单元格，相关结论如定理 8-2 所示。

定理 8-2　对于一个由 x，y 和 $u = [u_{ik}^{LB}]_{i \in I, k \in K}$ 组成的可行解 π，假设选择一个站点 $s_l \in S$ 并通过令 $u_{s_l, k}^{LB} = u_{s_l, k}^{LB} + \Delta u_k (\forall k \in K, \Delta u_k > 0)$ 由解 π 构造出一个新的可行解 π'。则 π 和 π' 互不支配。

证明：对于目标函数 f_1，显然 $f_1(\pi) - f_1(\pi') = -\sum\limits_{k \in K} e_k \cdot \Delta u_k < 0$。对于目标函数 f_2，$f_2(\pi) - f_2(\pi') = -\sum\limits_{j \in N} \sum\limits_{k \in K} (\Delta u_k \cdot f(d_{s_l, j}) / W_{s_l, k}) < 0$。因此，$\pi$ 和 π' 互不支配。

基于定理 8-2 可知，在开放了快递柜站点的节点上，增加站点中快递柜单元格数有助于从多目标优化意义角度上构造合适的解。此外，增加的单元格数必须满足式（8-7）至式（8-9）以保证解的可行性。为了进一步分析 MOPLNDP 的解的性质，引入了如下的评价指标：

$$C_{ik} = \sum_{j \in N} f(d_{ij}) / W_{ik}, \forall i \in I, k \in K \qquad (8-23)$$

使用式（8-23）中的评价指标来衡量本节提出的基于优化的解码方法中所获得的解的可行性。对于一个由 x、y 和 $u = [u_{ik}^{LB}]_{i \in I, k \in K}$ 组成的可行解 $\boldsymbol{\pi}$，MOPLNDP 的解的性质如定理 8-3 和定理 8-4 所示。

定理 8-3 对于一个 $y_{s_l, J, k} = 1(\forall s_l \in S, J \in I, k \in K)$ 的可行解 $\boldsymbol{\pi}$，假设选择一个站点 $s_l \in S$ 并通过令 $y_{s_l, J, k} = 0, y_{s_g, J, k} = 1$ 由解 $\boldsymbol{\pi}$ 构造出一个新的可行解 $\boldsymbol{\pi'}$，则当且仅当 $C_{s_g, k} > C_{s_l, k}$ 时，$\boldsymbol{\pi'}$ 支配 $\boldsymbol{\pi}$。

证明： 首先，假设 $\sum_{j \in N} y_{s_l, j, k} = 1(\forall k \in K)$。在令 $y_{s_l, J, k} = 0, y_{s_g, J, k} = 1$ 后，可得 $f_1(\boldsymbol{\pi'}) = f_1(\boldsymbol{\pi}) - H_{s_l}$（即 $f_1(\boldsymbol{\pi'}) < f_1(\boldsymbol{\pi})$）。其次，可知 $f_2(\boldsymbol{\pi'}) - f_2(\boldsymbol{\pi}) = -\sum_{j \in N}(u_{s_l k} \cdot f(d_{s_l, j})) / W_{s_l, k} + \sum_{j \in N}(u_{s_g k} \cdot f(d_{s_g, j})) / W_{s_g, k}$。由于对于一个给定的节点 J，满足 $u_{s_l k} = u_{s_g k}$，因此，当且仅当将节点 J 上的客户的推荐站点由 s_l 变为 s_g 后，$C_{s_g, k} > C_{s_l, k}$ 时，$f_2(\boldsymbol{\pi'}) > f_2(\boldsymbol{\pi})$ 成立。同理，对于 $\sum_{j \in N} y_{s_l, j, k} > 1(\forall k \in K)$，显然，将节点 J 上的客户的推荐站点由 s_l 变为 s_g 后，f_1 的值不变，且当 $C_{s_g, k} > C_{s_l, k}$ 时，$f_2(\boldsymbol{\pi'}) > f_2(\boldsymbol{\pi})$。

定理 8-4 对于一个可行解 $\boldsymbol{\pi}$，选择两个节点上的快递柜站点 $s_g, s_l \in S(s_g \neq s_l)$ 并基于解 $\boldsymbol{\pi}$，通过令 $u_{s_g, k} = u_{s_g, k} + \Delta u_k, u_{s_l, k} = u_{s_l, k} + \Delta u_k(\forall k \in K, \Delta u_k > 0)$ 构造两个可行解 $\boldsymbol{\pi}^g$ 和 $\boldsymbol{\pi}^h$。则当 $C_{s_g, k} > C_{s_l, k}$ 时，$\boldsymbol{\pi}^g$ 支配 $\boldsymbol{\pi}^h$。

证明： 对于 f_1，当增加更多的单元格后 $f_1(\boldsymbol{\pi}^g) = f_1(\boldsymbol{\pi}^h)$。对于 f_2，可得

$$f_2(\boldsymbol{\pi}^g) - f_2(\boldsymbol{\pi}^h) = \sum_{j \in N} \sum_{i \in N}[u_{ik} \cdot f(d_{i,j})] / W_{i,k} + \sum_{j \in N}[\Delta u_k \cdot f(d_{s_g, j})] / W_{s_g, k} -$$

$$\sum_{j \in N} \sum_{i \in N}[u_{ik} \cdot f(d_{i,j})] / W_{i,k} - \sum_{j \in N}[\Delta u_k \cdot f(d_{s_l, j})] / W_{s_l, k} = \Delta u_k \cdot [\sum_{j \in N} f(d_{s_g, j}) /$$

$$W_{s_g, k} - \sum_{j \in N} f(d_{s_l, j}) / W_{s_l, k}] = \Delta u_k \cdot (C_{s_g, k} - C_{s_l, k})_\circ$$ 因此，如果 $\Delta u_k > 0$，则 $f_2(\boldsymbol{\pi}^g) - f_2(\boldsymbol{\pi}^h) > 0$，由此可知 $\boldsymbol{\pi}^g$ 支配 $\boldsymbol{\pi}^h$。

根据定理 8-3，可以通过修改某些客户的推荐来对解进行改进。例如，如图 8-3 所示，共有 6 个节点，其中在节点 1 和节点 6 上开放了快递柜站点。如果 $C_{6, k} < C_{1, k}, \forall k \in K$，将节点 3 上的客户的推荐站点由站点 6 变为站点 1 能够提高解的质量。基于此，提出了一个部分移动策略

用于改进可行解 $\boldsymbol{\pi}$。令 $U_k = S \setminus \{ s \mid y_{sjk} = 0, \forall s \in S, j \in I \}$（令 U_k 表示 $|U_k|$）表示服务层次 k 上的开放节点的集合，部分移动操作如算法 8 – 1 所示。

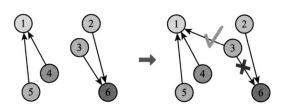

图 8 – 3　节点 3 的推荐站点更改示意

算法 8 – 1　部分移动操作（定理 8 – 3）

输入：$\boldsymbol{\pi}(A, u), C_{ik}, U_k$

1：　**For** $(k: =1 \ to \ K)$ **do**

2：　　根据指标 C 对 U_k 的元素进行排序，$C_{U_{k,s-1},k} > C_{U_{k,s},k}(s = 2, \cdots, U_k)$；

3：　　令 $Y_s: = \{ j \mid y_{gjk} = k, \forall j \in I, g = U_{k,s} \}$ 为开放节点 $s \in U_k$ 的推荐站点的集合；

4：　　对 $Y_s(\forall s \in U_k)$ 的元素进行随机洗牌；

5：　　**For** $g: = 1 \ to \ U_k - 1$ **do**

6：　　　令 $i': = U_{k,g}$；

7：　　**For** $s: = U_k \ downto \ g + 1$ **do**

8：　　　令 $i'': = U_{k,s}$；

9：　　　　**For** $(l: = 1 \ to \ |Y_s|)$ **do**

10：　　　令 $j': = Y_{s,l}$；

11：　　　**If** $((|Y_s| = 1)$ 且 $(d_{i',j'} < \varepsilon))$ 或 $((|Y_s| > 1)$ 且 $(d_{i',j'} < \varepsilon)$ 且 $(j' \neq i''))$ **then**

12：　　　　令 $A_{j',k}: = i'$；//更新 A

13：　　　　令 $u_{i'',k}: = u_{i'',k} - r_{j',k} \cdot P_{j'}/q_{j'}$；//对于一个开放的节点 i'' 更新 u

14：　　　　令 $u_{i',k}: = u_{i',k} + r_{j',k} \cdot P_{j'}/q_{j'}$；//对于一个开放的节点 i' 更新 u

15：　　　停止第 5 行 – 第 19 行的嵌套循环；转至第 1 行的主循环；

16：　　　**End If**

17：　　　**End For**

18：　　**End For**

19：　**End For**

20：**End For**

输出：改进的 $\boldsymbol{\pi}(A, u)$

如算法 8 – 1 所示，在执行移动操作符之前，为了确保推荐给每个站点的节点有相同的机会被移动，将 $Y_s(\forall s \in S)$ 的元素随机打乱。此外，在满足移动条件时采用了首次移动改进策略（第 15 行）用于平衡移动操作的有效性和效率。

令 $sl \in S$ 表示具有最大评价值的站点 [式(8-25)]，基于定理 8-4，通过算法 1 获得的解 π 可以通过在 sl 增加更多的单元格进行改进，为了对解 π 进行改进，首先对站点 sl 建立一系列候选单元格数量；其次，选择一个候选的单元格数并确定最终的 π 的解码操作。令 P_d 为用于建立 sl 的候选站点集合的划分精度，$v = (v_1, v_2)$ 为乌托邦点，其中，v_1 和 v_2 为 ALPEA 当前找到的 f_1 和 f_2 的最好值。基于优化的解码操作如算法 8-2 所示。

算法 8-2　基于优化的解码操作（定理 8-4）

输入：$\pi(A, u), \rho_{ik}, C_{ik}, U_k, sl, v, P_d$

1：　/* 列举候选数量 */

2：　令 $cn := \{cn_{1,k}, \cdots, cn_{P_d+1,k}\}(\forall k \in K)$ 为快递柜的单元格候选数量；

3：　**For** $k := 1$ *to* K **do**

4：　　令 $step := (\rho_{sl,k}/P_d) \cdot u_{sl,k}$ 为建立集合的步骤；//基于式(8-8)和式(8-9)

5：　　令 $cn_{1,k} := u_{sl,k}$；//初始化

6：　　**For** $g := 2$ *to* $P_d + 1$ **do**

7：　　　令 $cn_{g,k} := cn_{g-1,k} + step$；//建立集合

8：　　**End For**

9：　**End For**

10：　/* 候选数的选择 */

11：　令 $f := \{(f_{1,1}, \tilde{f}_{2,1}), \cdots, (f_{1,P_d+1}, \tilde{f}_{2,P_d+1})\}$ 为集合 cn 的每个元素的目标函数；

12：　找到一个元素 $dl \in \{1, \cdots, P_d + 1\}$ 以满足 $(f_{1,dl}, \tilde{f}_{2,dl})$ 具有到乌托邦点 $v = (v_1, v_1)$；//选择一个合适的快递柜单元格数

13：　/* 更新解和目标函数 */

14：　令 $u_{sl,k} := cn_{dl,k}$；//更新解

15：　令 $(f_1(\pi), \tilde{f}_2(\pi)) := (f_{1,dl}, \tilde{f}_{2,dl})$；//更新目标函数

16：　基于更新的解 $(f_1(\pi), \tilde{f}_2(\pi))$ 更新乌托邦点 $v = (v_1, v_1)$；

输出：解码的 $\pi(A, u), (f_1(\pi), \tilde{f}(\pi))$

算法 8-2 充分利用了定理 8-3 和定理 8-4 中的解的性质，在执行其他操作后（第 1 行至第 14 行），通过解码操作可以更新 π 和目标

函。根据 ALPEA 搜索过程所找到乌托邦点的距离选择候选的快递柜单元格数（第 12 行至第 14 行）。因此，解码操作有利于提高 ALPEA 的搜索能力。

五、基于问题结构特征的交叉和变异操作

在 ALPEA 中，交叉和变异操作在探索搜索空间方面发挥着重要作用，基于分组的解的表达，ALPEA 使用了著名的部分映射交叉（PMX）和基于互换的变异策略。

令 PS 表示 ALPEA 的种群规模，$A^p(t) = \{A_1^p(t), \cdots, A_{PS}^p(t)\}$ 为 ALPEA 的第 t 代的基于分组的解的表达，$\boldsymbol{u}^p(t) = \{\boldsymbol{u}_1^p(t), \cdots, \boldsymbol{u}_{PS}^p(t)\}$ 为第 t 代的 $A^p(t)$ 的快递柜单元格数的集合 $\boldsymbol{\pi}^p(t) = \{\boldsymbol{\pi}_1^p(A_1^p(t), \boldsymbol{u}_1^p(t)), \cdots, \boldsymbol{\pi}_{PS}^p[A_{PS}^p(t), \boldsymbol{u}_{PS}^p(t)]\}$ 为第 t 代整合了 $A^p(t)$ 和 $\boldsymbol{u}^p(t)$ 的种群，$A^q(t) = \{A_1^q(t), \cdots, A_{PS}^q(t)\}$ 为 $A^p(t)$ 第 t 代的交叉和变异操作和子代个体，$\boldsymbol{u}^q(t) = \{\boldsymbol{u}_1^q(t), \cdots, \boldsymbol{u}_{PS}^q(t)\}$ 为第 t 代的 $A^q(t)$ 的单元格数的集合，$\boldsymbol{\pi}^q(t) = \{\boldsymbol{\pi}_1^q(A_1^q(t), \boldsymbol{u}_1^q(t)), \cdots, \boldsymbol{\pi}_{PS}^q[A_{PS}^q(t), \boldsymbol{u}_{PS}^q(t)]\}$ 为 ALPEA 的第 t 代集合了 $A^q(t)$ 和 $\boldsymbol{u}^q(t)$ 的种群，P_c 为交叉概率，P_m 为变异概率。所提出的交叉操作的流程如下：对于每个个体 $A_g^p(t)(g \in \{1, \cdots, PS\})$，检查是否满足概率条件 P_c。如果不满足概率条件，直接令 $\boldsymbol{\pi}_g^q[A_g^q(t), \boldsymbol{u}_g^q(t)] = \boldsymbol{\pi}_g^p[A_g^p(t), \boldsymbol{u}_g^p(t)]$。如果满足概率条件，使用 $A_g^p(t)$ 和一个随机选择的 $A_l^p(t)(l \in \{1, \cdots, PS\} \backslash g)$ 作为交叉操作的父代个体用于重组子代个体。如果子代个体不可行，使用式（8-20）进行修复。然后，令子代个体为 $A_g^q(t)$ 并通过算法 8-2 获得 $\boldsymbol{\pi}_g^q[A_g^q(t), \boldsymbol{u}_g^q(t)]$。在执行上述操作后，更新 $A^q(t)$ 并提供给变异操作。例如，考虑两个父代个体 $A_g^p(t) = [(2,3), (2,3), (2,3), (4,4), (2,3), (4,4)]$ 和 $A_l^p(t) = [(2,4), (2,2), (3,4), (2,4), (3,2), (3,4)]$。

此外，对 $A^q(t)$ 的每个个体的变异概率 P_m 进行了检验。如果满足变异条件，通过交换两个基因不同的随机基因位上的基因对个体进行调整，然后使用算法 2 进行解码。基于互换的变异操作如图 8-4 所示。

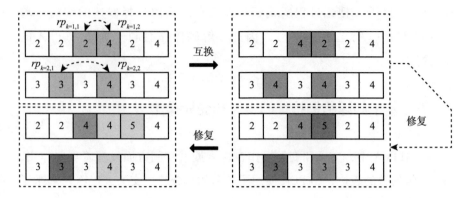

图 8-4　变异操作示意

第四节　ALPEA 的算法流程

一、引言

在本节中，将详细介绍基于第八章第三节中提出的 ALPEA。ALPEA 不同于以往的 MOEA，主要由两个部分组成：一部分是精英非支配排序方法；另一部分是主动学习细化机制。前者用于发现有潜力的搜索区域，而后者则集中在给定的搜索区域内发现更多的高质量解。这两个组件相互补充，共同提高了 ALPEA 的搜索能力。

二、算法总体框架

令 $tmax$ 表示 ALPEA 的最大迭代次数，APF 为 ALPEA 所获得非支配解集（近似帕累托前沿），$\boldsymbol{A}^a(t) = \{A_1^a(t), \cdots, A_{PS}^a(t)\}$ 为通过在线增量学习改进机制第 t 代所获得的基于分组的解的表达，$\boldsymbol{u}^a(t) = \{u_1^a(t), \cdots, u_{PS}^a(t)\}$ 为 $\boldsymbol{A}^a(t)$ 第 t 代的快递柜单元格数候选集合，$\boldsymbol{\pi}^a(t) = \{\boldsymbol{\pi}_1^a[A_1^a(t), u_1^a(t)], \cdots, \boldsymbol{\pi}_{PS}^a(A_{PS}^a(t), u_{PS}^a(t))]\}$ 为第 t 代集成了 $\boldsymbol{A}^a(t)$ 和 $\boldsymbol{u}^a(t)$ 的解集，ALPEA 的算法流程和算法框架如图 8-5 和算法 8-3 所示。

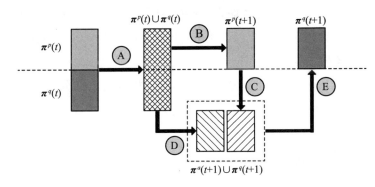

图 8 - 5　ALPEA 的算法框架

（A：非支配排序；B：种群更新；C：遗传操作；D：主动学习改进机制；E：更新子代个体）

算法 8 - 3　基于优化的解码操作（定理 8 - 4）

输入：MOPLNDP 和 ALPEA 的参数
1：　　**For** $t: = 1$ *to* $t$max **do**
2：　　　　**If** $(t = 0)$ **then**
3：　　　　　／ * 初始化 * ／
4：　　　　　随机初始化 $A^p(t)$ 和 $A^q(t)$ 的个体；
5：　　　　　对 $A^p(t)$ 和 $A^q(t)$ 的个体进行解码，并通过基于优化的解码方法获得相应的 $\pi^p(t)$ 和 $\pi^q(t)$；//算法 8 - 1 和算法 8 - 2
6：　　　　**Else**
7：　　　　　／ * 主迭代 * ／
8：　　　　　对 $\pi^p(t-1) \cup \pi^q(t-1)$ 的个体进行非支配排序和计算拥挤距离；
9：　　　　使用新种群更新机制 $\pi^p(t) \leftarrow \pi^p(t-1)1) \cup \pi^q(t-1)$；
10：　　　　定义一个临时变量 $\pi^{p'}$ 并令 $\pi^{p'}: = \pi^p(t)$；//记录 $\pi^p(t)$
11：　　　　使用二进制锦标赛选择操作更新 $\pi^p(t)$；
12：　　　　执行基于问题的交叉和变异操作由 $A^p(t)$ 生成 $A^q(t)$，并使用基于优化的解码方法获得 $\pi^q(t)$；
13：　　　　基于 $\pi^p(t-1) \cup \pi^q(t-1)$ 生成 $A^a(t)$、$u^a(t)$ 和 $\pi^a(t)$，并使用主动学习的改进机制获得非支配排序层次；
14：　　　　如果 π^q_g 支配 π^a_g，令 $\pi^q_g = \pi^a_g$；//通过贪婪策略确定子代个体
15：　　　　令 $\pi^p(t): = \pi^{p'}$；//$\pi^p(t)$ 恢复机制
16：　　　　**End If**
17：　　**End For**
18：　　从 $\pi^p(t$max$)$ 中识别出 APF；
输出：解码的 $\pi(A, u)$，$[f_1(\pi), \tilde{f}(\pi)]$

　　由算法 8 - 3 和图 8 - 5 可知，ALPEA 迭代中使用了基于精英非支配排序的搜索（第 8 行至第 12 行）和基于主动学习的改进机制（第 13 行）。

根据贪婪策略（第14行）考虑遗传操作和主动学习的改进机制所产生的个体来生成新的种群。其中，ALPEA 的这两个组成部分可以相互补充以增强算法的整体搜索能力。此外，主动学习的改进机制依赖于精英非支配排序的结果（第8行）。因此，主动学习的改进机制可以充分利用给定搜索区域的较好的解的信息，从而找到更优秀的个体。

三、精英非支配排序

如前所述，采用精英非支配排序方法评估种群的解的质量。ALPEA 中采用了德布等（Deb et al.，2002）提出的精英非支配排序方法。

（一）非支配层次

令 L_g 为第 t 代 $\boldsymbol{\pi}^p(t) \cup \boldsymbol{\pi}^p(t)$ 中支配 $g(\forall g \in \{1, \cdots, 2 \cdot PS\})$ 个个体的个体数量，令 $NL = \{NL_0, \cdots, NL_{|NL|}\}$ 为非支配层次的集合。NL 的定义如下：

$$NL_l = \{\boldsymbol{\pi}_g^p(t) \mid L_g = l, \forall g \in \{1, \cdots, 2 \cdot PS\}\} \qquad (8-24)$$

其中，$l = 0, \cdots, |NL|$，$\sum_{l \in \{0, \cdots, |NL|\}} |NL_l| = 2 \cdot PS$。显然，$NL_0$ 由 $\boldsymbol{\pi}^p(t) \cup \boldsymbol{\pi}^p(t)$ 中所有的非支配解组成。

（二）拥挤距离

在多目标进化算法中，合理平衡子代个体的收敛性和多样性有利于提高算法的性能。由于属于同一非支配层次的个体都是非支配的，因此引入拥挤距离来从多样性的角度进一步衡量解的质量。以两个个体 $\boldsymbol{\pi}_g^p(t)$ 和 $\boldsymbol{\pi}_s^p(t) \in N_l$ 为例，如果拥挤距离 $cd[\boldsymbol{\pi}_g^p(t)]$ 大于 $cd[\boldsymbol{\pi}_s^p(t)]$，则 $\boldsymbol{\pi}_g^p(t)$ 优于 $\boldsymbol{\pi}_s^p(t)$。ALPEA 中采用了与德布等（Deb et al.，2002）相同的拥挤距离计算方法。

（三）新种群更新机制

新种群的更新机制用于根据上一代两个种群中的解的非支配排序和拥

挤距离的结果从 $\pmb{\pi}^p(t-1) \cup \pmb{\pi}^q(t-1)$ 中构造出新的种群 $\pmb{\pi}^p(t)$。新的种群 $\pmb{\pi}^p(t)$ 的生成方法如下：从 $l=0$ 至 $|NL|$ 的非支配层次中的解逐次加入 $\pmb{\pi}^p(t)$ 中。在此过程中，对于每一层次 l，首先，检查 $\pmb{\pi}^p(t)$ 中的解的个数，然后，如果 $|\pmb{\pi}^p(t)| < PS$，将 NL_l 中的个体放入 $\pmb{\pi}^p(t)$ 中；如果 $|\pmb{\pi}^p(t)| \geqslant PS$，终止该过程并记录非支配层次 $lc = l-1$。最后，如果 $|\pmb{\pi}^p(t)| > PS$，识别出 NL_{lc} 中的 $(|\pmb{\pi}^p(t)| - PS)$ 个拥挤距离最大的个体并从 $\pmb{\pi}^p(t)$ 中删除。

（四）二进制竞赛选择操作

ALPEA 中采用了二进制竞赛选择操作用于更新 $\pmb{\pi}^p(t)$。二进制竞赛选择操作过程如下：首先，将 $\pmb{\pi}^p(t)$、非支配层次和拥挤距离分别记录在临时的集合 $\pmb{\pi}^{p'}$、L' 和 $cd'(\,\cdot\,)$ 中；其次，对于每个 $\pmb{\pi}_g^p(t)$（$g \in \{1,\cdots,PS\}$），从 $\pmb{\pi}^{p'}$ 中随机选择两个个体 $\pmb{\pi}_s^{p'}$ 和 $\pmb{\pi}_h^{p'}$，如果 $L'_s < L'_h$，则令 $\pmb{\pi}_g^p(t) = \pmb{\pi}_s^{p'}$，如果 $(L'_s = L'_h) \wedge [cd'(\pmb{\pi}_h^{p'}) > cd'(\pmb{\pi}_s^{p'})]$，则令 $\pmb{\pi}_g^p(t) = \pmb{\pi}_h^{p'}$。

四、基于主动学习的改进机制

为了在给定的搜索区域中找到进一步更优秀的个体，在 ALPEA 的搜索过程中嵌入了基于主动学习的改进机制，该机制借鉴了主动学习的思想（Baram et al.，2004）。与其他传统的机器学习技术不同，主动学习是基于时变数据集对在线学习模型进行训练。在线学习模型可以用于预测关于质量较好的解的信息（知识）。从这个角度上看，多目标进化算法的搜索过程可以看作是一种特殊的主动学习。通常，有多种在线学习模型，如概率模型和基于学习的网络（Li et al.，2022）。ALPEA 中引入了两种有关 MO-PLNDP 的基于解的表达的概率模型，以提取 ALPEA 在每一代中发现的非支配解的有用信息。

（一）$A^a(t)$ 的学习规则和预测方法

根据 MOPLNDP 的基于分组的解的表达，将每个节点视为一个独立的离散随机变量。因此，使用各节点的边缘分布律来表示 $A^a(t)$ 概率模型。

令 $pro^A(t)$ 为第 t 代的概率模型，则概率模型如下：

$$pro^A(t) = \left[pro_{i,j,k}(t) \right]_{\forall i,j \in I, k \in K} \tag{8-25}$$

其中，$\sum_{i \in I} pro_{ijk}^A(t) = 1$，$pro_{ijk}^A(t)$ 表示在服务层次 k 上将节点 j 上的客户推荐给节点 i 上的站点的概率，$A^{tr} = [A_{jk}^{tr}]_{\forall j \in I, k \in K}$ 表示从 NL_0 中随机选择一个解的基于分组的解的表达。其中，NL_0 从 $\pi^p(t-1) \cup \pi^q(t-1)$ 中获得。对 $pro^A(t)$ 进行初始化和学习，如下所示：

$$pro_{\alpha,j,k}(t) = \begin{cases} 1/I & t=0 \\ pro_{\alpha,j,k}(t-1) + LR & t>0 \end{cases}, \forall j \in I, k \in K, \alpha = A_{jk}^{tr} \tag{8-26}$$

显然，连续的两代间的概率模型与学习率 LR 有关。另外，基于时变的 NL_0 对 $pro^A(t)$ 进行学习，这也是主动学习的基本思想。当 $t>0$ 时，需要对概率模型进行如下标准化：

$$pro_{i,j,k}(t) = pro_{i,j,k}(t)/(1+LR), \forall i,j \in I, k \in K \tag{8-27}$$

根据学习到的概率模型，使用算法 8-4 中提出的预测方法生成 $A^a(t)$。

算法 8-4　生成 $A^a(t)$ 的预测方法

输入：PS 和 $pro^A(t)$

1：　/ * 构建边缘分布函数 * /
2：　定义 $mdf = \left[mdf_{i,h,k} \right]_{\forall i \in \{1, \cdots, I+1\}, j \in I, k \in K}$ 为 $k \in K$ 层次上节点 $j \in I$ 的联合边缘分布函数；
3：　**For** 每一对 $j \in I$ 和 $k \in K$ **do**
4：　　令 $mdf_{i,h,k} = 0$；
5：　**For** $i := 2$ to $I+1$ **do**
6：　　令 $mdf_{i,h,k} := mdf_{i-1,j,k} + pro_{i-1,j,k}^A$；
7：　　**End For**
8：　**End For**
9：　/ * 使用边缘分布函数预测解 * /
10：　**For** $g := 1$ to PS **do**
11：　　**For** 对于每一对 $j \in I$ 和 $k \in K$ **do**
12：　　　定义一个随机变量 $RandVal := Random[0,1]$；
13：　　　**For** $i := 1$ to I **do**
14：　　　　**If** $(mdf_{i,h,k} \leqslant RandVal)$ 且 $(RandVal \leqslant mdf_{i+1,j,k})$ **then**
15：　　　　　令 $A_{g,j,k}^a := i$；// 成功生成服务层次 k 上节点 j 的基因
16：　　　　终止第 13 行-第 18 行的嵌套循环；转到第 11 行的下一循环

续表

17：	**End If**
18：	**End For**
19：	**End For**
20：	如果 $A_g^a(t)$ 不满足式（8-10）和式（8-11），使用式（8-21）进行修复；
21：	如果 $A_g^a(t)$ 不满足式（8-6），使用式（8-22）进行修复；
22：	**End For**
输出：$A^a(t)$	

由算法 8-4 可知，$A^a(t)$ 的预测方法中，首先学习所有随机变量（节点）的边缘分布函数（第 2 行至第 8 行），然后生成基于 PS 个基于分组的解的表达（第 10 行至第 22 行）。同时，构造边缘分布函数使用了 NL_0 中的非支配解估计概率模型（第 3 行至第 8 行），有利于在当前搜索区域产生更多高质量的解。此外，新生成的解的每个节点上的基因由一个随机数决定（第 12 行），能较好地保证 $A^a(t)$ 中个体的多样性。

（二）$u^a(t)$ 的学习规则和预测方法

与 $A^a(t)$ 不同，$u^a(t)$ 中的个体由连续变量构成。因此，需要引入可以表示这种连续变量的在线学习模型。采用著名的高斯分布作为 $u^a(t)$ 的概率模型。服务层次 k 上节点 i 的高斯分布构建如下：

$$N[\boldsymbol{\mu}(t),\boldsymbol{\sigma}^2(t)] = \{N[\mu_{ik}(t),\sigma_{ik}^2(t)]\}_{\forall i \in I, k \in K} \qquad (8-28)$$

其中，$\mu_{ik}(t)$ 表示第 t 代服务等级 k 上节点 i 的单元格数的均值，$\sigma_{ik}(t)$ 为第 t 代的标准差。式（8-28）中的高斯分布是通过对 NL_0 中解的单元格数估计得来的。其中，NL_0 取自 $\boldsymbol{\pi}^p(t-1) \cup \boldsymbol{\pi}^q(t-1)$。因此，式（8-28）中的高斯分布是通过对 NL_0 中解的单元格数估计得来的。$u^a(t)$ 的预测方法如算法 8-5 所示。

算法 8-5　生成 $u^a(t)$ 的预测方法

输入：$PS, A^a(t)$ 和 $N[\boldsymbol{\mu}(t),\boldsymbol{\sigma}^2(t)]$	
1：	**For** $g:=1$ *to* PS **do**
2：	部分移动策略；
3：	基于算法 8-4 使用式（8-24）预测的 $A_g^a(t)$ 初始化 $u_g^a(t)$ 的下界；
4：	执行部分移动策略并更新 $\boldsymbol{\pi}_g^p[A_g^a(t),u_g^a(t)]$；//算法 1

续表

5：	/∗基于高斯分布进行预测∗/
6：	**For** i：= 1 *to I* **do**
7：	**For** k：= 1 *to K* **do**
8：	**If** 节点 i 上开放快递柜站点 **then**
9：	定义一个临时变量 *NormVal* 用于高斯分布采样;
10：	**If** $(\sigma_{g,i,k}^2(t))$ **then**
11：	令 $NormVal$：= $u_{g,i,k}^a(t)$；//如果不满足高斯分布的采样条件;
12：	**Else**
13：	执行采样操作生成 $NormVal \sim N(\mu_{g,i,k}(t), \sigma_{g,i,k}^2(t))$；//基于高斯分布采样
14：	**End If Else**
15：	**If** $\{[(NormVal < \mu_{g,i,k}^a(t))$ 或 $[NormVal > (1+\rho_{i,k}) \cdot \mu_{g,i,k}^a(t), \sigma_{g,i,k}^2(t)]]\}$ **then**
16：	令 $NormVal$：= $(1 + Random[0,1] \cdot \rho_{i,k}) \cdot u_{g,i,k}^a(t)$；//如果不满足式(8-8)和式(8-9)，随机更改采样值
17：	**End If**
18：	**End If**
19：	令 $u_{g,i,k}^a(t) = NormVal$；//获得预测值
20：	**End For**
21：	**End For**
22：	/∗基于优化的解码操作∗/
23：	执行基于优化的解码机制并改进 $\boldsymbol{u}_g^a(t)$；//算法8-2
24：	**End For**
输出：$\boldsymbol{\pi}^a(t)$	

由算法 8-5 可以看出，$\boldsymbol{u}^a(t)$ 的预测过程是基于算法 4 所获得的 $\boldsymbol{A}^a(t)$（第 3 行）。在执行部分移动操作（第 4 行）之后，通过对高斯分布进行采样来更新 $u_{g,i,k}^a(t)$（第 8 行~第 19 行）。然后，使用基于优化的解码操作对 $\boldsymbol{u}_g^a(t)$ 进行改进（第 23 行）。

▶ 第五节 实验结果与算法比较

一、测试算法与实验设计

由于目前没有所考虑的 MOPLNDP 的基准算例，本节使用基于随机生成的算例对 ALPEA 的性能进行测试。随机生节点数不同的 5 个测试算例集，即 I = 10、50、100、150、200，用于生成算例。对于每个测试算例集，随机生成 10 个不同的算例，故一共生成 50 个算例用于算法性能测试，分别为 10_(1~10)、50_(1~10)、100_(1~10)、150_(1~10) 和 200_(1~10)。将这 50 个算例分为两组，第一组包括 $I=10$ 和 50 时的 20 个算例，第二组包括 $I=100$、150、200 时的 30 个算例。算例的生成规则如下：一是服务层次 $K=2$，分别为普通产品和生鲜类产品，分别使用常温柜（类型 1）和冷藏柜（类型 0）进行存放；二是快递柜站点的固定开放费用 $H_i \in U[8000, 20000]$；三是系数 $\rho_{ik} \in U[0.01, 0.03]$；四是潜在客户人数 $P_i \in U[10000, 25000]$；五是需求率 $r_{i,0} \in U[0.015, 0.05]$，$r_{i,1} \in U[0.01, 0.033]$；六是节点间的距离 $d_{ij} \in U(0, 3]$ 或 $d_{ij} \in U(3, 20]$；七是单位购买成本 $e_0 = 90$，$e_1 = 310$；八是取货率 $q_i \in U[2, 6]$；九是最大可接受取货距离阈值 $\varepsilon = 3$，（10）$\alpha = 0.05$，$\beta = 0.318$。

反向世代距离（inverted generational distance，IGD）是一种应用广泛的多目标评价指标，能够全面反映非支配解的多样性和收敛性（Mohammadi et al.，2013）。采用 IGD 作为评价指标，用于衡量算法的性能。令 $AP = AP_1 \cup \cdots \cup AP_s$ 表示 S 种算法所获得的所有非支配解的集合，AP^* 表示从 AP 中识别出来的非支配解集，$d(x, AP_s)$ 表示 $x \in AP^*$ 到 AP_s（$\forall s \in \{1, \cdots, S\}$）的最短欧式距离，则 IGD 的计算方法如下：

$$IGD(AP_s, AP^*) = \sum d(x, AP_s) / |AP^*|, x \in AP^* \qquad (8-29)$$

显然，IGD 越小，表明算法性能越好。以 ALPEA 和 s 两种算法为例，可以得出结论，如果 ALPEA 的 IGD 值总为 0，而算法 s 的 IGD 值大，则 ALPEA 的性能显著优于 s。

使用了最好值（$Best$）、均值（$Mean$）和方差（SD）3 个统计量，并还报道了每种算法在 $Best$、$Mean$ 和 SD 上获得的具有最好质量的解的个数（NB）。此外，为了检查 ALPEA 和每个比较算法之间差异的显著性，报道了在 95% 置信区间下基于非参数 Friedman 检验的 p 值。所有算法均使用 Microsoft Visual Studio 2008（C++语言）编程实现，实验硬件环境为 Core i5 3.3 GHz，RAM 4 GB；软件环境为，Windows 7。所有的算法均独立重复运行 21 次。

二、参数设置

ALPEA 一共包括五个算法参数，即种群规模 PS、划分精度 P_d、变异概率 P_m、交叉概率 P_c 和学习率 LR。为了获得这些参数的较好的组合，基于中等规模的算例 100_1，采用著名的实验设计（design of experiment，DOE）（Montgomery，2000）方法对参数进行设置。基于五因素和四水平规模为 L_{25}（5^5）的正交试验进行了分析方差分析（ANOVA），各个参数的不同水平上的取值如表 8 - 1 所示。每个参数组合独立运行 21 次，最大迭代次数为 5000 次，停止条件为最大迭代次数为 2000。使用每种参数组合的 IGD 的均值 IGD_{avg} 和平均 CPU 运行时间 T_{avg} 作为评价指标，正交表和评价指标的值如表 8 - 2 所示。

表 8 - 1   不同参数水平

参数	水平				
	1	2	3	4	5
PS	100	150	200	250	300
P_d	5	10	15	20	25
P_m	0.1	0.3	0.5	0.7	0.9
P_c	0.1	0.3	0.5	0.7	0.9
LR	0.01	0.03	0.05	0.07	0.09

表 8 - 2   正交表和响应值

参数组合	参数					响应值	
	PS	P_d	P_m	P_c	LR	IGD_{avg}	T_{avg}（s）
1	3	5	4	1	4	10269.91	933.75
2	3	1	3	4	5	15201.46	1037.66
3	3	2	2	2	1	9110.79	837.48
4	5	4	2	1	2	13235.31	1172.51

续表

参数组合	参数					响应值	
	PS	P_d	P_m	P_c	LR	IGD_{avg}	T_{avg}（s）
5	2	3	5	1	5	12541.44	718.15
6	2	1	2	5	3	14174.96	774.36
7	2	2	1	3	4	18771.01	619.68
8	4	1	4	3	2	13818.74	1271.41
9	3	3	1	5	2	17866.33	1049.72
10	5	1	5	2	4	12776.16	1506.52
11	5	3	3	3	1	7663.47	1456.37
12	4	2	3	1	3	8724.22	1033.63
13	5	5	1	4	3	16335.93	1423.30
14	4	4	1	2	5	16772.47	986.55
15	4	3	2	4	4	12587.83	1222.26
16	2	5	3	2	2	9401.29	677.86
17	4	5	5	5	1	13263.13	1625.50
18	5	2	4	5	5	8298.85	1711.80
19	1	3	4	2	3	14645.74	476.54
20	3	4	5	3	3	8261.78	1141.51
21	1	5	2	3	5	15938.41	452.62
22	1	2	5	4	2	15387.23	577.07
23	2	4	4	4	1	8483.20	836.52
24	1	4	3	5	4	16119.89	542.73
25	1	1	1	1	1	25322.19	338.32

基于表 8-2 的结果，各参数关于 IGD_{avg} 和 T_{avg} 的响应值（RV）的变化趋势如图 8-6 和图 8-7 所示，ANOVA 结果如表 8-3 所示。

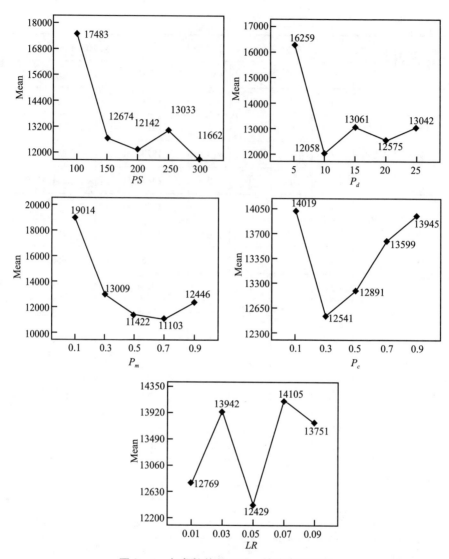

图 8-6 各参数关于 IGD_{avg} 的响应值曲线

表 8-3　　　　　　　　　　IGD 的 ANOVA 结果

参数	F 值	p 值	敏感性排名
PS	5.814	0.058	2
P_d	2.889	0.164	3
P_m	11.071	0.019	1
P_c	0.455	0.768	5
LR	0.598	0.685	4

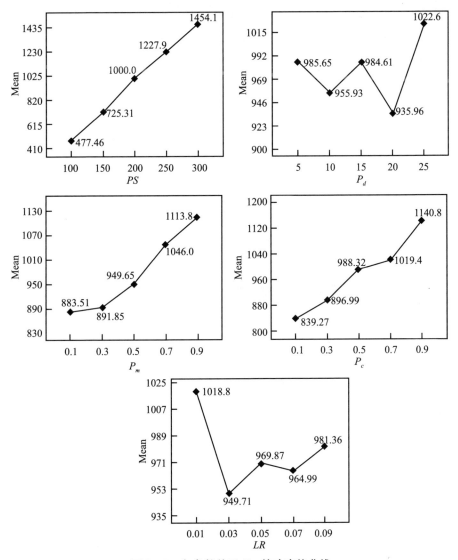

图 8－7　各参数关于 T_{avg} 的响应值曲线

表 8－4　　　　　　　CPU 运行时间的 ANOVA 结果

参数	F 值	p 值	敏感性排名
PS	193. 463	0. 000	1
P_d	1. 390	0. 379	4
P_m	12. 877	0. 015	3
P_c	17. 339	0. 009	2
LR	0. 868	0. 553	5

基于以上结果，ALPEA 的参数设置如下：（1）ALPEA 在 CPU 运行时间上对 PS 最敏感，而当 $PS = 150$ 和 $PS = 200$ 时，IGD 较小且差异相对较小，因此设置 $PS = 150$；（2）ALPEA 在 CPU 运行时间上对 P_d 的敏感性较低，而 $P_d = 10$ 时，IGD 最小，因此设置 $P_d = 10$；（3）ALPEA 在 IGD 上对 P_m 最敏感，$P_m = 0.7$ 时，IGD 最小，因此设置 $P_m = 0.7$；（4）ALPEA 在 IGD 上对 P_c 的敏感性最低，但在 CPU 运行时间上对 P_c 的敏感性较高，因此设置 $P_c = 0.3$ 以获得最小的 IGD 和较小的 CPU 运行时间；（5）ALPEA 在 IGD 和 CPU 运行时间上对 LR 都不敏感，因此设置 $LR = 0.05$ 以获得最小的 IGD 和较小的 CPU 运行时间。综上，ALPEA 的参数设置为：$PS = 150$，$P_d = 10$，$P_m = 0.7$，$P_c = 0.3$，$LR = 0.05$。

三、算法组成成分有效性验证

ALPEA 与 NSGAII 的不同之处在于，ALPEA 在全局搜索框架中嵌入了基于主动学习的改进机制。为了评估 ALPEA 的全局搜索的有效性，将 ALPEA 与 NSGAII（Deb et al.，2002）进行比较。为了保证比较的公平性，ALPEA 和 NSGAII 中使用了相同的参数，NSGAII 中也采用了 ALPEA 中提出的启发式。分别运行 ALPEA 和 NSGAII 21 次，每个算例的停止条件为 $t\max = 2000$。两组算例的比较结果如表 8－5 和表 8－6 所示，ALPEA 和 NSGAII 关于 IGD_{avg} 的比较结果如图 8－8 所示。

表 8－5　　　　　ALPEA 和 NSGAII 第一组算例的比较结果

算例	NSGAII			ALPEA		
	Best	*Mean*	*SD*	*Best*	*Mean*	*SD*
10_1	346.39	909.32	719.36	**0.00**	**98.38**	**430.45**
10_2	1702.17	3781.83	1691.30	**0.00**	**91.76**	**219.25**
10_3	1008.07	1655.37	425.89	**0.00**	**231.45**	**218.16**
10_4	1443.03	4117.71	3041.78	**0.00**	**2.04**	**3.60**
10_5	1760.36	2076.21	251.22	**0.00**	**0.08**	**0.38**
10_6	519.05	1286.58	801.83	**0.00**	**168.76**	**380.67**
10_7	1116.34	2361.03	784.53	**0.00**	**4.50**	**10.47**

续表

算例	NSGAII			ALPEA		
	Best	Mean	SD	Best	Mean	SD
10_8	576.71	4862.98	2041.76	**0.00**	**190.41**	**603.22**
10_9	1113.16	2222.28	1075.60	**0.00**	**27.82**	**38.98**
10_10	701.68	2328.69	1060.00	**0.00**	**180.41**	**483.59**
50_1	793.71	3875.67	4275.54	**0.00**	**192.12**	**430.73**
50_2	271.36	3991.39	4997.14	**0.00**	**15.10**	**28.32**
50_3	253.51	4427.46	5770.50	**0.00**	**174.16**	**238.52**
50_4	2155.55	10451.04	7266.60	**0.00**	**4074.04**	**5705.38**
50_5	927.85	3874.89	3388.24	**0.00**	**1747.48**	**2985.22**
50_6	**0.00**	4750.45	**5826.77**	**0.00**	**4396.52**	7110.52
50_7	**0.00**	6010.60	5406.89	**0.00**	**2267.63**	**3605.12**
50_8	1057.09	5197.24	5040.56	**0.00**	**3377.77**	**4571.76**
50_9	95.51	3040.98	**2306.09**	**0.00**	**1961.88**	4094.95
50_10	**0.00**	**3895.41**	6286.32	**0.00**	4598.84	6467.84
NB	3	1	3	**20**	**19**	**17**
p 值	0.000	0.000	—	—	—	—

表 8 - 6　　　　　ALPEA 和 NSGAII 第二组算例的比较结果

算例	NSGAII			ALPEA		
	Best	Mean	SD	Best	Mean	SD
100_1	2496.96	9320.09	6088.26	**0.00**	**0.00**	**0.00**
100_2	693.52	6567.79	5824.67	**0.00**	**0.78**	**3.49**
100_3	1170.91	6897.85	6412.71	**0.00**	**2901.22**	**3920.72**
100_4	2041.26	8174.40	6550.27	**0.00**	**2903.18**	**5920.56**
100_5	**0.00**	5804.13	**3878.73**	**0.00**	4116.96	7331.25
100_6	487.49	5576.42	**4699.06**	**0.00**	**3976.16**	7372.46
100_7	1043.22	**6108.93**	**4564.10**	**0.00**	6935.17	8556.74
100_8	980.74	5102.63	5874.32	**0.00**	**3319.95**	**5200.53**
100_9	427.40	5692.73	**4304.44**	**0.00**	**2899.95**	4418.61
100_10	1124.11	4631.26	**3773.63**	**0.00**	4437.74	7908.14
150_1	346.39	909.32	719.36	**0.00**	**98.38**	**430.45**

续表

算例	NSGAII			ALPEA		
	Best	*Mean*	*SD*	*Best*	*Mean*	*SD*
150_2	1702.17	3781.83	1691.30	**0.00**	**91.76**	**219.25**
150_3	1008.07	1655.37	425.89	**0.00**	**231.45**	**218.16**
150_4	1443.03	4117.71	3041.78	**0.00**	**2.04**	**3.60**
150_5	1760.36	2076.21	251.22	**0.00**	**0.08**	**0.38**
150_6	519.05	1286.58	801.83	**0.00**	**168.76**	**380.67**
150_7	1116.34	2361.03	784.53	**0.00**	**4.50**	**10.47**
150_8	576.71	4862.98	2041.76	**0.00**	**190.41**	**603.22**
150_9	1113.16	2222.28	1075.60	**0.00**	**27.82**	**38.98**
150_10	701.68	2328.69	1060.00	**0.00**	**180.41**	**483.59**
200_1	793.71	3875.67	4275.54	**0.00**	**192.12**	**430.73**
200_2	271.36	3991.39	4997.14	**0.00**	**15.10**	**28.32**
200_3	253.51	4427.46	5770.50	**0.00**	**174.16**	**238.52**
200_4	2155.55	10451.04	7266.60	**0.00**	**4074.04**	**5705.38**
200_5	927.85	3874.89	3388.24	**0.00**	**1747.48**	**2985.22**
200_6	**0.00**	4750.45	**5826.77**	**0.00**	4396.52	7110.52
200_7	**0.00**	6010.60	5406.89	**0.00**	**2267.63**	**3605.12**
200_8	1057.09	5197.24	5040.56	**0.00**	**3377.77**	**4571.76**
200_9	95.51	3040.98	**2306.09**	**0.00**	**1961.88**	4094.95
200_10	**0.00**	**3895.41**	**6286.32**	**0.00**	4598.84	6467.84
NB	4	2	8	**30**	**28**	**22**
p 值	0.000	0.000	—	—	—	—

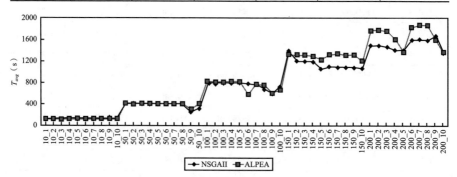

图 8-8　ALPEA 和 NSGAII 关于 *IGD*$_{avg}$ 的比较结果

由表 8 - 5 和表 8 - 6 可知，在这组算例上，ALPEA 的表现均占优于 NSGAII。从 *Best* 和 *Mean* 来看，ALPEA 在几乎所有算例中都获得了优于 NSGAII 的结果。此外，在大多数算例中，ALPEA 在 *SD* 上的表现都优于 NSGAII，验证了基于主动学习的改进机制有利于提高算法的鲁棒性。此外，如表 8 - 5 和表 8 - 6 所示，ALPEA 在两组算例中获得的 *NB* 的总数为 56（20 + 19 + 17）和 80（30 + 28 + 22），而 NSGAII 获得的 *NB* 的总数为（3 + 1 + 3）和 14 个（4 + 2 + 8），验证了 ALPEA 与 NSGAII 相比的优越性。此外，*Best* 和 *Mean* 的 *p* 值均小于 0.05，说明 ALPEA 的性能显著优于 NSGAII。综上所述，基于主动学习的改进机制能够有效提高 ALPEA 的全局搜索能力。

此外，由图 8 - 8 可以看出，ALPEA 和 NSGAII 的 $T_{avg}(s)$ 趋势非常相似，这说明了提出的基于主动学习的 ALPEA 改进方法的有效性。虽然 ALPEA 的 $T_{avg}(s)$ 在一些大规模算例中略长于 NSGAII，但趋势在可接受的范围内。特别是，从表 8 - 6 中可以发现，对于 NSGAII 具有更好的 $T_{avg}(s)$ 的情况，ALPEA 可以获得更好的 IGD_{avg}。这些结果表明了 ALPEA 全局搜索的有效性和效率。

四、主动学习改进方法有效性验证

为了进一步验证对高斯分布进行学习的学习规则的有效性，考虑了 ALPEA 的一个变种 ALPEA_V。ALPEA_V 与 ALPEA 的不同之处在于 ALPEA_V 中仅使用了 NL_0 中的三个典型解来估计高斯分布。这三个解包括两个极端解和一个对应 NL_0 中值目标函数中间值的解。因此，ALPEA 和 ALPEA_V 的比较可以测试对高斯分布学习的学习规则的有效性。两种算法分别运行 21 次，停止条件为 $tmax = 2000$。IGD_{avg} 和 $T_{avg}(s)$ 的比较结果如图 8 - 9 和图 8 - 10 所示。

由图 8 - 9 可知，ALPEA 在大多数算例中可以获得较小的 *IGD* 值。因此，所提出的高斯分布学习规则有助于提高解的质量。如图 8 - 10 所示，两种比较算法的 $T_{avg}(s)$ 趋势非常接近，说明提出的学习规则对高斯分布的有效性。ALPEA 和 ALPEA_V 在 *IGD* 上所获得的 *NB* 的数量的比较结果如图 8 - 11 所示。

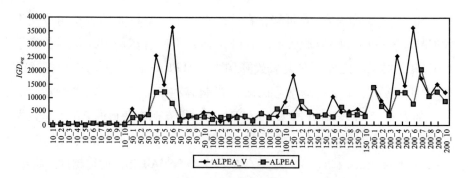

图 8-9　ALPEA 和 ALPEA_V 关于 IGD_{avg} 的比较结果

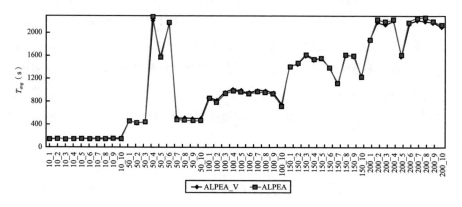

图 8-10　ALPEA 和 ALPEA_V 关于 T_{avg} 的比较结果

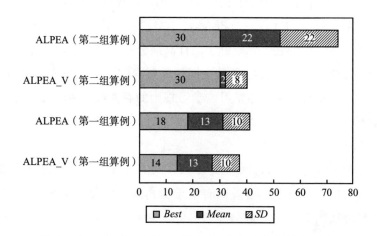

图 8-11　ALPEA 和 ALPEA_V 关于 IGD 的 NB 比较结果

由图 8 – 11 可知，ALPEA 在两组算例上获得的 *NB* 总数分别为 41(18 +
13 + 10)和 74(30 + 22 + 22)，大于 ALPEA_V 所获得的 37(14 + 13 + 10)和
40(30 + 2 + 8)。这进一步说明高斯分布学习规则对于提高 ALPEA 的性能
的有效性。

五、ALPEA 与其他算法比较分析

在本节中，将 ALPEA 与 MOEA/D（Zhang and Li，2007）和 MOGLS
（Ishibuchi and Murata，2002）这两种被广泛应用于求解多目标组合优化问
题的算法进行了比较。在比较中，对于 MOEA/D 和 MOGLS，采用了与张
和李（Zhang and Li，2008）与石渊和村太（Ishibuchi and Murata，2002）
中相同的参数设置。此外，在 MOEA/D 和 MOGLS 中也采用了 ALPEA 中的
启发式方法。对于每个算例，首先运行 ALPEA，停止条件为 $tmax = 2000$，
并记录每次运行的 CPU 运行时间，50 个是算例的 $T_{avg}(s)$ 趋势如图 8 – 12 所
示。两组算例的比较结果如表 8 – 7 和表 8 – 8 所示。

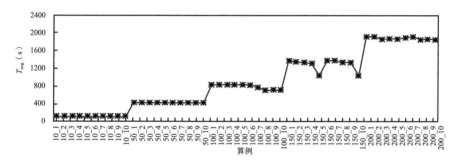

图 8 – 12　50 个算例的平均 CPU 运行时间趋势

表 8 – 7　　　　　　ALPEA、MOEA/D 和 MOGLS 的第一组算例的比较结果

算例	MOEA/D			MOGLS			ALPEA（this work）		
	Best	*Mean*	*SD*	*Best*	*Mean*	*SD*	*Best*	*Mean*	*SD*
10_1	**270.99**	**437.54**	**143.14**	13046.85	24876.85	5926.47	587.03	881.22	212.06
10_2	1134.37	**1804.30**	**474.59**	2359.01	10807.09	4178.68	**0.00**	2000.64	2056.81
10_3	918.61	1537.62	276.08	4007.82	19333.20	10352.85	**0.00**	**204.67**	**175.50**
10_4	692.70	2196.56	1695.46	5590.43	13665.82	4355.34	**0.00**	**1.34**	**3.09**

续表

算例	MOEA/D			MOGLS			ALPEA（this work）		
	Best	Mean	SD	Best	Mean	SD	Best	Mean	SD
10_5	1632.61	2045.95	314.15	5337.13	16213.44	6989.74	**0.00**	**1.08**	**1.58**
10_6	427.66	950.22	344.66	8497.75	17167.86	6486.37	**7.03**	**815.25**	**593.50**
10_7	731.21	2219.39	847.82	6375.36	12402.29	4402.77	**12.98**	**53.11**	**63.56**
10_8	475.36	2020.37	1565.05	3756.10	12792.12	6747.37	**0.00**	**1170.78**	**710.91**
10_9	1304.83	2261.95	624.43	3332.02	11687.52	4777.30	**0.00**	**96.80**	**186.08**
10_10	560.47	1651.04	971.35	1177.93	10293.86	5590.74	**0.00**	**112.00**	**248.64**
50_1	1146.25	4893.67	2801.78	337455.09	376965.15	18941.55	**0.00**	**303.45**	**467.65**
50_2	**0.00**	6038.75	**5435.16**	376467.11	404408.90	13473.11	**0.00**	5157.73	11369.35
50_3	1349.93	3966.49	3938.15	340589.68	363460.99	14615.22	**0.00**	**496.21**	**1147.99**
50_4	2260.52	11806.75	9580.45	375531.22	418150.06	17416.39	**0.00**	**763.18**	**1103.33**
50_5	1291.01	6520.76	5459.04	378345.27	403591.84	11805.20	**0.00**	**337.10**	**790.67**
50_6	1966.37	7548.00	4373.08	362669.27	392463.02	13626.98	**0.00**	**184.14**	**529.28**
50_7	1784.12	8279.89	**6234.69**	358068.54	412379.77	20280.47	**0.00**	3039.80	8344.47
50_8	2925.10	11231.07	9220.41	335905.61	369219.40	13187.91	**0.00**	**2335.50**	**3423.59**
50_9	660.56	5420.31	5572.22	384186.35	419322.64	14332.98	**0.00**	**1059.32**	**2580.30**
50_10	1153.78	9178.46	9667.06	388260.65	417286.71	18695.93	**0.00**	**438.85**	**731.25**
NB	2	2	4	0	0	0	**19**	**18**	**16**
p 值	0.000	0.000	—	0.000	0.000	—	—	—	—

如表 8 - 7 和表 8 - 8 所示，几乎所有算例中，ALPEA 均获得了小于 MOEA/D 和 MOGLS 的 IGD 值，验证了 ALPEA 的有效性。ALPEA 在第一组算例中获得的 NB 的总数为 53（19 + 18 + 15），在算例中获得的 NB 的总数为 90（30 + 30 + 30），明显优于其他两种对比算法。在显著性方面，Best 和 Mean 的 p 值均小于 0.05，说明 ALPEA 与两种比较算法之间存在显著性差异。为了显示 ALPEA 解的统计分布，基于 10_5、50_5、100_5、150_5 和 200_5 这 5 个算例，给出了 95% 置信区间的比较结果，如图 8 - 13 所示。95% 置信区间的比较结果验证了 ALPEA 的可靠性。综上所述，ALPEA 可以在求解不同规模和结构的问题。

表8-8　ALPEA、MOEA/D 和 MOGLS 的第二组算例的比较结果

算例	MOEA/D			MOGLS			ALPEA (this work)		
	Best	Mean	SD	Best	Mean	SD	Best	Mean	SD
100_1	14816.32	36654.64	14138.88	922868.58	960354.38	20601.19	0.00	347.89	990.82
100_2	4526.83	30749.22	17803.89	907290.21	953208.25	18861.21	0.00	13.19	58.97
100_3	8631.62	37186.66	15229.04	886912.92	940597.96	21286.78	0.00	0.00	0.00
100_4	1830.19	30896.08	16445.32	884515.07	949879.10	25165.49	0.00	0.00	0.00
100_5	9513.03	45398.97	19962.42	910654.60	958405.90	23537.88	0.00	496.31	1688.54
100_6	7481.69	42061.22	15213.80	895360.66	942950.67	20593.58	0.00	70.59	315.69
100_7	7144.20	47728.60	21053.74	875578.48	938962.70	25140.58	0.00	0.29	1.29
100_8	10496.01	42289.42	17149.24	922986.70	946695.28	13461.74	0.00	0.00	0.00
100_9	7187.15	35619.10	16319.31	913031.81	953220.37	21623.98	0.00	425.61	1345.50
100_10	13491.05	55645.70	21649.20	895327.08	963770.11	24543.67	0.00	0.00	0.00
150_1	13159.67	50933.58	25353.00	1397031.80	1457605.29	29831.56	0.00	0.00	0.00
150_2	41186.54	135152.97	30931.53	1402938.79	1477853.84	31817.12	0.00	0.00	0.00
150_3	13045.88	85082.63	32468.92	1442388.80	1472944.83	21804.89	0.00	0.00	0.00
150_4	41745.76	100818.44	29890.36	1423031.51	1490862.94	26146.72	0.00	580.97	1893.65
150_5	41952.97	91885.31	26630.90	1445043.70	1502973.48	23832.00	0.00	0.00	0.00
150_6	37804.81	99996.93	26968.21	1423931.09	1477239.16	26728.49	0.00	0.00	0.00

续表

算例	MOEA/D			MOGLS			ALPEA（this work）		
	Best	Mean	SD	Best	Mean	SD	Best	Mean	SD
150_7	7504.85	57967.56	32534.10	1396647.55	1473933.03	34619.33	0.00	112.40	502.69
150_8	34708.25	100155.74	30112.54	1438419.25	1534361.63	30813.35	0.00	0.00	0.00
150_9	10794.68	76791.38	34007.97	1394009.23	1500846.53	32070.72	0.00	0.00	0.00
150_10	10833.76	83568.51	23901.64	1453050.64	1514969.83	22683.80	0.00	0.00	0.00
200_1	2509.58	89741.18	62040.67	1821161.19	2007612.34	85089.56	0.00	1464.73	6550.46
200_2	4464.54	42082.28	47073.60	1788635.43	1913805.49	84201.67	0.00	12252.93	27612.48
200_3	3847.67	112391.21	53205.93	1901070.52	2057767.86	61009.81	0.00	719.53	2582.36
200_4	4983.39	68720.78	45005.14	1775924.53	1891499.18	74261.91	0.00	744.48	2828.13
200_5	3501.72	146925.24	72719.21	1803919.05	2005840.70	81768.85	0.00	3092.20	12969.68
200_6	6468.24	79632.55	42562.56	1757847.75	2049254.85	86826.37	0.00	2830.03	8209.47
200_7	0.00	59334.90	40920.20	1846880.08	2002360.33	62869.76	0.00	10663.93	24510.77
200_8	3512.08	93347.25	48356.02	1851027.96	1977028.60	58534.68	0.00	116.59	511.80
200_9	0.00	90750.59	58644.39	1792488.24	1947403.90	71179.76	0.00	3740.16	10914.66
200_10	0.00	92150.23	70926.34	1882613.93	2006239.70	69810.51	0.00	8478.13	27788.13
NB	0	0	0	0	0	0	30	30	30
p值	0.000	0.000	—	0.000	0.000	—		—	

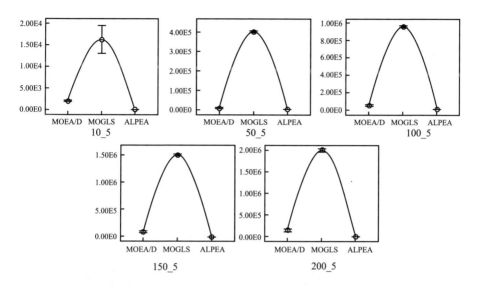

图 8 - 13　ALPEA、MOEA/D 和 MOGLS 的 95% 置信区间的比较结果

为了进一步证明 ALPEA 的有效性，除了第八章第五节中描述的 50 个实例外，我们还引入了 20 个随机实例，每个实例均考虑了 100 个站点。对于这 20 个算例，首先，在一个平面直角坐标系中统一生成 100 个站点；其次，计算每对站点之间的欧氏距离表示 d_{ij}，其他参数的生成方法与第八章第五节相同；最后，用这 20 个实例将 ALPEA 与 MOEA/D 和 MOGLS 进行了比较 2。其中，ALPEA 在 $t_{max} = 2000$ 时独立运行了 21 次，并且两种比较算法也在每次运行时以与 ALPEA 相同的 CPU 时间运行了 21 次。对比结果如表 8 - 9 所示。

除了上述结果之外，ALPEA 与 MOEA/D 的一个变种（即 MOEA/D_V）进行比较。MOEA/D _ V 与 MOEA/D 的原始搜索模型（Zhang and Li，2007）相同，只是采用了所提出的基于主动学习的细化方法。需要注意的是，ALPEA 并没有与具有基于主动学习的细化机制的 MOGLS 变体进行比较，因为在表 8 - 7 至表 8 - 9 中，MOEA/D 的性能优于 MOGLS。其中，ALPEA 在 $t_{max} = 2000$ 的停止条件下独立运行 21 次，MOEA/D_V 每次运行的 CPU 时间与 ALPEA 相同。在 *IGD* 方面，*BSET*、*AVG*、*SD* 的所获得的 *NB* 值比较结果如图 8 - 14 所示。

表 8-9　ALPEA、MOEA/D 和 MOGLS 的比较结果

算例	MOEA/D			MOGLS			ALPEA (this work)			
	BEST	AVG	SD	BEST	AVG	SD	BEST	AVG	SD	T_{avg} (s)
a100_1	3762.62	23333.12	21760.44	593218.55	666023.19	36264.61	0.00	365.87	697.64	953.88
a100_2	6714.48	37138.38	27027.01	610719.10	691513.01	32402.06	0.00	1789.09	1958.67	961.85
a100_3	4789.47	26850.89	21950.23	623228.99	677160.93	33177.47	0.00	1319.04	1916.86	955.27
a100_4	4025.73	22503.29	14389.75	602223.61	676982.33	32310.37	0.00	724.22	1228.41	950.73
a100_5	2571.16	18047.85	10796.65	657823.45	728425.39	30870.12	0.00	21.97	93.20	947.17
a100_6	2897.63	27199.73	27060.38	626950.45	707609.55	31999.14	0.00	891.90	1620.48	958.88
a100_7	6687.80	20131.58	17071.08	645541.04	690624.70	24172.85	0.00	654.37	1558.94	950.72
a100_8	1679.95	22958.53	21352.04	574367.50	667733.28	38982.33	0.00	291.94	941.02	955.08
a100_9	4426.76	20599.55	14936.23	600624.82	673595.01	32261.60	0.00	545.57	1235.02	952.99
a100_10	5085.16	30217.34	22186.81	627967.90	684266.45	29195.68	0.00	1054.26	1742.23	953.86
a100_11	3276.81	25573.68	21752.43	612652.26	686839.12	28056.19	0.00	597.99	1009.56	950.30
a100_12	3531.26	17599.12	13122.75	344145.18	673266.11	75368.46	0.00	328.02	749.53	973.03
a100_13	5377.65	15495.22	7992.41	564018.09	663487.58	42786.44	0.00	110.46	325.10	962.27
a100_14	2474.25	23397.78	17285.32	624211.06	690226.89	33557.10	0.00	1028.41	1499.16	942.32
a100_15	6095.02	22449.27	16417.61	631820.95	677045.62	30673.08	0.00	1328.47	2164.09	950.60
a100_16	3663.01	23937.70	18854.23	697900.30	737640.22	29946.81	0.00	882.81	1482.02	956.55
a100_17	4289.48	18620.74	15419.03	657451.02	724976.73	29249.67	0.00	503.03	1492.41	947.09
a100_18	3612.79	21253.19	13165.10	651611.04	707984.37	30374.73	0.00	1156.54	1889.59	964.08
a100_19	3584.73	15502.60	12737.94	620106.31	662912.34	17855.89	0.00	263.38	803.09	987.05
a100_20	3028.03	23958.81	17481.66	604320.63	664514.85	32017.99	0.00	1603.52	1900.68	959.58
NB	0	0	0	0	0	0	20	20	20	—
p值	0.000	0.000	—	0.000	0.000	—	—	—	—	—

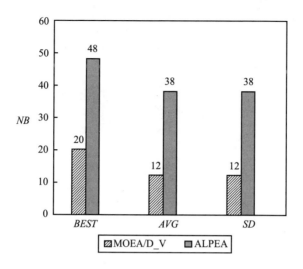

图 8 - 14　MOEA/D_V 与 ALPEA 比较结果

由图 8 - 14 可知，ALPEA 的 NB 值为 124（48 + 38 + 38），大于 MOEA/D_V 的 NB 值 44（20 + 12 + 12）。结果表明，将所提出的基于主动学习的改进机制融入 ALPEA 的全局搜索中具有良好的改进效果。

第六节　实际案例分析

一、数据收集与非支配解

在本节中，以前文中描述的沈阳市某电商平台的自营物流中的快递柜网络设计为背景进行案例分析，相关数据可从 https：//www. researchgate. net/publication/348678738_real-life_case_study 进行下载。该电商平根据业务范围、城区人口的行政划分情况和人口聚集情况，在沈阳市的于洪区（YH）、皇姑区（HG）、大东区（DD）、沈河区（SH）、铁西区（TX）、和平区（HP）和浑南区（HN）的七个区内确定了 175 个建立快递柜站点的候选位置，由于城市人口分布不均衡，*175 节点分散的分布于 7 个区内，如图 8 - 15 所示。拟投放常温柜和冷藏柜两种类型的快递柜，客户的最大可接受取货距离阈值为 $\varepsilon = 3$。

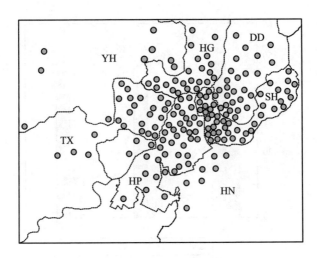

图 8 – 15　沈阳市七个区内的候选节点分布

根据实际数据，在停止条件为 $t\max = 2000$ 的情况下运行 ALPEA，AL-PEA 能在 1052.13 秒内并在图 8 – 16 中说明了已解决的非支配解。ALPEA 的 CPU 时间为 1052.13 秒，内获得 45 个非支配解，能够满足该电商平台的实际需求，所获得的非支配解如图 8 – 16 所示。

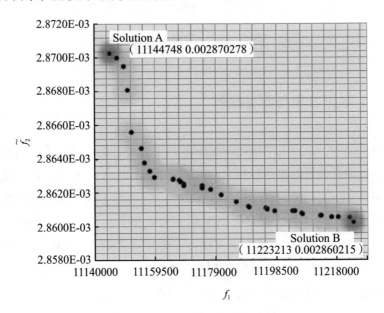

图 8 – 16　ALPEA 所获得的非支配解

由图 8 – 16 中的近似帕累托前沿可知，总成本越大的解的可到达性越小，验证了两个目标之间的冲突性。虽然 MO_PLNDP 中的总成本和客户的可到达性之间存在着强烈的冲突，但 ALPEA 可以在两者之间提供一个合理的折中。因此，决策者可以根据自己的偏好在非支配解中选择合适的解。为了进一步观察两个目标之间的权衡，对图 8 – 16 中的极端解 1 和极端解 2 进行分析，如图 8 – 17 所示。

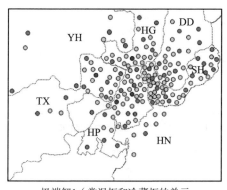 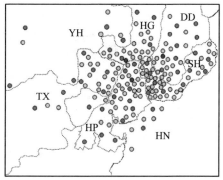

极端解1（常温柜和冷藏柜的单元
格数分别为34666和24670）　　　　　极端解2（常温柜和冷藏柜的单元
格数分别为34673和24678）

●仅投放了常温柜的站点　　○仅投放了冷藏柜的站点　　●同时投放常温柜和冷藏柜的站点

图 8 – 17　ALPEA 所获得的极端解 1 和极端解 2 的分布

在图 8 – 17 中，极端解 1 对应成本最小化的决策偏好下的站点分布，极端解 2 对应可到达性最大化的决策偏好下的站点分布。此外，两个解中关于快递柜站点的选址、站点上的单元格数量和客户的推荐机制均不同，导致 f_1 和 f_2 的值不同。这表明，对快递柜站点的选址、站点上的单元格数量和客户的推荐机制进行综合优化可以实现总成本和可到达性之间的平衡，验证了所提出的模型和算法的有效性和实际应用价值。

二、可接受距离阈值的影响分析

如前所述，ε 的值对客户是否选择某一快递柜站点获得服务有重要的影响。因此，ε 的取值不同值，ALPEA 的解的整体趋势也不同。为了分析 ε 的取值对所获得的非支配解的影响，给出了 $\varepsilon = 1,2,3,4,5$ 下的非支配解，如图 8 - 18 所示。其中，ε 的单位是 km。$\varepsilon = 1$、2、4 和 5 时 ALPEA 运行时间与在第八章第五节中的 CPU 运行时间相同（$\varepsilon = 3$）。

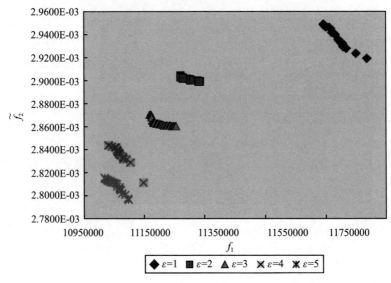

图 8 - 18　不同 ε 下的帕累托前沿

由图 8 - 18 可知，随着 ε 值的增加，所得到的非支配解的总成本整体呈减少的体趋势，而客户的可到达性整体呈增加的趋势。因此，ε 较小时的非支配解有可能被 ε 较大时的非支配解的解所支配。因此，如果选择较大 ε，ALPEA 可以获得较好的非支配解集。

此外，从决策变量的角度来看，ε 的值也会对 ALPEA 得到的非支配解的产生影响。表 8 - 10 中列举了不同阈值下帕累托前沿中的典型解的开放站点数和快递柜站点数量。其中，典型解非支配解集中目标函数的中值对应的解。

表 8 - 10　　　　不同的 ε 下典型解的快递柜站点数和单元格数

站点与单元格数	$\varepsilon = 1$	$\varepsilon = 2$	$\varepsilon = 3$	$\varepsilon = 4$	$\varepsilon = 5$
快递柜站点数（常温柜）	111	63	46	28	28
快递柜站点数（冷藏柜）	110	61	47	31	28
快递柜站点总数	221	124	93	59	56
快递柜单元格数（常温柜）	35006	34675	34673	35300	35300
快递柜单元格数（冷藏柜）	24926	24698	24675	24672	24728
单元格总数	59932	59373	59348	59972	60028

由表 8 - 10 可知，快递柜网络中站点的数量随着 ε 的增加而减少。但 ε 的变化对变化常温柜和快递柜的单元格总数的影响相对较小。虽然以上结果表明从合作平台的角度来看，ε 的取值越大越好，但在实践中需要充分考虑消费者的接受程度。因此，在满足消费者需求的前提下，对 ε 进行合理取值可以实现合作平台与客户的双赢。

三、需求率和取货率的影响分析

为了分析需求率（r_{ik}）对 ALPEA 非支配解的影响，生成一对需求率：$r_{ik}^- = (1 - 20\%) r_{ik}$，$r_{ik}^+ = (1 + 20\%) r_{ik}$。不同需求率下的非支配解如图 8 - 19 所示。不同需求率下快递柜站点数和单元格数如表 8 - 11 所示。

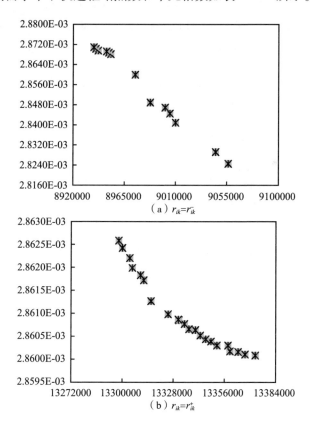

图 8 - 19　不同 *rik* 下 ALPEA 得到的非支配解

表 8 – 11　　　　　　　不同 r_{ik} 下代表性解中快递柜站点数

站点与单元格数	r_{ik}^-	r_{ik}^+
快递柜站点数（常温柜）	40	49
快递柜站点数（冷藏柜）	38	46
快递柜站点总数	78	95
快递柜单元格数（常温柜）	27703	41646
快递柜单元格数（冷藏柜）	19746	29607
快递柜单元格总数	47449	71253

从图 8 – 19 和表 8 – 11 可以看出，随着取货率的增加，常温柜和冷鲜柜的站点数和单元格的总数都会增加，从而导致总成本的增加。但是，r_{ik} 的变化对顾客的可达性没有确定的影响。结果与实际情况相吻合，随着客户需求的增加，将会有更多的站点开放，更多的设施将被用于满足市场需求。

为了分析取货率（q_i）对 ALPEA 得到的非支配解的影响，采用两种方法生成 q_i，即 $q_i^- = (1 - 20\%) q_i$ 和 $q_i^+ = (1 - 20\%) q_i$，其他参数保持不变，图 8 – 20 给出了两种 q_i 生产方式的非支配解，不同取货率下的代表性解的快递柜站点数和单元格数如表 8 – 12 所示。

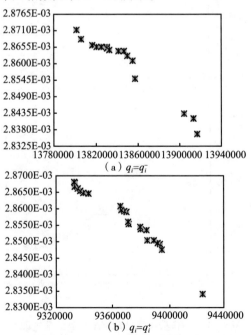

（a）$q_i = q_i^-$

（b）$q_i = q_i^+$

图 8 – 20　不同 q_i 下 ALPEA 得到的非支配解

表 8 – 12　　　　　　　　　　不同 *rik* 下代表性解中快递柜单元格数

站点与单元格数	q_i^-	q_i^+
快递柜站点数（常温柜）	45	42
快递柜站点数（冷藏柜）	44	42
快递柜站点总数	89	84
快递柜单元格数（常温柜）	43332	29112
快递柜单元格数（冷藏柜）	30838	20576
快递柜单元格总数	74170	49688

　　由图 8 – 20 和表 8 – 12 可知，随着 q_i 的增加，常温柜和冷鲜柜的站点数和单元格总数都有一定减少的趋势，而总成本会明显降低。这意味着平台应该致力于引导客户提高取件率。此外，q_i 的变化对客户的可达性没有明确的影响。

第九章

结论与展望

▶ 第一节 主要研究工作与结论

本书研究了物流系统中考虑资源均衡的多目标多维货物装载问题、考虑产销不平衡的多目标公路货物运输问题、考虑多源采购的多目标货物多式联运网络设计问题和考虑能耗的多目标"最后一公里"配送快递柜分配问题，本书的主要工作包括以下五个方面。

（一）提炼出考虑资源均衡的多目标多维货物装载问题

第一，针对货物装载过程中通常需要考虑货物的多个维度，且由于货物的品种繁多，在各个维度上的尺寸具有较强的差异性的特征，对车辆或其他装载容器的各个维度上的资源占用量不均衡，构建了考虑资源均衡的多目标多维货物装载问题的多目标优化模型，优化目标为所装载的货物的利润最大化和资源占用量最大的维度上的资源占用量最小化。

第二，为了对模型进行求解，提出了一种基于增量学习的帕累托进化算法，该算法主要由在线增量学习和非支配排序两部分组成。首先，提出了基于问题特征的启发式，包括遗传操作的设计和针对不可行解的修复机制；其次，提出了一种在线增量学习方法，在迭代过程中学习优秀解的概率模型进而预测出较好的个体；最后，提出了一种简单而有效的基于竞争的改进机制来改进算法的后代个体。

第三，基于 45 个基准算例，将所提出的算法与已有的多目标进化算法进行比较，仿真计算实验结果验证了所提出的算法的有效性；此外，将模型和算法应用于一个实际的货物装载案例中，为决策者在较短的时间内提供有效的决策方案。

（二）提炼考虑产销不平衡的多目标公路货物运输问题

第一，针对实际应用中供应商的生产量和客户的需求量往往不相等的情形，提出了一类考虑产销不平衡的多目标公路货物运输问题，并考虑了车辆的容量约束和装载率水平约束，优化目标为最小化总成本（包括运输成本和燃油消耗成本）和产销不平衡量；此外，基于汽车理论，提出了一种新的机理模型用于精确计算运输过程中的燃油消耗。

第二，为了对模型进行求解，提出了一种混沌驱动的差分进化算法。首先，提出了基于问题特征的启发式，包括解的表达、不可行解的修复策略和可行解的解码方法；其次，提出了一个基于分解的多目标搜索框架，利用基于分解的多目标搜索模型和差分进化算法相结合进行全局搜索；最后，为了提高算法的局部开发能力，提出了一种基于逻辑映射的混沌驱动局部搜索策略。

第三，基于 100 个随机算例，将所提出的算法与其他多目标进化算法进行比较，验证了该方法的有效性和实用价值；将模型与算法应用到一个实际的木材运输案例中，并将所提出的方法与基于人工经验的方法进行比较。

（三）考虑多源采购的多目标货物多式联运网络设计问题

第一，针对多式联运背景下的货物运输情形，提出了一种考虑多源采购的多目标货物多式联运网络设计问题，从而为来自不同的货源地的一系列货物提供最优的运输路径和运输方式组合，以实现在总成本和时间之间的良好平衡。构建了该问题的多目标优化模型，优化目标为总成本最小化和不同货源地中最大运输时间的最小化。

第二，为了对模型进行求解，提出了一种混合分布估计算法。首先，根据问题的结构特征，设计了异构边缘分布律作为算法的概率模型；其次，通过从帕累托档案中随机选择个体对概率模型进行更新，并通过对概率模型进行采样生成新的种群。此外，将基于部分交换邻域结构的多目标局部搜索策略嵌入算法的全局框架中用于提高的算法的全局探索能力。

第三，基于 150 个随机算例，将所提出的算法与其他多目标进化算法进行比较，验证了该算法的有效性；并将模型与算法应用到一个实际的跨国多式联运运输案例中，为企业提供在运输成本和运输时间之间的较好的折中下的"门到门"的一站式服务。

（四）提炼出使用快递柜解决"最后一公里"配送的多目标快递柜分配问题

第一，提出了考虑能源消耗的多目标快递柜分配问题，用于提供快递柜的采购和分配的决策，构建了该问题的多目标优化模型和相应的代理模型，优化目标为最小化总成本和能源消耗。

第二，提出了基于问题特征的启发式，包括遗传操作和不可行解的修复策略。在此基础上，提出了一种基于分解的概率引导的多目标进化算法，该算法能够在迭代过程中平衡子问题之间有限的计算资源。同时，提出了一种反馈策略，在不满足概率条件时可以交替生成新的解。

第三，基于 20 个随机算例将所提出的算法与其他多目标进化算法进行比较，验证了该方法的有效性；并将模型和算法应用到一个实际的快递柜分配案例中，对模型和算法的有效性和实际应用价值进行验证。

（五）针对多目标快递柜网络设计问题（MOPLNDP）作为城市"最后一公里"配送的解决方案

第一，建立了 MOPLNDP 的数学模型，该模型综合了与快递柜站点选址相关的决策、向客户推荐站点的决策和快递柜单元格数量的决策，使总成本最小化和客户可达性最大化。

第二，提出了一种主动学习 Pareto 进化算法（ALPEA）来求解 MOPLNDP，该算法采用了典型的非支配排序方法和主动学习细化机制来提高算法的搜索能力。

第三，通过 70 个随机算例和实际案例的实验对比，验证了该方法的有效性和应用价值。公开了 70 个随机算例的数据和现实生活中的案例研究，这对未来 MOPLNDP 研究具有重要的有价值。

本书主要得出以下结论。

第一，物流系统中的多目标装载—运输—配送优化问题是一类典型的物流优化问题，其具有广泛的现实背景和理论价值。如何提高系统效率以及考虑实际应用中存在的多个互相冲突的目标成为物流业的新挑战。针对物流系统中装载、运输和配送三个最关键的环节，研究不同环节和不同场优化场景下的典型优化问题具有较好的理论意义和实际应用价值。故通过归纳分析已有研究成果和结合实际企业应用的基础上，提炼出物流系统中的四个基本研究问题：考虑资源均衡的多目标多维货物装载问题、考虑产销不平衡的多目标公路货物运输问题、考虑多源采购的多目标货物多式联运网络设计问题和考虑能耗的多目标"最后一公里"配送快递柜分配问题。

第二，在物流系统中考虑资源均衡的多目标多维货物装载问题的研究中发现，所装载的货物利润最大化和资源均衡的最大化两个目标之间存在非常明显的冲突性，但通过所提出的模型和算法，可以找到二者间较好的折中，可以在利润降低较小的情况下提高各维度上资源均衡。此外，基于 NSGAII 的进化框架在求解该多维货物装载问题时具有较好的性能表现，且基于增量学习的方法能有效提高算法的性能。

第三，在物流系统中考虑产销不平衡的多目标公路货物运输问题的研究中发现，运输成本最小化和产销不平衡量最小化两个目标之间互相冲突，但通过所提出的模型和算法，可以获得两个目标之间的较好的折中。另外，适当提高车辆的装载率约束水平有利于提高所获得的非支配解集的质量，但随着装载率的提高，虽然能降低运输成本和减少所使用的车辆的数量，却会增加产销不平衡量。此外，使用 MOEA/D 作为全局搜索框架和 DE 作为底层算法的方法在求解该连续运输问题时获得了较好的表现，且利用混沌的遍历性、随机性和初值敏感性的特征来设计局部搜索操作，能有效提高算法的搜索性能。

第四，在物流系统中考虑多源采购的多目标货物多式联运网络设计问题的研究中发现，运输成本最小化和货源地间最大的运输时间最小化两个目标之间存在明显的冲突，但通过所提出的模型和算法，可以找到二者间较好的折中，可以在运输成本增加较少的前提下节省运输时间。另外，通过多式联运网络进行优化，可以有效降低公路运输的使用频率，进而实现减少运输中碳排放的目标。此外，基于分布估计算法的多目标进化算法在求解该多目标货物多式联运网络设计问题时具有较好的性能表现，且基于部分交换邻域结构的局部搜索策略能有效提高算法的性能。

第五，在物流系统中考虑能耗的多目标"最后一公里"配送快递柜分配问题的研究中发现，总成本最小化和能耗最小化两个目标之间存在明显的冲突，但通过所提出的模型和算法，可以找到二者间较好的折中。另外，使用多供应商采购策略和使用不同规格的快递柜更有利于快递柜运营商实现成本节约和降低耗。此外，基于 MOEA/D 的进化框架在求解该快递柜分配问题时具有较好的性能表现，且在 MOEA/D 的算法改进中，不同子问题的贡献不同，合理地分配不同子问题的计算资源有利于提高 MOEA/D 的搜索能力。

▶ 第二节　主要贡献

针对物流系统中装载—运输—"最后一公里"配送的多目标模型和算法，从理论和方法等方面进行了深入探讨，主要贡献如下。

（1）从物流系统整体的角度出发，对物流系统中的三个最关键的环节进行系统的研究，通过"分而治之，逐个解决"的方式，将物流系统中的装载—运输—配送优化问题分解成若干优化问题，形成了较为系统、全面和明晰的问题体系；从多目标优化的角度对物流系统进行优化，能够满足物流系统中多重绩效的要求；聚焦于现代物流的特征，在实际应用和理论研究的双重驱动下，对问题进行提炼，既考虑了传统的降低成本、缩短运输时间等目标，也将目前亟待解决的降低碳排放、节约能源等纳入物流系统优化中，具有较高的理论意义和较强的实际应用参考价值。

（2）从货物装载—运输—配送优化问题提炼的角度出发，首先，将货物装载问题构建为一类特殊的背包问题，并考虑了装载容器的各维度上的资源均衡，既为物流系统中解决具有强异质性的货物的装载提供了有效的解决方法，也丰富了装载问题的相关研究；其次，考虑了以卡车作为运输工具的单一运输模式下的运输问题，所提出的方法能够解决任意产销量关系下的运输问题，与传统的通过添加虚拟的产地或销地实现平衡的方法相比，能够对产销不平衡量进行优化；再次，考虑了多式联运下的运输问题，将多式联运网络根据地理分布和基础设施情况划分为若干个阶段，并考虑了各个段中每个中间节点的容量约束用于分散物流压力，丰富了多式联运的网络结构；最后，研究了将快递柜作为"最后一公里"配送的解决方案时，如何从定量分析的角度为快递柜服务提供商提供了快递柜的采购和快递柜的分配的相关决策，丰富了配送优化的相关研究，得到的研究结论和管理启示对于指导实际的快递柜采购和分配决策具有重要参考价值。

（3）从多目标进化算法相关研究的角度出发，根据问题特征，采用了不同的进化算法，使用的多目标进化算法可以分为基于 NSGAII 的多目标进化算法、基于 MOEA/D 的多目标进化算法和混合分布估计算法，拓展了多目标进化算法的应用。为了应对算法进化过程中可能产生不可行解的情形，根据具体问题的特征，采用了不可行解修复机制和多目标约束处理机制两种方法对不可行解进行修复；为了提高算法的搜索性能，将机器学习中的增量学习方法、基于混沌特征的改进策略等方法嵌入了算法的搜索框架中，为相关研究奠定了理论基础，具有较高的参考价值。

第三节　研究的局限性

本书的研究仍存在局限性，具体表现在以下几个方面。

（1）在问题的提炼方面，由于时间和个人的能力等方面的限制，本书主要研究了物流系统中多维货物装载问题、公路运输问题、多式联运下的运输问题、"最后一公里"配送优化中的快递柜分配问题，尚未对其他物流系统中的装载、运输和配送优化问题进行提炼和研究，如配送环节中的无人机配送路径优化问题等；此外，物流系统中除了装载、运输和配送环节，还包括仓储、回收等环节，需要在未来进行更加深入的研究。

（2）在模型构建方面，本书提出了四个研究问题，构建了相应的多目标优化模型，并对其进行求解。从满足普适情况下的需求的角度出发，本书提出了若干的假设，如客户对快递柜的需求是已知且固定的，但在实际中客户的需求并非固定不变，因此，本书所提出的数学模型不能完全准确地反映实际中的问题。

（3）在算法比较方面，由于时间和个人能力等方面的限制，主要将所提出的多目标进化算法与 NSGAII、MOEA/D 和 MOGLS 这几种比较经典的多目标进化算法进行比较，而相关文献中报道的多目标进化算法还有许多，并不仅仅局限于所关注的几种。同时，关于多目标进化算法的评价指标，本章共采用了五个评价指标，而未对其他评价指标下的算法性能进行评估。

▶ 第四节　后续研究工作的展望

本书初步探讨了物流系统中的多目标装载—运输—配送优化问题建模和求解。事实上，该问题是一个具有丰富的实际应用价值和广阔探索空间的研究问题，需要在理论、方法和应用等层面作出进一步的完善和深入的研究。

（1）考虑更全面的物流系统中的货物装载问题的研究。例如，考虑装载容器的各维度上的资源可变的货物装载问题、考虑货物具有不同交货期的货物装载问题、考虑货物的冲突性且冲突货物不能相邻摆放的货物装载问题、考虑具有多个装载容器的货物装载问题、在具有多个装载容器和多货品的货物装载中，要求同一类物品需要放在相同的装载容器中的货物装载问题等，同时，根据问题的特征，设计出有效的求解算法。

（2）考虑更全面的物流系统中的货物运输问题的研究。例如，考虑货物需要经过工厂、分销中心、零售商和客户等多阶段的运输问题、考虑交通拥堵的多式联运下的运输问题、考虑需求量和供应量不确定的运输问题、考虑设施可能发生中断的弹性运输问题、考虑货物在途价值衰变的运输问题等，并设计出有效的求解算法。

（3）考虑更全面的物流系统中使用快递柜解决物流配送优化问题的研究。例如，考虑客户的满意度的快递柜分配问题、考虑客户的选择行为的快递柜分配问题、考虑与其他配送模式（如送货上门和自提点）进行合作下的快递柜选址问题、考虑对快递柜的选址和分配同时进行决策的快递柜布局优化问题等，并针对所研究问题的特征进行算法设计

（4）在未来的研究中拟开发基于新型机器学习机制的有效 MOEAs 来解决其他类型的 MOPLNDP，例如，考虑设施损毁的 MOPLNDP 和具有集成取货点的 MOPLNDP。此外，本书所提出的基于主动学习的改进方法具有普适性，研究其在运筹学领域更多的选址问题，如在带容量的设施选址问题、p 值问题和覆盖问题中的应用将具有重要意义。

附　录

Ins.	CdDE__noLS			CdDE		
	Best	*Mean*	*SD*	*Best*	*Mean*	*SD*
3×5_1	589. 422	6552. 29	9362. 44	**0. 00**	**2964. 07**	**2951. 62**
3×5_2	**0. 00**	3751. 32	3606. 81	**0. 00**	**2080. 845**	3035. 92
3×5_3	**0. 00**	6007. 03	9075. 96	**0. 00**	**2820. 99**	**4230. 06**
3×5_4	288. 692	3249. 01	5058. 60	0. 03	**1212. 21**	**1730. 40**
3×5_5	337. 593	1368. 70	1229. 80	**0. 00**	**619. 52**	**638. 55**
4×6_1	**0. 00**	**3760. 37**	**7743. 28**	**0. 00**	5241. 99	10040. 64
4×6_2	**0. 00**	3289. 08	4092. 34	**0. 00**	**635. 68**	**631. 25**
4×6_3	**0. 00**	5713. 28	11559. 23	**0. 00**	**1672. 11**	**3561. 95**
4×6_4	**0. 00**	8563. 21	10453. 81	**0. 00**	**3109. 42**	7308. 95
4×6_5	**0. 00**	**5940. 08**	**7621. 73**	**0. 00**	6614. 38	9424. 94
5×9_1	1146. 82	5658. 78	7920. 58	**0. 00**	**2625. 84**	**4855. 72**
5×9_2	631. 518	3803. 09	8370. 42	**0. 00**	**1459. 19**	**2614. 81**
5×9_3	1247. 556	10588. 83	**13688. 57**	**0. 00**	**8212. 33**	17730. 69
5×9_4	855. 942	9847. 92	25256. 01	**0. 00**	**1683. 90**	**2190. 91**
5×9_5	**0. 00**	19083. 38	31154. 97	**0. 00**	**1072. 40**	**1963. 11**
6×13_1	**0. 00**	**3947. 10**	**3519. 40**	**0. 00**	5263. 32	9072. 19
6×13_2	725. 34	**4287. 18**	**4543. 35**	**0. 00**	9848. 63	14230. 99
6×13_3	203. 91	**3244. 65**	**3168. 32**	**0. 00**	4890. 59	7932. 12
6×13_4	**0. 00**	3514. 45	4334. 41	**0. 00**	**3143. 82**	**3874. 87**
6×13_5	1134. 73	9492. 20	15299. 13	**0. 00**	**775. 32**	**1021. 24**
8×15_1	**0. 00**	**6900. 96**	**11263. 97**	122. 631	11279. 36	14542. 02
8×15_2	**0. 00**	**2377. 39**	**2829. 57**	329. 61	10239. 68	10827. 43
8×15_3	**0. 00**	**1152. 53**	**1070. 99**	105. 10	7126. 65	8187. 40
8×15_4	**0. 00**	**3070. 13**	**4275. 42**	192. 30	10223. 54	10996. 67

续表

Ins.	CdDE__noLS			CdDE		
	Best	Mean	SD	Best	Mean	SD
8 × 15_5	339.32	**1782.87**	**931.97**	**0.00**	7824.77	10002.51
10 × 20_1	**9.00**	**4840.24**	**8290.82**	17.10	6911.57	9704.56
10 × 20_2	**0.00**	**2071.43**	**2274.35**	273.33	15186.23	20187.39
10 × 20_3	**0.00**	**5306.80**	**7170.16**	381.99	14223.74	17567.47
10 × 20_4	8831.83	29763.22	21859.31	**0.00**	**19083.95**	**19942.00**
10 × 20_5	11044.68	24083.22	**11151.22**	**0.00**	**12333.72**	15975.97
15 × 40_1	27108.33	137626.63	65616.63	**0.00**	**15719.91**	**31152.12**
15 × 40_2	36224.36	155107.18	88423.14	**288.914**	**23727.93**	**25558.79**
15 × 40_3	33835.43	198984.41	118462.25	**0.00**	**27525.73**	**25609.43**
15 × 40_4	89031.6	166586.08	84544.15	**0.00**	**15429.51**	**12960.81**
15 × 40_5	61470.01	209518.85	106295.54	**0.00**	**20533.27**	**25465.12**
20 × 60_1	824230.99	291153.67	180788.00	**0.00**	**33140.48**	**43282.43**
20 × 60_2	42384.28	259865.99	181572.76	**0.00**	**26361.26**	**25665.87**
20 × 60_3	66274.04	317424.03	151348.65	**0.00**	**18207.56**	**18330.77**
20 × 60_4	163504.10	362369.52	114900.11	**4104.22**	**28721.35**	**30323.19**
20 × 60_5	108811.64	285937.35	107108.04	**1874.71**	**22471.48**	**16954.51**
25 × 80_1	211343.73	338786.10	162155.09	**1991.46**	**28975.05**	**25278.44**
25 × 80_2	73151.86	327574.24	143714.59	**0.00**	**27084.99**	**26057.28**
25 × 80_3	164950.24	323622.47	182107.06	**0.00**	**32193.21**	**35322.01**
25 × 80_4	115295.23	238883.09	157112.03	**786.745**	**24565.31**	**28679.28**
25 × 80_5	184922.845	396449.47	164826.08	**0.00**	**29935.77**	**27784.89**
30 × 100_1	119324.68	335646.43	188383.25	**145.29**	**24609.25**	**27630.73**
30 × 100_2	102014.77	356176.82	173369.33	**0.00**	**20272.71**	**26443.77**
30 × 100_3	440460.16	335517.90	169958.97	**249.90**	**30800.45**	**28484.51**
30 × 100_4	157291.14	315875.78	200727.22	**0.00**	**33885.26**	**38376.89**
30 × 100_5	129677.94	374505.66	178964.72	**0.00**	**28129.36**	**22712.90**
NB	17	13	—	43	37	—

附表 – 2 　　　　　　　　　 50 个算例的 *IGD* 比较结果（S1）

Ins.	CdDE__noLS			CdDE		
	Best	*Mean*	*SD*	*Best*	*Mean*	*SD*
3×5_1	1507.387	15863.83	**15634.2**	**2.52**	**10767.24**	17378.04
3×5_2	830.689	36530.78	29086.16	0.00	**16868.11**	**22633.68**
3×5_3	837.721	19626.52	21581.07	0.00	**6140.08**	**9554.13**
3×5_4	667.314	4366.22	3259.29	**18.19**	**2294.49**	3253.76
3×5_5	307.691	1897.86	1798.74	0.00	**1264.08**	**1452.26**
4×6_1	2486.872	13222.68	13950.15	0.00	**5785.59**	**10371.61**
4×6_2	**0.00**	1946.16	**2013.34**	0.00	**1598.48**	2830.79
4×6_3	702.712	6995.48	8163.25	**7.749**	**3728.85**	7242.51
4×6_4	1000.455	3970.90	4599.58	0.00	**2879.28**	**3394.33**
4×6_5	721.913	6749.40	7723.93	0.00	**1034.29**	**1340.66**
5×9_1	902.504	16157.60	**19059.97**	0.00	**10162.28**	19902.46
5×9_2	417.114	1603.04	1265.07	0.00	**894.97**	**1111.92**
5×9_3	1332.852	**13564.24**	**17407.93**	82.28	14977.32	21897.13
5×9_4	886.449	15234.39	16089.54	0.00	**2382.78**	**3288.98**
5×9_5	865.109	14222.97	**19587.27**	0.00	**10050.27**	24367.14
6×13_1	4963.40	47877.37	35229.44	**43.74**	**14973.22**	**22344.79**
6×13_2	11184.22	65065.05	37010.42	**55.72**	**7116.20**	**6081.42**
6×13_3	24477.21	89185.30	47821.87	**9.90**	**9919.42**	24511.04
6×13_4	27574.73	62522.73	**7413.53**	**87.18**	22098.69	31327.73
6×13_5	1196.38	4460.96	5043.74	0.00	**2987.03**	4778.80
8×15_1	22088.79	80221.47	38101.19	**68.59**	**9337.27**	**11218.19**
8×15_2	58685.77	103682.66	28507.13	**553.85**	**10249.97**	**7279.59**
8×15_3	30428.37	9670.18	30428.37	**277.10**	**6054.01**	**5442.37**
8×15_4	21146.82	106409.08	44386.19	**428.32**	**8151.52**	**5358.11**
8×15_5	8598.16	81143.43	34635.06	**31.10**	**10422.69**	9546.85
10×20_1	12980.12	72037.72	38506.68	**64.58**	13866.71	**12471.22**
10×20_2	37207.65	84747.53	40392.01	**262.47**	**8237.65**	**8801.59**
10×20_3	49827.60	97819.41	49827.60	**721.81**	**6754.44**	**6837.93**
10×20_4	46454.54	119378.16	53659.64	**800.32**	18902.98	**16766.81**
10×20_5	41701.59	83232.03	41701.59	**769.48**	**11162.17**	**8158.98**
15×40_1	72474.70	240764.81	72474.70	**302.71**	**14584.89**	**12835.61**
15×40_2	64955.31	266215.65	64955.31	**288.91**	**18387.06**	**14049.48**
15×40_3	80642.81	293631.48	80642.81	0.00	**19530.36**	**12501.80**
15×40_4	56770.31	270702.62	56770.31	0.00	**16007.72**	**10009.34**
15×40_5	83158.59	379656.58	83158.60	0.00	**16900.47**	**11193.14**
20×60_1	345406.14	422763.39	90721.52	0.00	**19705.29**	**13737.78**
20×60_2	311990.37	491167.86	92797.08	**5650.97**	25582.14	**12949.74**

Ins.	CdDE__noLS			CdDE		
	Best	*Mean*	*SD*	*Best*	*Mean*	*SD*
20×60_3	113797.62	491458.55	113797.62	**4104.22**	**19561.50**	**9185.31**
20×60_4	163504.10	480885.39	103908.61	**0.00**	**21956.20**	**16076.58**
20×60_5	363467.62	446990.10	62525.50	**3540.33**	**28505.01**	**13813.96**
25×80_1	294147.76	543193.19	122748.54	**7225.65**	**27354.49**	**9956.04**
25×80_2	394343.98	470361.20	68587.57	**0.00**	**31023.62**	**17714.74**
25×80_3	329951.83	532343.30	125393.69	**4981.39**	**29299.83**	**19387.96**
25×80_4	329701.14	512460.98	77829.92	**8272.29**	**31654.26**	**20701.27**
25×80_5	414674.67	518960.38	**110501.54**	**7883.76**	**26556.99**	16018.24
30×100_1	302145.29	428778.96	65896.18	**4399.91**	**26100.58**	**18008.46**
30×100_2	233764.15	524424.86	112763.51	**5831.84**	**35025.75**	**25643.98**
30×100_3	131477.93	555093.61	124554.74	**0.00**	**29669.77**	**18322.90**
30×100_4	340699.52	485134.68	131477.93	**0.00**	**32099.82**	**20609.85**
30×100_5	440840.65	578555.19	141039.11	**10030.07**	**26317.36**	**11626.26**
NB	1	0	—	50	50	—

附表 −3　　　　　　　　50 个算例的比较结果为 Ω（S1）

Ins.	CdDE__noLS			CdDE		
	Best	*Mean*	*SD*	*Best*	*Mean*	*SD*
3×5_1	0.03	0.00	**0.01**	**1.00**	**0.26**	0.32
3×5_2	**1.00**	0.05	**0.21**	**1.00**	**0.53**	0.45
3×5_3	0.39	0.03	**0.09**	**1.00**	**0.38**	0.41
3×5_4	0.00	0.00	**0.00**	**0.89**	**0.34**	0.35
3×5_5	0.00	0.00	**0.00**	**1.00**	**0.24**	0.36
4×6_1	0.00	0.00	**0.00**	**1.00**	**0.38**	0.43
4×6_2	0.00	0.05	**0.21**	**1.00**	**0.29**	0.45
4×6_3	0.00	0.00	**0.00**	**1.00**	**0.28**	0.39
4×6_4	0.00	0.00	**0.00**	**1.00**	**0.42**	0.46
4×6_5	0.10	0.01	**0.02**	**1.00**	**0.50**	0.43
5×9_1	0.00	0.00	**0.00**	**1.00**	**0.57**	0.40
5×9_2	0.00	0.00	**0.00**	**1.00**	**0.27**	0.37
5×9_3	0.00	0.00	**0.00**	**1.00**	**0.28**	0.39
5×9_4	0.00	0.00	**0.00**	**1.00**	**0.42**	0.46
5×9_5	0.00	0.00	**0.00**	**1.00**	**0.47**	0.46
6×13_1	0.00	0.00	**0.00**	**1.00**	**0.60**	0.37
6×13_2	0.545	0.04	**0.12**	**1.00**	**0.51**	0.35

Ins.	CdDE__noLS			CdDE		
	Best	*Mean*	*SD*	*Best*	*Mean*	*SD*
6×13_3	0.75	0.10	**0.18**	**1.00**	**0.71**	0.28
6×13_4	**1.00**	0.31	0.38	**1.00**	**0.57**	**0.35**
6×13_5	0.00	0.00	**0.00**	**1.00**	**0.51**	0.41
8×15_1	**1.00**	0.37	0.31	0.90	**0.46**	**0.27**
8×15_2	**1.00**	**0.63**	0.29	0.81	0.37	**0.23**
8×15_3	**1.00**	**0.54**	0.33	0.83	0.45	**0.26**
8×15_4	**1.00**	**0.69**	0.30	0.86	0.35	**0.21**
8×15_5	0.63	0.22	**0.18**	0.92	**0.49**	0.29
10×20_1	**1.00**	**0.41**	**0.29**	0.92	0.39	**0.29**
10×20_2	**1.00**	**0.56**	0.33	0.81	0.42	**0.26**
10×20_3	**1.00**	**0.61**	0.35	0.86	0.43	**0.25**
10×20_4	0.00	0.00	**0.00**	**1.00**	**0.51**	0.27
10×20_5	0.00	0.00	**0.00**	**1.00**	**0.60**	0.24
15×40_1	0.00	0.00	**0.00**	**1.00**	**0.65**	0.24
15×40_2	0.00	0.00	**0.00**	0.93	**0.51**	0.24
15×40_3	0.00	0.00	**0.00**	**1.00**	**0.48**	0.25
15×40_4	0.00	0.00	**0.00**	**1.00**	**0.56**	0.23
15×40_5	0.00	0.00	**0.00**	**1.00**	**0.65**	0.26
20×60_1	0.00	0.00	**0.00**	**1.00**	**0.56**	0.24
20×60_2	0.00	0.00	**0.00**	**1.00**	**0.53**	0.25
20×60_3	0.00	0.00	**0.00**	**1.00**	**0.57**	0.26
20×60_4	0.00	0.00	**0.00**	**1.00**	**0.55**	0.24
20×60_5	0.00	0.00	**0.00**	0.90	**0.55**	0.20
25×80_1	0.00	0.00	**0.00**	0.79	**0.52**	0.17
25×80_2	0.00	0.00	**0.00**	**1.00**	**0.54**	0.23
25×80_3	0.00	0.00	**0.00**	**1.00**	**0.60**	0.21
25×80_4	0.00	0.00	**0.00**	0.89	**0.64**	0.18
25×80_5	0.00	0.00	0.00	0.86	0.59	0.18
30×100_1	0.00	0.00	0.00	0.89	0.66	0.17
30×100_2	0.00	0.00	0.00	1.00	0.64	0.21
30×100_3	0.00	0.00	0.00	0.89	0.52	0.23
30×100_4	0.00	0.00	0.00	1.00	0.59	0.27
30×100_5	0.00	0.00	0.00	1.00	0.58	0.22
NB	10	6	—	42	44	—

附表－4　50 个算例的 *GD* 比较结果 (S1)

Ins.	NSGAII			MOEA/D			CdDE		
	Best	*Mean*	*SD*	*Best*	*Mean*	*SD*	*Best*	*Mean*	*SD*
3×5_1	0.15	1524.33	1552.59	0.15	2993.15	3724.44	**0.01**	**1005.78**	**946.39**
3×5_2	0.97	6085.42	13858.09	**0.00**	**1829.75**	**1822.58**	**0.00**	4314.91	7183.21
3×5_3	**0.00**	2043.10	2585.58	**0.00**	2294.66	3868.32	0.07	**1488.78**	**1610.50**
3×5_4	0.83	8801.64	9324.55	**0.00**	2083.43	1656.84	**0.00**	**281.40**	**601.61**
3×5_5	**0.00**	840.46	1188.10	1.21	1039.02	**890.16**	**0.00**	**551.72**	1083.79
4×6_1	**0.00**	2433.02	2823.37	8.44	**1639.86**	**1875.00**	1.74	1858.66	3493.22
4×6_2	561.58	59916.47	59925.10	2572.58	68714.46	50104.89	**0.00**	**16.47**	**75.47**
4×6_3	206.40	38496.26	41636.89	1827.35	41529.76	43094.50	**0.00**	**7.94**	**36.15**
4×6_4	**0.00**	1769.82	**2041.72**	354.21	2030.80	1401.34	**0.00**	**1444.64**	2358.77
4×6_5	96.03	50477.31	36687.07	1397.17	63357.93	47429.31	**0.00**	**88.87**	**310.38**
5×9_1	95.31	35485.19	45391.40	1999.10	47628.53	40337.67	**0.00**	**25.43**	**116.53**
5×9_2	7654.36	66021.51	68758.39	1886.59	64056.68	53179.96	**0.00**	**0.00**	**0.00**
5×9_3	28.66	25952.68	22107.47	10761.98	25952.68	22107.47	**0.00**	73.6	323.54
5×9_4	9322.62	61740.11	49433.04	8677.60	90161.03	53532.30	**0.00**	**0.00**	**0.00**
5×9_5	27.46	7779.62	12883.89	432.79	32316.19	31303.89	**0.00**	2192.33	3617.74
6×13_1	184.78	30647.26	25349.29	9221.31	51179.93	42796.11	**0.00**	**612.84**	2808.40
6×13_2	554.91	44852.63	41073.47	2697.99	62509.69	62488.94	**0.00**	**19.09**	**86.98**

续表

Ins.	NSGAII			MOEA/D			CdDE		
	Best	Mean	SD	Best	Mean	SD	Best	Mean	SD
6×13_3	265.82	22378.65	23714.96	4296.57	56639.51	37869.38	0.00	234.91	509.34
6×13_4	7550.10	62794.35	32923.49	18157.51	87865.42	50423.72	0.00	0.00	0.00
6×13_5	94.18	9520.66	14587.54	674.81	23488.59	28525.51	0.00	1864.84	4416.29
8×15_1	1.91	1335.89	1374.41	1.91	1689.74	2544.10	0.00	2784.29	6715.16
8×15_2	4.95	4781.33	5159.81	0.00	1195.32	1587.65	0.00	4088.50	4731.25
8×15_3	385.74	3634.53	4376.83	0.00	2927.39	6202.22	1.12	1836.02	2859.28
8×15_4	0.00	6345.19	8789.93	0.00	1765.59	1794.85	0.00	430.69	650.43
8×15_5	0.00	669.81	789.62	0.00	757.48	1299.48	0.00	614.35	556.95
10×20_1	0.00	1850.03	1420.51	1.46	2057.26	2624.95	0.00	1691.15	3831.63
10×20_2	3.11	11217.49	22613.29	0.00	5909.53	6564.02	0.00	763.75	1169.70
10×20_3	0.89	2502.57	1751.95	0.32	1638.79	2749.54	0.00	2486.20	3806.79
10×20_4	0.00	9530.22	9301.14	0.94	2522.89	3393.38	0.00	165.50	449.42
10×20_5	0.00	777.62	848.89	0.00	635.34	473.97	0.00	384.08	441.49
15×40_1	109.22	25688.92	31784.16	7282.20	145567.81	90152.60	0.00	41.37	189.60
15×40_2	6778.66	57040.97	45612.13	129836.93	371369.59	218168.34	0.00	0.00	0.00
15×40_3	3512.22	48594.76	45195.70	2316.41	40909.98	31822.72	0.00	0.00	0.00

续表

Ins.	NSGAII			MOEA/D			CdDE		
	Best	Mean	SD	Best	Mean	SD	Best	Mean	SD
15×40_4	**0.00**	620.43	888.21	0.00	475.62	**430.65**	**0.00**	**351.93**	616.28
15×40_5	**0.00**	**1083.31**	**983.21**	143.60	2961.93	2338.08	**0.00**	1084.16	1864.93
20×60_1	173.07	47190.06	38239.62	3729.05	72762.74	46928.15	**0.00**	**137.78**	**631.38**
20×60_2	247.95	52699.84	53597.05	4328.40	56478.78	50846.01	**0.00**	**69.02**	**316.29**
20×60_3	232.39	21953.64	18679.55	3583.33	53466.73	45669.38	**0.00**	**104.13**	**330.73**
20×60_4	2164.10	51633.26	40103.82	6774.39	70019.62	61895.11	**0.00**	**0.70**	**3.22**
20×60_5	72.14	7812.23	10883.88	1473.12	28615.80	29408.96	0.00	925.41	1457.91
25×80_1	872.11	50366.36	40148.55	**0.00**	76606.51	54307.35	**0.00**	**94.44**	**432.78**
25×80_2	168.65	44793.64	36837.56	5637.52	54957.84	39318.53	**0.00**	**391.14**	**1390.03**
25×80_3	48.52	17784.89	23484.94	1646.45	37222.15	33832.52	**0.00**	**106.78**	**407.24**
25×80_4	6105.61	81293.24	58795.84	3654.18	93054.74	60398.96	**0.00**	**0.00**	**0.00**
25×80_5	26.93	10846.64	19956.98	712.75	15879.24	17228.13	**0.00**	**2897.52**	**3667.51**
30×100_1	69.66	19668.08	26262.48	17447.38	151296.37	104074.26	**0.00**	**146.47**	**320.95**
30×100_2	144.85	65110.73	47493.06	49212.10	442956.42	308152.63	**0.00**	**1.74**	**7.98**
30×100_3	7944.11	54503.91	37324.93	182043.83	491657.61	288039.53	**0.00**	**0.00**	**0.00**
30×100_4	753.38	79558.98	40904.10	88050.32	508762.06	319311.26	**0.00**	**0.00**	**0.00**
30×100_5	1095.14	94713.08	55858.70	145828.54	683161.31	355004.94	**0.00**	**0.00**	**0.00**
NB	11	2	—	11	4	—	47	44	—

附表－5　50 个算例的 IGD 比较结果（S1）

Ins.	NSGAII			MOEA/D			CdDE		
	Best	Mean	SD	Best	Mean	SD	Best	Mean	SD
3×5_1	0.82	1262.85	2048.18	226.80	11254.42	14195.84	1.77	7970.47	8154.25
3×5_2	0.79	3757.54	2568.53	56.02	34926.57	42238.94	0.00	3585.52	6019.73
3×5_3	1.42	8741.77	14959.44	92.58	10745.92	12870.73	0.07	1401.32	2072.09
3×5_4	0.83	1107.48	1247.21	2.31	2968.83	5661.42	31.67	3609.93	5962.61
3×5_5	2.57	1521.73	2358.85	1.22	379.86	616.81	0.00	274.66	307.69
4×6_1	0.00	1866.34	2253.19	32.14	8156.81	7117.05	18.70	7538.93	10023.72
4×6_2	1460.87	3604.75	2085.10	2375.61	5388.67	2495.73	0.00	1489.54	3089.10
4×6_3	0.53	0.09	0.20	0.29	0.05	0.08	0.99	0.96	0.05
4×6_4	0.00	14105.41	16487.06	883.22	13985.42	13264.70	0.00	586.27	793.93
4×6_5	810.24	4567.76	3686.40	2983.43	7905.60	4646.48	0.00	5628.95	13609.57
5×9_1	0.83	0.13	0.25	0.54	0.07	0.14	0.98	0.91	0.15
5×9_2	1657.70	7396.50	3727.62	4015.45	9472.81	4322.91	0.00	7745.87	23238.75
5×9_3	28.66	25952.68	22107.47	6781.23	52718.54	35249.05	0.00	73.60	323.54
5×9_4	1698.24	5919.71	3399.75	3617.59	7458.06	3720.62	0.00	1907.44	6099.42
5×9_5	0.00	26285.24	34265.72	737.82	6160.12	6665.47	0.96	5993.62	10449.52
6×13_1	512.20	4123.08	2480.48	3295.40	9556.26	6767.89	0.00	10705.79	31089.71
6×13_2	2460.94	6471.66	2890.69	3909.59	9075.84	4951.95	0.00	5318.17	8765.68

续表

Ins.	NSGAII			MOEA/D			CdDE		
	Best	Mean	SD	Best	Mean	SD	Best	Mean	SD
6×13_3	1282.10	4145.91	2645.63	3006.43	5918.66	3475.14	0.00	3774.68	7565.69
6×13_4	1500.39	5587.94	3257.48	4120.66	8232.04	4467.97	0.00	2393.12	6728.92
6×13_5	12.06	5761.05	12035.69	0.00	21261.66	25823.41	1170.48	4782.94	4086.86
8×15_1	1468.01	8443.02	6293.13	35.52	11652.34	16547.36	0.12	841.74	1039.92
8×15_2	0.00	4495.68	7125.51	15.96	31211.71	36161.31	0.51	3063.79	2397.11
8×15_3	42.94	7091.68	8427.74	1182.23	10778.87	11190.56	0.37	863.52	1235.00
8×15_4	0.32	834.29	870.06	4.39	2008.60	2156.06	35.77	6690.92	11275.33
8×15_5	1.41	762.59	1366.71	17.67	1155.82	1712.07	0.00	755.84	1226.88
10×20_1	0.00	6318.12	5462.02	125.10	16686.97	19174.82	0.00	902.08	1186.68
10×20_2	4.63	4412.42	11595.86	39.97	44645.99	49967.23	2.11	2660.07	1717.15
10×20_3	1.46	9889.42	14144.75	69.89	7621.11	11004.03	0.00	1411.50	2075.08
10×20_4	0.00	976.48	927.94	1.99	1545.52	1726.51	58.13	893.49	1412.54
10×20_5	0.00	774.01	963.34	0.03	645.52	916.07	14.97	549.11	574.26
15×40_1	31112.31	87580.42	42870.22	218316.54	291493.94	42525.46	43897.36	146474.25	75021.74
15×40_2	880.83	26673.19	30116.15	377762.63	463336.43	44769.30	0.00	62469.74	49108.28
15×40_3	0.00	11980.99	18614.72	4206.25	11385.72	8598.57	978.61	6384.61	3977.10
15×40_4	0.00	881.02	1002.72	0.18	491.47	676.78	1.56	356.47	433.01

续表

Ins.	NSGAII			MOEA/D			CdDE		
	Best	Mean	SD	Best	Mean	SD	Best	Mean	SD
15×40_5	2421.99	11973.19	8382.15	135.01	7787.61	7627.02	0.00	862.20	1149.80
20×60_1	0.00	15356.65	34608.84	2513.95	7424.49	7975.42	222.60	3644.52	3542.49
20×60_2	0.00	14235.25	37731.38	4280.01	8210.14	4159.95	910.97	5733.52	2942.51
20×60_3	899.36	3872.48	3034.80	2651.67	5265.68	2736.59	0.00	3647.18	6487.64
20×60_4	1158.47	7099.29	5175.33	3810.96	7658.75	3518.82	0.00	4000.67	8315.02
20×60_5	5.58	5316.73	6816.42	0.00	24592.32	22651.44	1040.55	5108.95	4335.95
25×80_1	474.91	7735.41	9759.46	2881.31	9363.86	6862.91	0.00	4810.95	14386.23
25×80_2	2863.07	7814.11	5214.15	4108.01	11538.46	8547.27	0.00	8716.70	19542.36
25×80_3	0.00	11546.99	22903.33	1662.66	4893.60	3060.16	6.21	4775.11	10869.16
25×80_4	1428.27	5410.50	3297.73	3510.18	9430.70	5228.48	0.00	1668.37	6787.49
25×80_5	26.99	10585.58	14107.60	0.00	24935.52	23686.70	1121.27	5284.49	5488.61
30×100_1	895.34	88110.01	50475.57	226743.04	280673.77	43187.3	63011.37	138947.55	56201.96
30×100_2	0.00	65193.88	76740.75	380407.42	465183.80	47902.08	2671.25	41392.77	47364.82
30×100_3	2808.58	29186.02	37143.91	371017.20	519400.27	52142.31	0.00	41991.13	45802.74
30×100_4	0.00	62033.30	76939.74	357680.68	501496.97	59147.37	2944.19	38669.87	46873.89
30×100_5	0.00	64120.20	80841.97	435827.24	545515.63	65011.63	581.17	26746.20	42767.37
NB	20	11	—	5	1	—	27	38	—

附表-6　　　　　50个算例的比较结果为 Ω（S1）

Ins.	NSGAII			MOEA/D			CdDE		
	Best	*Mean*	*SD*	*Best*	*Mean*	*SD*	*Best*	*Mean*	*SD*
3×5_1	0.91	**0.41**	**0.32**	0.95	0.27	0.42	**0.96**	0.25	0.36
3×5_2	0.93	0.25	**0.35**	1.00	0.31	0.43	0.96	**0.50**	0.43
3×5_3	0.97	0.15	**0.31**	1.00	0.38	0.35	0.92	**0.48**	0.33
3×5_4	0.88	0.20	**0.28**	0.93	0.13	0.30	1.00	**0.67**	0.35
3×5_5	0.87	0.18	**0.26**	1.00	0.34	0.46	1.00	**0.63**	0.42
4×6_1	0.83	0.36	**0.31**	1.00	0.35	0.41	**0.97**	0.42	0.39
4×6_2	0.46	0.04	0.11	0.33	0.04	**0.09**	0.99	0.91	0.12
4×6_3	0.53	0.09	0.20	0.29	0.05	0.08	**0.99**	**0.96**	**0.05**
4×6_4	0.98	0.21	0.39	0.80	0.11	**0.22**	0.91	**0.58**	0.34
4×6_5	0.66	0.09	0.23	0.18	0.01	**0.04**	0.99	0.88	0.19
5×9_1	0.83	0.13	0.25	0.54	0.07	**0.14**	0.98	0.91	0.15
5×9_2	0.37	0.03	0.10	0.24	0.05	0.08	**0.99**	**0.95**	**0.06**
5×9_3	0.86	0.09	0.21	0.32	0.04	**0.09**	1.00	0.92	0.21
5×9_4	0.00	0.00	0.00	0.46	0.04	0.12	0.98	**0.94**	**0.05**
5×9_5	0.93	0.34	0.34	0.73	0.13	**0.22**	1.00	**0.48**	0.43
6×13_1	0.56	0.10	0.17	0.33	0.03	**0.08**	0.99	0.88	0.23
6×13_2	0.45	0.09	0.18	0.27	0.04	**0.08**	0.99	0.98	0.02
6×13_3	0.61	0.11	0.18	0.67	0.06	0.16	**0.99**	**0.90**	**0.13**
6×13_4	0.26	0.01	0.06	0.14	0.01	**0.03**	0.99	**0.95**	0.04
6×13_5	0.76	0.31	0.28	0.42	0.13	**0.15**	0.98	**0.59**	0.40
8×15_1	0.68	0.11	**0.24**	0.94	0.40	0.40	0.90	**0.44**	0.31
8×15_2	0.96	0.27	**0.34**	1.00	0.41	0.46	0.97	0.42	0.40
8×15_3	0.64	0.11	**0.22**	0.86	0.30	0.36	**0.90**	**0.55**	0.30
8×15_4	0.86	0.29	0.31	0.93	0.16	**0.30**	1.00	**0.50**	0.46
8×15_5	0.82	0.24	**0.33**	1.00	**0.41**	0.49	1.00	0.31	0.44
10×20_1	0.82	0.14	**0.28**	**0.96**	0.21	0.34	0.85	**0.50**	0.36

续表

Ins.	NSGAII			MOEA/D			CdDE		
	Best	Mean	SD	Best	Mean	SD	Best	Mean	SD
$10 \times 20\_2$	0.93	0.29	**0.32**	0.95	0.39	0.43	**1.00**	**0.50**	0.46
$10 \times 20\_3$	0.91	0.10	**0.24**	0.93	0.34	0.39	**0.94**	**0.51**	0.40
$10 \times 20\_4$	0.63	0.10	**0.16**	0.95	0.09	0.26	**1.00**	**0.75**	0.27
$10 \times 20\_5$	0.89	0.29	0.34	0.95	0.15	**0.32**	**1.00**	**0.46**	0.45
$15 \times 40\_1$	0.55	0.20	0.21	0.79	0.35	0.22	**0.95**	**0.59**	**0.20**
$15 \times 40\_2$	0.40	0.12	**0.13**	0.31	0.11	**0.13**	**0.97**	**0.75**	0.16
$15 \times 40\_3$	0.43	0.11	0.17	0.35	0.08	0.14	**1.00**	**0.97**	**0.03**
$15 \times 40\_4$	0.89	0.16	**0.31**	0.96	0.23	0.38	**1.00**	**0.54**	0.48
$15 \times 40\_5$	0.84	0.17	0.30	0.73	0.19	0.28	**0.85**	**0.58**	0.28
$20 \times 60\_1$	0.76	**0.10**	0.21	0.19	0.02	0.05	**0.99**	**0.10**	0.21
$20 \times 60\_2$	0.64	0.12	0.21	0.33	0.06	0.11	**1.00**	**0.96**	**0.08**
$20 \times 60\_3$	0.67	0.08	0.19	0.38	0.06	0.11	**0.99**	**0.94**	**0.13**
$20 \times 60\_4$	0.54	0.05	0.14	0.28	0.03	0.08	**0.99**	**0.94**	**0.04**
$20 \times 60\_5$	0.67	0.35	0.27	0.42	0.09	**0.17**	**0.99**	**0.55**	0.40
$25 \times 80\_1$	0.46	0.07	0.17	0.10	0.01	**0.02**	**0.99**	**0.93**	0.07
$25 \times 80\_2$	0.77	0.14	0.27	0.21	0.02	**0.06**	**0.99**	**0.92**	0.17
$25 \times 80\_3$	0.84	0.20	0.26	0.44	0.08	**0.14**	**0.99**	**0.92**	0.21
$25 \times 80\_4$	0.32	0.02	0.07	0.06	0.01	**0.02**	**0.98**	**0.93**	0.05
$25 \times 80\_5$	0.82	0.33	0.32	0.62	0.16	**0.16**	**0.99**	**0.40**	0.42
$30 \times 100\_1$	0.79	0.31	0.27	0.56	0.31	**0.17**	**0.91**	**0.46**	0.22
$30 \times 100\_2$	0.44	0.13	0.21	0.63	0.16	**0.17**	**0.98**	**0.81**	0.11
$30 \times 100\_3$	0.49	0.08	0.14	0.43	0.11	**0.13**	**0.96**	**0.69**	0.24
$30 \times 100\_4$	0.69	0.07	0.16	0.64	0.13	**0.16**	**0.93**	**0.74**	0.18
$30 \times 100\_5$	0.65	0.12	0.20	0.33	0.07	**0.12**	**0.95**	**0.76**	0.13
NB	0	2	—	7	1	—	45	48	—

附表-7　　50个算例的 GD 比较结果 (S1)

Ins.	NSGAII			MOEA/D			CdDE		
	Best	Mean	SD	Best	Mean	SD	Best	Mean	SD
3×5_1	0.15	1524.33	1552.59	0.15	2993.15	3724.44	0.01	1005.78	946.39
3×5_2	0.97	6085.42	13858.09	0.00	1829.75	1822.58	0.00	4314.91	7183.21
3×5_3	0.00	2043.10	2585.58	0.00	2294.66	3868.32	0.07	1488.78	1610.50
3×5_4	0.83	8801.64	9324.55	0.00	2083.43	1656.84	0.00	281.40	601.61
3×5_5	0.00	840.46	1188.10	1.21	1039.02	890.16	0.00	551.72	1083.79
4×6_1	0.00	2433.02	2823.37	8.44	1639.86	1875.00	1.74	1858.66	3493.22
4×6_2	561.58	59916.47	59925.10	2572.58	68714.46	50104.89	0.00	16.47	75.47
4×6_3	206.40	38496.26	41636.89	1827.35	41529.76	43094.50	0.00	7.94	36.15
4×6_4	0.00	1769.82	2041.72	354.21	2030.80	1401.34	0.00	1444.64	2358.77
4×6_5	96.03	50477.31	36687.07	1397.17	63357.93	47429.31	0.00	88.87	310.38
5×9_1	95.31	35485.19	45391.40	1999.10	47628.53	40337.67	0.00	25.43	116.53
5×9_2	7654.36	66021.51	68758.39	1886.59	64056.68	53179.96	0.00	0.00	0.00
5×9_3	28.66	25952.68	22107.47	10761.98	25952.68	22107.47	0.00	73.6	323.54
5×9_4	9322.62	61740.11	49433.04	8677.60	90161.03	53532.30	0.00	0.00	0.00
5×9_5	27.46	7779.62	12883.89	432.79	32316.19	31303.89	0.00	2192.33	3617.74
6×13_1	184.78	30647.26	25349.29	9221.31	51179.93	42796.11	0.00	612.84	2808.40
6×13_2	554.91	44852.63	41073.47	2697.99	62509.69	62488.94	0.00	19.09	86.98

续表

Ins.	NSGAII			MOEA/D			CdDE		
	Best	Mean	SD	Best	Mean	SD	Best	Mean	SD
6×13_3	265.82	22378.65	23714.96	4296.57	56639.51	37869.38	0.00	234.91	509.34
6×13_4	7550.10	62794.35	32923.49	18157.51	87865.42	50423.72	0.00	0.00	0.00
6×13_5	94.18	9520.66	14587.54	674.81	23488.59	28525.51	0.00	1864.84	4416.29
8×15_1	1.91	1335.89	1374.41	1.91	1689.74	2544.10	0.00	2784.29	6715.16
8×15_2	4.95	4781.33	5159.81	0.00	1195.32	1587.65	0.00	4088.50	4731.25
8×15_3	385.74	3634.53	4376.83	0.00	2927.39	6202.22	1.12	1836.02	2859.28
8×15_4	0.00	6345.19	8789.93	0.00	1765.59	1794.85	0.00	430.69	650.43
8×15_5	0.00	669.81	789.62	0.00	757.48	1299.48	0.00	614.35	556.95
10×20_1	0.00	1850.03	1420.51	1.46	2057.26	2624.95	0.00	1691.15	3831.63
10×20_2	3.11	11217.49	22613.29	0.00	5909.53	6564.02	0.00	763.75	1169.70
10×20_3	0.89	2502.57	1751.95	0.32	1638.79	2749.54	0.00	2486.20	3806.79
10×20_4	0.00	9530.22	9301.14	0.94	2522.89	3393.38	0.00	165.50	449.42
10×20_5	0.00	777.62	848.89	0.00	635.34	473.97	0.00	384.08	441.49
15×40_1	109.22	25688.92	31784.16	7282.20	145567.81	90152.60	0.00	41.37	189.60
15×40_2	6778.66	57040.97	45612.13	129836.93	371369.59	218168.34	0.00	0.00	0.00
15×40_3	3512.22	48594.76	45195.70	2316.41	40909.98	31822.72	0.00	0.00	0.00
15×40_4	0.00	620.43	888.21	0.00	475.62	430.65	0.00	351.93	616.28

续表

Ins.	NSGAII			MOEA/D			CdDE		
	Best	Mean	SD	Best	Mean	SD	Best	Mean	SD
15×40_5	0.00	1083.31	983.21	143.60	2961.93	2338.08	0.00	1084.16	1864.93
20×60_1	173.07	47190.06	38239.62	3729.05	72762.74	46928.15	0.00	137.78	631.38
20×60_2	247.95	52699.84	53597.05	4328.40	56478.78	50846.01	0.00	69.02	316.29
20×60_3	232.39	21953.64	18679.55	3583.33	53466.73	45669.38	0.00	104.13	330.73
20×60_4	2164.10	51633.26	40103.82	6774.39	70019.62	61895.11	0.00	0.70	3.22
20×60_5	72.14	7812.23	10883.88	1473.12	28615.80	29408.96	0.00	925.41	1457.91
25×80_1	872.11	50366.36	40148.55	0.00	76606.51	54307.35	0.00	94.44	432.78
25×80_2	168.65	44793.64	36837.56	5637.52	54957.84	39318.53	0.00	391.14	1390.03
25×80_3	48.52	17784.89	23484.94	1646.45	37222.15	33832.52	0.00	106.78	407.24
25×80_4	6105.61	81293.24	58795.84	3654.18	93054.74	60398.96	0.00	0.00	0.00
25×80_5	26.93	10846.64	19956.98	712.75	15879.24	17228.13	0.00	2897.52	3667.51
30×100_1	69.66	19668.08	26262.48	17447.38	151296.37	104074.26	0.00	146.47	320.95
30×100_2	144.85	65110.73	47493.06	49212.10	442956.42	308152.63	0.00	1.74	7.98
30×100_3	7944.11	54503.91	37324.93	182043.83	491657.61	288039.53	0.00	0.00	0.00
30×100_4	753.38	79558.98	40904.10	88050.32	508762.06	319311.26	0.00	0.00	0.00
30×100_5	1095.14	94713.08	55858.70	145828.54	683161.31	355004.94	0.00	0.00	0.00
NB	11	2	—	11	4	—	47	44	—

附表 - 8　50 个实例的 IGD 比较结果（S1）

Ins.	NSGAII			MOEA/D			CdDE		
	Best	Mean	SD	Best	Mean	SD	Best	Mean	SD
3×5_1	**0.82**	**1262.85**	**2048.18**	226.80	11254.42	14195.84	1.77	7970.47	8154.25
3×5_2	0.79	3757.54	**2568.53**	56.02	34926.57	42238.94	**0.00**	**3585.52**	6019.73
3×5_3	1.42	8741.77	14959.44	92.58	10745.92	12870.73	**0.07**	**1401.32**	**2072.09**
3×5_4	**0.83**	**1107.48**	**1247.21**	2.31	2968.83	5661.42	31.67	3609.93	5962.61
3×5_5	2.57	1521.73	2358.85	1.22	379.86	616.81	**0.00**	**274.66**	**307.69**
4×6_1	**0.00**	**1866.34**	**2253.19**	32.14	8156.81	7117.05	18.70	7538.93	10023.72
4×6_2	1460.87	3604.75	**2085.10**	2375.61	5388.67	2495.73	**0.00**	**1489.54**	3089.10
4×6_3	0.53	0.09	0.20	0.29	0.05	0.08	**0.99**	**0.96**	**0.05**
4×6_4	**0.00**	14105.41	16487.06	883.22	13985.42	13264.70	**0.00**	**586.27**	**793.93**
4×6_5	810.24	**4567.76**	**3686.40**	2983.43	7905.60	4646.48	**0.00**	5628.95	13609.57
5×9_1	0.83	0.13	0.25	**0.54**	**0.07**	**0.14**	0.98	0.91	0.15
5×9_2	1657.70	**7396.50**	**3727.62**	4015.45	9472.81	4322.91	**0.00**	7745.87	23238.75
5×9_3	28.66	25952.68	22107.47	6781.23	52718.54	35249.05	**0.00**	**73.60**	**323.54**
5×9_4	1698.24	5919.71	**3399.75**	3617.59	7458.06	3720.62	**0.00**	**1907.44**	6099.42
5×9_5	**0.00**	26285.24	34265.72	737.82	6160.12	**6665.47**	0.96	**5993.62**	10449.52
6×13_1	512.20	**4123.08**	**2480.48**	3295.40	9556.26	6767.89	**0.00**	10705.79	31089.71
6×13_2	2460.94	6471.66	**2890.69**	3909.59	9075.84	4951.95	**0.00**	**5318.17**	8765.68

续表

Ins.	NSGAII			MOEA/D			CdDE		
	Best	Mean	SD	Best	Mean	SD	Best	Mean	SD
6×13_3	1282.10	4145.91	2645.63	3006.43	5918.66	3475.14	0.00	3774.68	7565.69
6×13_4	1500.39	5587.94	3257.48	4120.66	8232.04	4467.97	0.00	2393.12	6728.92
6×13_5	12.06	5761.05	12035.69	0.00	21261.66	25823.41	1170.48	4782.94	4086.86
8×15_1	1468.01	8443.02	6293.13	35.52	11652.34	16547.36	0.12	841.74	1039.92
8×15_2	0.00	4495.68	7125.51	15.96	31211.71	36161.31	0.51	3063.79	2397.11
8×15_3	42.94	7091.68	8427.74	1182.23	10778.87	11190.56	0.37	863.52	1235.00
8×15_4	0.32	834.29	870.06	4.39	2008.60	2156.06	35.77	6690.92	11275.33
8×15_5	1.41	762.59	1366.71	17.67	1155.82	1712.07	0.00	755.84	1226.88
10×20_1	0.00	6318.12	5462.02	125.10	16686.97	19174.82	0.00	902.08	1186.68
10×20_2	4.63	4412.42	11595.86	39.97	44645.99	49967.23	2.11	2660.07	1717.15
10×20_3	1.46	9889.42	14144.75	69.89	7621.11	11004.03	0.00	1411.50	2075.08
10×20_4	0.00	976.48	927.94	1.99	1545.52	1726.51	58.13	893.49	1412.54
10×20_5	0.00	774.01	963.34	0.03	645.52	916.07	14.97	549.11	574.26
15×40_1	31112.31	87580.42	42870.22	218316.54	291493.94	42525.46	43897.36	146474.25	75021.74
15×40_2	880.83	26673.19	30116.15	377762.63	463336.43	44769.30	0.00	62469.74	49108.28
15×40_3	0.00	11980.99	18614.72	4206.25	11385.72	8598.57	978.61	6384.61	3977.10
15×40_4	0.00	881.02	1002.72	0.18	491.47	676.78	1.56	356.47	433.01

续表

Ins.	NSGAII			MOEA/D			CdDE		
	Best	Mean	SD	Best	Mean	SD	Best	Mean	SD
15×40_5	2421.99	11973.19	8382.15	135.01	7787.61	7627.02	**0.00**	**862.20**	**1149.80**
20×60_1	**0.00**	15356.65	34608.84	2513.95	7424.49	7975.42	222.60	3644.52	**3542.49**
20×60_2	**0.00**	14235.25	37731.38	4280.01	8210.14	4159.95	**910.97**	5733.52	**2942.51**
20×60_3	899.36	3872.48	3034.80	2651.67	5265.68	**2736.59**	**0.00**	3647.18	6487.64
20×60_4	1158.47	7099.29	5175.33	3810.96	7658.75	3518.82	**0.00**	4000.67	8315.02
20×60_5	5.58	5316.73	6816.42	**0.00**	24592.32	22651.44	1040.55	5108.95	**4335.95**
25×80_1	474.91	7735.41	9759.46	2881.31	9363.86	**6862.91**	**0.00**	4810.95	14386.23
25×80_2	2863.07	**7814.11**	**5214.15**	4108.01	11538.46	8547.27		8716.70	19542.36
25×80_3	**0.00**	11546.99	22903.33	1662.66	4893.60	**3060.16**	6.21	4775.11	10869.16
25×80_4	1428.27	5410.50	**3297.73**	3510.18	9430.70	5228.48	**0.00**	1668.37	6787.49
25×80_5	26.99	10585.58	14107.60	**0.00**	24935.52	23686.70	1121.27	5284.49	**5488.61**
30×100_1	**895.34**	88110.01	50475.57	226743.04	280673.77	**43187.3**	63011.37	138947.55	56201.96
30×100_2	**0.00**	65193.88	76740.75	380407.42	465183.80	**47902.08**	2671.25	41392.77	47364.82
30×100_3	2808.58	**29186.02**	**37143.91**	371017.20	519400.27	52142.31	**0.00**	41991.13	45802.74
30×100_4	**0.00**	62033.30	76939.74	357680.68	501496.97	59147.37	2944.19	**38669.87**	**46873.89**
30×100_5	**0.00**	64120.20	80841.97	435827.24	545515.63	65011.63	581.17	26746.20	42767.37
NB	20	11	—	5	1	—	27	38	—

附表 - 9　　　　　　　50 个算例的比较结果为 Ω（S1）

Ins.	NSGAII			MOEA/D			CdDE		
	Best	Mean	SD	Best	Mean	SD	Best	Mean	SD
3×5_1	0.91	**0.41**	**0.32**	0.95	0.27	0.42	**0.96**	0.25	0.36
3×5_2	0.93	0.25	**0.35**	**1.00**	0.31	0.43	0.96	**0.50**	0.43
3×5_3	0.97	0.15	**0.31**	**1.00**	0.38	0.35	0.92	**0.48**	0.33
3×5_4	0.88	0.20	**0.28**	0.93	0.13	0.30	**1.00**	**0.67**	0.35
3×5_5	0.87	0.18	**0.26**	**1.00**	0.34	0.46	**1.00**	**0.63**	0.42
4×6_1	0.83	0.36	**0.31**	**1.00**	0.35	0.41	**0.97**	0.42	0.39
4×6_2	0.46	0.04	0.11	0.33	0.04	**0.09**	**0.99**	**0.91**	0.12
4×6_3	0.53	0.09	0.20	0.29	0.05	0.08	**0.99**	**0.96**	0.05
4×6_4	0.98	0.21	0.39	0.80	0.11	**0.22**	**0.91**	**0.58**	0.34
4×6_5	0.66	0.09	0.23	0.18	0.01	**0.04**	**0.99**	**0.88**	0.19
5×9_1	0.83	0.13	0.25	0.54	0.07	**0.14**	**0.98**	**0.91**	0.15
5×9_2	0.37	0.03	0.10	0.24	0.05	0.08	**0.99**	**0.95**	**0.06**
5×9_3	0.86	0.09	0.21	0.32	0.04	**0.09**	**1.00**	**0.92**	0.21
5×9_4	0.00	0.00	0.00	0.46	0.04	0.12	**0.98**	**0.94**	**0.05**
5×9_5	0.93	0.34	0.34	0.73	0.13	**0.22**	**1.00**	**0.48**	0.43
6×13_1	0.56	0.10	0.17	0.33	0.03	**0.08**	**0.99**	**0.88**	0.23
6×13_2	0.45	0.09	0.18	0.27	0.04	**0.08**	**0.99**	**0.98**	0.02
6×13_3	0.61	0.11	0.18	0.67	0.06	0.16	**0.99**	**0.90**	**0.13**
6×13_4	0.26	0.01	0.06	0.14	0.01	**0.03**	**0.99**	**0.95**	0.04
6×13_5	0.76	0.31	0.28	0.42	0.13	**0.15**	**0.98**	**0.59**	0.40
8×15_1	0.68	0.11	**0.24**	**0.94**	0.40	0.40	0.90	**0.44**	0.31
8×15_2	0.96	0.27	**0.34**	**1.00**	0.41	0.46	0.97	**0.42**	0.40
8×15_3	0.64	0.11	**0.22**	0.86	0.30	0.36	**0.90**	**0.55**	0.30
8×15_4	0.86	0.29	0.31	0.93	0.16	**0.30**	**1.00**	**0.50**	0.46
8×15_5	0.82	0.24	**0.33**	1.00	**0.41**	0.49	**1.00**	0.31	0.44
10×20_1	0.82	0.14	**0.28**	**0.96**	0.21	0.34	0.85	**0.50**	0.36
10×20_2	0.93	0.29	**0.32**	0.95	0.39	0.43	**1.00**	**0.50**	0.46
10×20_3	0.91	0.10	**0.24**	0.93	0.34	0.39	**0.94**	**0.51**	0.40
10×20_4	0.63	0.10	**0.16**	0.95	0.09	0.26	**1.00**	**0.75**	0.27
10×20_5	0.89	0.29	0.34	0.95	0.15	**0.32**	**1.00**	**0.46**	0.45

续表

Ins.	NSGAII			MOEA/D			CdDE		
	Best	Mean	SD	Best	Mean	SD	Best	Mean	SD
$15 \times 40\_1$	0.55	0.20	0.21	0.79	0.35	0.22	**0.95**	**0.59**	**0.20**
$15 \times 40\_2$	0.40	0.12	**0.13**	0.31	0.11	**0.13**	**0.97**	**0.75**	0.16
$15 \times 40\_3$	0.43	0.11	0.17	0.35	0.08	0.14	**1.00**	**0.97**	**0.03**
$15 \times 40\_4$	0.89	0.16	**0.31**	0.96	0.23	0.38	**1.00**	**0.54**	0.48
$15 \times 40\_5$	0.84	0.17	0.30	0.73	0.19	0.28	**0.85**	**0.58**	0.28
$20 \times 60\_1$	0.76	**0.10**	0.21	0.19	0.02	0.05	**0.99**	**0.10**	0.21
$20 \times 60\_2$	0.64	0.12	0.21	0.33	0.06	0.11	**1.00**	**0.96**	**0.08**
$20 \times 60\_3$	0.67	0.08	0.19	0.38	0.06	0.11	**0.99**	**0.94**	**0.13**
$20 \times 60\_4$	0.54	0.05	0.14	0.28	0.03	0.08	**0.99**	**0.94**	**0.04**
$20 \times 60\_5$	0.67	0.35	0.27	0.42	0.09	**0.17**	**0.99**	**0.55**	0.40
$25 \times 80\_1$	0.46	0.07	0.17	0.10	0.01	**0.02**	**0.99**	**0.93**	0.07
$25 \times 80\_2$	0.77	0.14	0.27	0.21	0.02	**0.06**	**0.99**	**0.92**	0.17
$25 \times 80\_3$	0.84	0.20	0.26	0.44	0.08	**0.14**	**0.99**	**0.92**	0.21
$25 \times 80\_4$	0.32	0.02	0.07	0.06	0.01	**0.02**	**0.98**	**0.93**	0.05
$25 \times 80\_5$	0.82	0.33	0.32	0.62	0.16	**0.16**	**0.99**	**0.40**	0.42
$30 \times 100\_1$	0.79	0.31	0.27	0.56	0.31	**0.17**	**0.91**	**0.46**	0.22
$30 \times 100\_2$	0.44	0.13	0.21	0.63	0.16	**0.17**	**0.98**	**0.81**	0.11
$30 \times 100\_3$	0.49	0.08	0.14	0.43	0.11	**0.13**	**0.96**	**0.69**	0.24
$30 \times 100\_4$	0.69	0.07	0.16	0.64	0.13	**0.16**	**0.93**	**0.74**	0.18
$30 \times 100\_5$	0.65	0.12	0.20	0.33	0.07	**0.12**	**0.95**	**0.76**	0.13
NB	0	2	—	7	1	—	45	48	—

参 考 文 献

［1］曹大勇，杨梅，刘润涛，科托夫·弗拉基米尔·米哈伊拉维奇．二维一刀切装箱问题的两阶段启发式算法［J］．计算机集成制造系统，2012，18（9）：1954－1963.

［2］陈绍洵，兰洪杰．基于双层规划的生鲜自提柜节点选址研究［J］．工业工程与管理，2018，23（6）：57－63.

［3］陈义友，韩珣，曾倩．考虑送货上门影响的自提点多目标选址问题［J］．计算机集成制造系统，2016，22（11）：2679－2690.

［4］程兴群，金淳．低碳政策下考虑道路拥堵的多式联运路径选择问题［J］．运筹与管理，2019，28（4）：67－77.

［5］程兴群，金淳，姚庆国，王聪．碳交易政策下多式联运路径选择问题的鲁棒优化研究［J］．中国管理科学，2020：1－11.

［6］崔会芬，许佳瑜，朱鸿国，胡胜，杨京帅．基于改进遗传算法的三维单箱装箱问题研究［J］．工业工程与管理，2018，23（1）：86－89.

［7］丁秋雷，胡祥培，姜洋，阮俊虎．考虑新鲜度的农产品冷链物流配送受扰恢复模型［J］．系统工程理论与实践，2021，41（13）：667－677.

［8］甘俊伟，罗利，寇然．可持续逆向物流网络设计研究进展及趋势［J］．控制与决策，2020，11（35）：2561－2577.

［9］巩梨，王文璨，刘林忠．多目标一维装箱问题模型算法研究［J］．计算机应用研究，2020（37）：144－145.

［10］戢守峰．物流管理新论［M］．北京：科学出版社，2004.

［11］李魁梅，郑波．考虑综合运输成本的多式联运路径优化问题［J］．工业工程，2020，23（5）：67－74.

［12］李文莉，李昆鹏，田倩南，李雪松．突发疫情环境下考虑订单释放时间的零售物流配送路径优化研究［J］．中国管理科学，2021，30

（9）：1 - 13.

[13] 刘舰，俞建宁，董鹏．多式联运分运人选择的模型和算法 [J]．运筹与管理，2010，19（5）：160 - 166.

[14] 刘林浩，杨鼎强，王晨．一种带脆度的尺寸可变装箱问题 [J]．计算机工程与应用，2013，49（12）：263 - 266.

[15] 那日萨，韩琪玮，林正奎．三维多箱异构货物装载优化及其可视化 [J]．运筹与管理，2015，24（4）：76 - 82.

[16] 邱晗光，高敏，甄杰，周继祥．可选交付方式及时间窗下城市配送服务选项多目标联合定价 [J]．计算机集成制造系统，2020，26（7）：1965 - 1975.

[17] 邱晗光，李海南，宋寒．需求依赖末端交付与时间窗的城市配送自提柜选址—路径问题 [J]．计算机集成制造系统，2018，24（10）：2612 - 2621.

[18] 尚正阳，顾寄南，丁卫，Duodu E A．求解二维矩形装箱问题的启发式算法 [J]．计算机集成制造系统，2018，24（3）：583 - 590.

[19] 魏航，李军，刘凝子．一种求解时变网络下多式联运最短路的算法 [J]．中国管理科学，2006，14（4）：56 - 63.

[20] 熊桂武，王勇．带时间窗的多式联运作业整合优化算法 [J]．系统工程学报，2011，26（3）：379 - 386.

[21] 许志端．物流系统柔性的研究 [J]．管理学报，2005，2（4）：441 - 445.

[22] 杨双鹏，郭秀萍，高娇娇，"无接触"式卡车 + 无人机联合配送问题研究 [J]．工业工程与管理，2021（1）：1 - 18.

[23] 于亢亢，宋华，钱程．不同环境下的供应链运作柔性的绩效研究 [J]．管理科学，2014（1）：43 - 54.

[24] 张江静，陈峰．带装载组合约束的一维装车问题算法研究 [J]．工业工程与管理，2012，17（3）：90 - 96.

[25] 张锦．物流系统规划 [M]．北京：中国铁道出版社，2004.

[26] 张瑞友，张辉，黄敏．以低碳为目标的集装箱拖车运输问题及其时间窗离散化算法 [J]．控制与决策，2016，31（4）：717 - 722.

[27] 张雅舰，刘勇，谢松江. 一种求解装箱问题的改进遗传算法 [J]. 控制工程，2016 (3)：327 – 331.

[28] 周林，康燕，宋寒，代应. 送提一体与终端共享下的最后一公里配送选址—路径问题 [J]. 计算机集成制造系统，2019. 25 (7)：1855 – 1864.

[29] 朱惠琦，邱莹，姜天华，胡明瑶. 消费者"最后一公里"配送模式、服务方式与配送时隙的联合选择 [J]. 计算机集成制造系统，2020，26 (7)：1998 – 2006.

[30] 朱向，向延平. 多车多件货物平衡装载优化研究 [J]. 工业工程，2020，23 (3)：123 – 131.

[31] Abdel-Basset M, Mohamed R, Sallam K M, Chakrabortty R K, Ryan M J. BSMA：A novel metaheuristic algorithm for Multi-dimensional knapsack problems：Method and comprehensive analysis [J]. *Computzers & Industrial Engineering*，2021，159 (3)：107469.

[32] Alalwan A A, Dwivedi Y K, Rana N P, Algharabat R. Examining factors influencing Jordanian customers' intentions and adoption of internet banking：Extending UTAUT2 with risk [J]. *Journal of Retailing & Consumer Services*，2017，40：125 – 138.

[33] Alexiou D, Katsavounis S. A multi-objective transportation routing problem [J]. *Operational Research*，2015，15 (2)：199 – 211.

[34] Ali M, Siarry P, Pant M. An efficient Differential Evolution based algorithm for solving multi-objective optimization problems [J]. *European Journal of Operational Research*，2012，217 (2)：404 – 416.

[35] Amossen R R, Pisinger D. Multi-dimensional bin packing problems with guillotine constraints [J]. *Computers & Operations Research*，2010，37 (11)：1999 – 2006.

[36] Arnold P, Peeters D, Thomas I. Modelling a rail/road intermodal transportation system [J]. *Transportation Research Part E*，2004，40 (3)：255 – 270.

[37] Arulselvan A, Bley A, Ljubić I. The incremental connected facility location problem [J]. *Computers & Operations Research*，2019，112，104763.

［38］ Assadipour G, Ke G Y, Verma M. A toll-based bi-level programming approach to managing hazardous materials shipments over an intermodal transportation network ［J］. *Transportation Research Part D: Transport and Environment*, 2016, 47: 208 – 221.

［39］ Babazadeh H, Alavidoost M H, Zarandi M H F, Sayyari S T. An enhanced NSGA-II algorithm for fuzzy bi-objective assembly line balancing problems ［J］. *Computers & Industrial Engineering*, 2018, 123 (9), 189 – 208.

［40］ Bader J, Zitzler E. Hyp E: An algorithm for fast hypervolume-based many-objective optimization ［J］. *Evolutionary Computation*, 2011, 19 (1): 45 – 76.

［41］ Bai C, Sarkis J. Flexibility in reverse logistics: a framework and evaluation approach ［J］. *Journal of Cleaner Production*, 2013, 47 (5): 306 – 318.

［42］ Bai C, Zhou L, Xia M, Feng, C. Analysis of the spatial association network structure of China's transportation carbon emissions and its driving factors ［J］. *Journal of Environmental Management*, 2020, 253 (1): 109765. 1 – 109765. 12.

［43］ Balaji A N, Nilakantan J M, Nielsen I, Jawahar N, Ponnambalam S G. Solving fixed charge transportation problem with truck load constraint using metaheuristics ［J］. *Annals of Operations Research*, 2017, 273 (1 – 2): 207 – 236.

［44］ Baluja S. Population-based incremental learning: A method for integrating genetic search based function optimization and competitive learning ［R］. *Technical report CMU-CS-94-163* (Computer Science Department, Carnegie Mellon University), 1994.

［45］ Baram Y, El-Yaniv R, Luz K, Warmuth M. Online Choice of Active Learning Algorithms ［J］. *Journal of Machine Learning Research*, 2004, 5 (1): 255 – 291.

［46］ Barth M, Boriboonsomsin K. Energy and emissions impacts of a freeway-based dynamic eco-driving system ［J］. *Transportation Research Part D Transport & Environment*, 2009, 14 (6): 400 – 410.

［47］ Barth M, Younglove T, Scora G. Development of a heavy-duty diesel modal emissions and fuel consumption model-escholarship [R]. *Institute of Transportation Studies*, UC Berkeley, 2005.

[48] Belenky, Alexander S. *Transportation-Oriented Optimization* [M]. In Operations Research in Transportation Systems, Boston, Springer, 1998.

[49] Bera R K, Mondal S K. Analyzing a Two-Staged Multi-objective Transportation Problem Under Quantity Dependent Credit Period Policy Using q-fuzzy Number [J]. *International Journal of Applied and Computational Mathematics*, 2020, 6 (5): 146.

[50] Bhati A, Hansen M, Chan C M. Energy conservation through smart homes in a smart city: A lesson for Singapore households [J]. *Energy Policy*, 2017, 104 (5): 230 – 239.

[51] Biswas A, Pal T. A comparison between metaheuristics for solving a capacitated fixed charge transportation problem with multiple objectives [J]. *Expert Systems with Applications*, 2020, 170 (1): 114491.

[52] Bolaji A L, Zinzendoff O F, Shola P B, Balogun B S, Adubisi O D. A Modified Binary Pigeon-Inspired Algorithm for Solving the Multi-dimensional Knapsack Problem [J]. *Journal of Intelligent Systems*, 2021, 30 (1): 1 – 14.

[53] Boyer K K, Frohlich M T, Hult G T M. Extending the supply chain: How cutting-edge companies bridge the critical last mile into customers' homes [J]. *American Management Association*, 2005, 15 (7), 1 – 15.

[54] Brusco M J, Koehn H F, Steinley D. Exact and approximate methods for a one-dimensional minimax bin-packing problem [J]. *Annals of Operations Research*, 2013, 206 (7): 611 – 626.

[55] Cai X, Li Y, Fan Z, Zhang Q. An External Archive Guided Multiobjective Evolutionary Algorithm Based on Decomposition for Combinatorial Optimization [J]. *Evolutionary Computation IEEE Transactions on*, 2015, 19 (4): 508 – 523.

[56] Calvete H I, Galé C, Iranzo J A, Toth P. A matheuristic for the two-stage fixed-charge transportation problem [J]. *Computers & Operations Research*, 2018, 95 (7): 113 – 122.

[57] Chatterjee R, Greulich C, Edelkamp S . Optimizing Last Mile Delivery Using Public Transport with Multi-Agent Based Control [C]. *Local Computer Networks Workshops. IEEE*, 2017.

[58] Cheng C, Adulyasak Y, Rousseau L M. Drone routing with energy function: Formulation and exact algorithm [J]. *Transportation Research Part B: Methodological*, 2020, 139: 364 – 387.

[59] Chen X, Wang X J. Effects of carbon emission reduction policies on transportation mode selections with stochastic demand [J]. *Transportation Research Part E*, 2016, 11 (90), 196 – 205.

[60] Chen Y, Jing Y, Yang S, Wei J. Consumer's intention to use self-service parcel delivery service in online retailing: an empirical study [J]. *Internet Research*, 2018, 28 (2): 500 – 519.

[61] Cherfi N, Hifi M. A column generation method for the multiple-choice multi-dimensional knapsack problem [J]. *Computational Optimization and Applications*, 2010, 46 (1): 51 – 73.

[62] Cho H M, Bae S J, Kim J, Jeong I J. Bi-objective scheduling for reentrant hybrid flow shop using Pareto genetic algorithm [J]. *Computers & Industrial Engineering*, 2011, 61 (3): 529 – 541.

[63] Craig A J, Blanco E E, Sheffi Y. Estimating the CO2 intensity of intermodal freight transportation [J]. *Transportation Research Part D*, 2013, 22 (7): 49 – 53.

[64] Cui Q, Li Y. An empirical study on the influencing factors of transportation carbon efficiency: Evidences from fifteen countries [J]. *Applied Energy*, 2015 (141): 209 – 217.

[65] Dantzig G B, Ramser J H. The Truck Dispatching Problem [J]. *Management Science*, 1959, 6 (1): 80 – 91.

[66] Das S, Mullick S S, Suganthan P N. Recent advances in differential evolution-An updated survey [J]. *Swarm & Evolutionary Computation*, 2016, 27 (4): 1 – 30.

[67] Díaz-Parra O, Ruiz-Vanoye J A, Loranca B, Fuentes-Penna A,

Barrera-Cámara R A. A survey of transportation problems [J]. *Journal of Applied Mathematics*, 2014 (3): 1 – 17.

[68] Deb K, Mohan M, Mishra S. Evaluating the epsilon-domination based multi-objective evolutionary algorithm for a quick computation of Pareto-optimal solutions [J]. *Evolutionary Computation*, 2014, 13 (4): 501 – 525.

[69] Deb K, Pratap A, Agarwal S, Meyarivan T. A Fast and Elitist Multiobjective Genetic Algorithm: NSGA-II [J]. *IEEE Transactions on Evolutionary Computation*, 2002, 6 (2): 182 – 197.

[70] Demir E, Bektaş T, Laporte G. The bi-objective Pollution-Routing Problem [J]. *European Journal of Operational Research*, 2014, 232 (3): 464 – 478.

[71] Deutsch Y, Golany B. A parcel locker network as a solution to the logistics last mile problem [J]. *International Journal of Production Research*, 2017, 56 (3): 1 – 11.

[72] Devari A, Nikolaev A G, He Q. Crowdsourcing the last mile delivery of online orders by exploiting the social networks of retail store customers [J]. *Transportation Research Part E: Logistics and Transportation Review*, 2017, 105 (9): 105 – 122.

[73] Dokeroglu T, Cosar A. Optimization of one-dimensional Bin Packing Problem with island parallel grouping genetic algorithms [J]. *Computers & Industrial Engineering*, 2014, 75: 176 – 186.

[74] Duan X, Heragu S. Carbon Emission Tax Policy in an Intermodal Transportation Network [C]. *In Proceedings of the IIE Annual Conference*, Nashville, USA, 2015.

[75] Enthoven D L, Jargalsaikhan B, Roodbergen K J, Broek M U H, Schrotenboer A H. The two-echelon vehicle routing problem with covering options: City logistics with cargo bikes and parcel lockers [J]. *Computers & Operations Research*, 2020, 118: 104919.

[76] Falkenauer E. A hybrid grouping genetic algorithm for bin packing [J]. *Journal of Heuristics*, 1996, 2 (1): 5 – 30.

[77] Faugère L, Montreuil B. Hyperconnected City Logistics: Smart Lockers Terminals & Last Mile Delivery Networks [C]. *International Physical Internet Conference*, Atlanta, 2016.

[78] Faugère L, Montreuil B. Smart locker bank design optimization for urban omnichannel logistics: Assessing monolithic vs. modular configurations [J]. *Computers & Industrial Engineering*, 2020, 139: 105544.

[79] Fernandez E, Lopez E, Bernal S, Coello C, Navarro J. Evolutionary multiobjective optimization using an outranking-based dominance generalization [J]. *Computers & Operations Research*, 2010, 37 (2): 390 – 395.

[80] Fleszar K, Charalambous C. Average-weight-controlled bin-oriented heuristics for the one-dimensional bin-packing problem [J]. *European Journal of Operational Research*, 2011, 210 (2): 176 – 184.

[81] Fotuhi F, Huynh N. Reliable Intermodal Freight Network Expansion with Demand Uncertainties and Network Disruptions [J]. *Networks and Spatial Economics*, 2017, 17 (2): 405 – 433.

[82] Gang W, Gunasekaran A, Ngai E, Papadopoulos T. Big data analytics in logistics and supply chain management: Certain Investigations for research and applications [J]. *International Journal of Production Economics*, 2016, 176: 98 – 110.

[83] Gerhard W, Hamper H, Schumann H. An improved typology of cutting and packing problems [J]. *European Journal of Operational Research*, 2007, 183 (3): 1109 – 1130.

[84] Geurs K T, Andrea D M, Reggiani A. Recent advances and applications in accessibility modelling [J]. *Computers Environment & Urban Systems*, 2015, 49: 82 – 85.

[85] Gevaers R, Voorde E V D, Vanelslander T. Cost modelling and simulation of last-mile characteristics in an innovative B2C supply chain environment with implications on urban areas and cities [J]. *Procedia-Social and Behavioral Sciences*, 2014, 125 (3): 398 – 411.

[86] Ghasemi A, Gheydi M, Golkar M J, Eslami M. Modeling of wind/

environment/economic dispatch in power system and solving via an online learning meta-heuristic method [J]. *Applied Soft Computing*, 2016, 43 (C), 454 –468.

[87] Goldberg D E. Genetic algorithms in search, optimization and machine learning [C]. *Ethnographic Praxis in Industry Conference Proceedings*, 1988.

[88] Goodman R. Whatever You Call It, Just Don't Think of Last-mile Logistics, Last [J]. *Global Logistics & Supply Chain Strategies*, 2005, 9 (12): 46 –51.

[89] Guiffrida A L. Carbon emissions comparison of last mile delivery versus customer pickup [J]. *International Journal of Logistics*, 2014, 17 (6): 20 –29.

[90] Gul F, Natenzon P, Pesendorfer W. Random choice as behavioral optimization [J]. *Econometrica*, 2014, 82 (5): 1873 –1912.

[91] Gunawan H, Nahry, Kusuma A, Abdullah S. Parcel Locker as the Alternative of Parcel Delivery Service of Online Shopping [J]. *Journal of Computational and Theoretical Nanoscience*, 2020, 17 (2): 1311 –1317.

[92] Gzara F, Elhedhli S, Yildiz B C. The Pallet Loading Problem: Three-dimensional Bin Packing with Practical Constraints [J]. *European Journal of Operational Research*, 2020, 287 (3): 1062 –1074.

[93] Halper R, Raghavan S, Sahin M. Local search heuristics for the mobile facility location problem [J]. *Computers & Operations Research*, 2015, 62: 210 –223.

[94] Hammad A W, Akbarnezhad A, Rey D. Sustainable urban facility location: Minimising noise pollution and network congestion [J]. *Transportation Research Part E: Logistics and Transportation Review*, 2017, 107 (12): 38 –59.

[95] Hammer P L. Time-minimizing transportation problems [J]. *Naval Research Logistics*, 2015, 16 (3): 345 –357.

[96] Hayel Y, Quadri D, T Jiménez, Brotcorne L. Decentralized optimization of last-mile delivery services with non-cooperative bounded rational customers [J]. *Annals of Operations Research*, 2016, 239 (2): 451 –469.

［97］ Hitchcock F L. The distribution of a product from several sources to numerous localities ［J］. *Journal of Mathematical Physics*, 1941, 20 (4): 224－230.

［98］ Ishibuchi H, Yoshida T, Murata T. Balance between genetic search and local search in memetic algorithms for multiobjective permutation flowshop scheduling ［J］. *IEEE Transactions on Evolutionary Computation*, 2003, 7 (2): 204－223.

［99］ Iwan S, Iwan S, Korczak J. Usability of the parcel lockers from the customer perspective-The research in Polish cities ［J］. *Transportation Research Procedia*, 2016, 16 (3): 272－287.

［100］ Iwan S, K Kijewska, Lemke J. Analysis of Parcel Lockers' Efficiency as the Last Mile Delivery Solution-The Results of the Research in Poland ［J］. *Transportation Research Procedia*, 2016, 12 (6): 644－655.

［101］ Jafarian A, Rabiee M, Tavana M. A novel multi-objective co-evolutionary approach for supply chain gap analysis with consideration of uncertainties ［J］. *International Journal of Production Economics*, 2020, 228: 107852.

［102］ Jaszkiewicz A. On the performance of multiple-objective genetic local search on the 0/1 knapsack problem-a comparative experiment ［J］. *IEEE Transactions on Evolutionary Computation*, 2000, 6 (4): 402－412.

［103］ Jiang S, Zhang J, Ong Y S, Zhang A N, Tan P S. A Simple and Fast Hypervolume Indicator-Based Multiobjective Evolutionary Algorithm ［J］. *IEEE Transactions on Cybernetics*, 2017, 45 (10): 2202－2213.

［104］ Jiao Z L. *Service Mode and Development Trend of the "Last-Mile Delivery" of E-commerce Logistics* ［M］. Springer, Singapore, 2016.

［105］ Jin P, Mangla S K, Song M. Moving towards a sustainable and innovative city: internal urban traffic accessibility and high-level innovation based on platform monitoring data ［J］. *International Journal of Production Economics*, 2021, 235, 108086.

［106］ Ji S F, Luo R J, Peng X S. A probability guided evolutionary algorithm for multi-objective green express cabinet assignment in urban last-mile logistics [J]. *International Journal of Production Research*, 2019, 57 (11): 3382 – 3404.

[107] Juman Z, Hoque M A. An efficient heuristic to obtain a better initial feasible solution to the transportation problem [J]. *Applied Soft Computing*, 2015, 34 (9): 813 – 826.

[108] Kang K, Moon I, Wang H. A hybrid genetic algorithm with a new packing strategy for the three-dimensional bin packing problem [J]. *Applied Mathematics and Computation*, 2012, 219 (3): 1287 – 1299.

[109] Kang Q, Song X, Zhou M C, Li L. A Collaborative Resource Allocation Strategy for Decomposition-Based Multiobjective Evolutionary Algorithms [J]. *IEEE Transactions on Systems, Man, and Cybernetics: Systems*, 2018, 49 (12): 2416 – 2423.

[110] Karimi-Mamaghan M, Mohammadi M, Pirayesh A, Karimi-Mamaghan A M, Irani H. Hub-and-spoke network design under congestion: A learning based metaheuristic [J]. *Transportation Research Part E*, 2020, 142 (1 – 2): 102069.

[111] Ke G Y. Managing rail-truck intermodal transportation for hazardous materials with random yard disruptions [J]. *Annals of Operations Research*, 2020, 1 – 27.

[112] Khalilpourazari S, Khalilpourazary S. A Robust Stochastic Fractal Search approach for optimization of the surface grinding process [J]. *Swarm and Evolutionary Computation*, 2018, 38 (2): 173 – 186.

[113] Kim N S, Wee V B. Toward a better methodology for assessing CO2 emissions for intermodal and truck-only freight systems: A European case study [J]. *International Journal of Sustainable Transportation*, 2014, 8 (3): 177 – 201.

[114] Kitjacharoenchai P, Min B C, Lee S. Two echelon vehicle routing problem with drones in last mile delivery [J]. *International Journal of Production Economics*, 2020, 225: 107598.

[115] Kong X, F Ji, Hao L, Huang G. Cloud-enabled real-time platform for adaptive planning and control in auction logistics center [J]. *Computers &*

Industrial Engineering, 2015, 84 (6): 79 – 90.

[116] Koopmans T C. Supplement: Report of the Washington Meeting || Optimum Utilization of the Transportation System [J]. *Econometrica*, 1949, 17: 136 – 146.

[117] Koski J. Multicriterion optimization in structural design [R]. *Technical report*, *DTIC Document*, 1981.

[118] Kucukyilmaza T, Kiziloz H E. Cooperative parallel grouping genetic algorithm for the one-dimensional bin packing problem [J]. *Computers & Industrial Engineering*, 2018, 125 (11): 157 – 170.

[119] Kurtuluş E, Bilge Ç İ. Analysis of modal shift potential towards intermodal transportation in short-distance inland container transport [J]. *Transport Policy*, 2020, 89 (4): 24 – 37.

[120] Laabadi S, Naimi M, Amri H E, Achchab B. A Binary Crow Search Algorithm for Solving Two-dimensional Bin Packing Problem with Fixed Orientation [J]. *Procedia Computer Science*, 2020, 167: 809 – 818.

[121] Lachapelle U, Burke M, Brotherton A, Leung A. Parcel locker systems in a car dominant city: Location, characterisation and potential impacts on city planning and consumer travel access [J]. *Journal of Transport Geography*, 2018, 71 (7): 1 – 14.

[122] Lam J S L, Gu Y. A market-oriented approach for intermodal network optimisation meeting cost, time and environmental requirements [J]. *International Journal of Production Economics*, 2016, 171 (2): 266 – 274.

[123] Laumanns M, Thiele L, Deb K, Zitzler E. Combining Convergence and Diversity in Evolutionary Multiobjective Optimization [J]. *Evolutionary Computation*, 2002, 10 (3): 263 – 282.

[124] Lemke J, Iwan S, Korczak J. Usability of the Parcel Lockers from the Customer Perspective-The Research in Polish Cities [J]. *Transportation Research Procedia*, 2016, 16 (3): 272 – 287.

[125] Lin Y H, Wang Y, He D, Lee L H. Last-mile delivery: Optimal locker location under multinomial logit choice model [J]. *Transportation Re-*

search Part E: *Logistics and Transportation Review*, 2020, 142: 102059.

[126] Lin Y H, Wang Y, Lee L H. Parcel Locker Location Problem under Threshold Luce Model [J]. 2020. DOI: 10.48550/*arXiv*. 2002. 10810.

[127] Liu F, Zeng G. Study of genetic algorithm with reinforcement learning to solve the TSP [J]. *Expert Systems with Applications*, 2009, 36 (3): 6995 – 7001.

[128] Liu S, Cao K, Liu S, Huang B. A multi-objective optimization approach for health-care facility location-allocation problems in highly developed cities such as Hong Kong. *Computers*, *Environment and Urban Systems*, 2016, 59 (7): 20 – 30.

[129] Li Y, Bai X, Xue K. Business modes in the sharing economy: how does the oem cooperate with third-party sharing platforms [J]. *International Journal of Production Economics*, 2019, 221: 107467.

[130] Li Z, Tang L, Hao J K. Dual probability learning based local search for the task assignment problem [J]. *IEEE Transactions on Automation Science and Engineering*, 2022, 19 (1): 332 – 347.

[131] Li Z, Tang L, Liu J. A memetic algorithm based on probability learning for solving the multidimensional knapsack problem [J]. *IEEE Transactions on Cybernetics*, 2022, 52 (4): 2284 – 2299.

[132] Lodi A, Martello S, Vigo D. Recent advances on two-dimensional bin packing problems [J]. *Discrete Applied Mathematics*, 2002, 123 (1 – 3): 379 – 396.

[133] Lourenço H R. Logistics Management [J]. *Operations Research/ computer Science Interfaces*, 2005, 5 (3): 329 – 356.

[134] Luo R J, Ji S F, Zhu B L. A Pareto evolutionary algorithm based on incremental learning for a kind of multi-objective multidimensional knapsack problem [J]. *Computers & Industrial Engineering*, 2019, 135 (9): 537 – 559.

[135] Marler R T, Arora J S. The weighted sum method for multi-objective optimization: new insights [J]. *Structural & Multidisciplinary Optimization*, 2010, 41 (6): 853 – 862.

[136] Martello S, Vigo P D. Three-dimensional bin packing problem [J]. *Operations Research*, 2000, 48 (2): 256 – 267.

[137] Mavrotas G. Effective implementation of the ε-constraint method in Multi-Objective Mathematical Programming problems [J]. *Applied Mathematics & Computation*, 2009, 213 (2): 455 – 465.

[138] Mavrotas G, Florios K, Figueira J R. An improved version of a core based algorithm for the multi-objective multi-dimensional knapsack problem: A computational study and comparison with meta-heuristics [J]. *Applied Mathematics & Computation*, 2015, 270 (1): 25 – 43.

[139] McLeod F, Cherrett T, Song L. Transport impacts of local collection/delivery points [J]. *International Journal of Logistics Research and Applications*, 2006, 9 (3): 307 – 317.

[140] Mehlawat M K, Kannan D, Gupta P, Aggarwal U. Sustainable transportation planning for a three-stage fixed charge multi-objective transportation problem [J]. *Annals of Operations Research*, 2019, 4: 1 – 37.

[141] Melkote S, Daskin M S. Capacitated facility location/network design problems [J]. *European Journal of Operational Research*, 2001, 129 (3): 481 – 495.

[142] Meng Q, Wang X. Intermodal hub-and-spoke network design: Incorporating multiple stakeholders and multi-type containers [J]. *Transportation Research Part B Methodological*, 2011, 45: 724 – 742.

[143] Mohammadi A, Omidvar M N, Li X. A new performance metric for user-preference based multi-objective evolutionary algorithms [C]. *IEEE Congress on Evolutionary Computation*, Cancun, Mexico, 2013.

[144] Montgomery D C. Design and analysis of experiments (2nd ed) [J]. *Journal of the American Statistical Association*, 2000, 16 (2): 241 – 242.

[145] Morganti E, Dablanc L, Fortin F. Final deliveries for online shopping: the deployment of pickup point networks in urban and suburban areas [J]. *Research in Transportation Business & Management*, 2014, 11 (7): 23 – 31.

[146] Mousazadeh M, Torabi S A, Pishvaee M S, Abolhassani F. Accessible, stable, and equitable health service network redesign: A robust mixed possibilistic-flexible approach [J]. *Transportation Research Part E: Logistics and Transportation Review*, 2018, 111 (3): 113 – 129.

[147] Nossack J, Pesch E. A truck scheduling problem arising in intermodal container transportation [J]. *European Journal of Operational Research*, 2013, 230 (3): 666 – 680.

[148] Nowicki E, Smutnicki C. A fast tabu search algorithm for the permutation flow-shop problem [J]. *European Journal of Operational Research*, 1996, 91 (1): 160 – 175.

[149] Oliveira L K D, Oliveira R L M D, Sousa L T M D. Analysis of accessibility from collection and delivery points: towards the sustainability of the e-commerce delivery. urbe [J]. *Revista Brasileira de Gestão Urbana*, 2019, 11: 1 – 18.

[150] Oliveira M, Delgado M R, Britto A. A hybrid greedy indicator- and Pareto-based many-objective evolutionary algorithm [J]. *Applied Intelligence*, 2021: 1 – 23.

[151] Paquay C, Schyns M, Limbourg S. A mixed integer programming formulation for the three-dimensional bin packing problem deriving from an air cargo application [J]. *International Transactions in Operational Research*, 2014, 23 (1 – 2): 187 – 213.

[152] Pereira J. Procedures for the bin packing problem with precedence constraints [J]. *European Journal of Operational Research*, 2016, 250 (3): 794 – 806.

[153] Polyakovskiy S, Hallah M R. A hybrid feasibility constraints-guided search to the two-dimensional bin packing problem with due dates [J]. *European Journal of Operational Research*, 2018, 266 (3): 819 – 839.

[154] Pramanik S, Jana D K, Mondal S K, Maiti M. A fixed-charge transportation problem in two-stage supply chain network in Gaussian type-2 fuzzy environments [J]. *Information Sciences*, 2015, 325 (7): 190 – 214.

[155] Psaraftis H N. *Green transportation logistics* [M]. Springer International Publishing, 2016.

[156] Qasim S Z, Ismail M A. RODE: Ranking-Dominance-Based Algorithm for Many-Objective Optimization with Opposition-Based Differential Evolution [J]. *Arabian Journal for Science and Engineering*, 2020, 45 (5): 10079 – 10096.

[157] Qian B, Wang L, Huang, D X, Wang X. Multi-objective no-wait flow-shop scheduling with a memetic algorithm based on differential evolution [J]. *Soft Computing*, 2009, 13 (8 – 9): 847 – 869.

[158] Qian B, Wang L, Rong H, Wang W, Huang D, Wang X. A hybrid differential evolution method for permutation flow-shop scheduling [J]. *The International Journal of Advanced Manufacturing Technology*, 2008, 38 (7 – 8): 757 – 777.

[159] Qiao M, Zhao H, Huang S, Zhou L, Wang S. Optimal channel selection based on online decision and offline learning in multichannel wireless sensor networks [J]. *Wireless Communications & Mobile Computing*, 2017, 7902579.

[160] Qi Y, Ma X, Fang L, Jiao L, Sun J, Wu J. MOEA/D with Adaptive Weight Adjustment [J]. *IEEE Transactions on Evolutionary Computation*, 2014, 22 (2): 231 – 264.

[161] Quiroz-Castellanos M, Cruz-Reyes L, Torres-Jimenez J, Gomez C. A grouping genetic algorithm with controlled gene transmission for the bin packing problem [J]. *Computers & Operations Research*, 2015, 55 (3): 52 – 64.

[162] Ramos-Figueroa O, Quiroz-Castellanos M, Mezura-Montes E, Mezura-Montesa E, Schütze O. Metaheuristics to solve grouping problems: A review and a case study [J]. *Swarm and Evolutionary Computation*. 2020, 53, 100643.

[163] Refaningati T, Tangkudung S W, Kusuma A. Analysis of characteristics and efficiency of smart locker system (Case study: Jabodetabek) [J]. *Evergreen*, 2020, 7 (1), 111 – 117.

[164] Resat H G, Turkay M. Design and operation of intermodal transpor-

tation network in the Marmara region of Turkey [J]. *Transportation Research Part E: Logistics and Transportation Review*, 2015, 83: 16 – 33.

[165] Rohmer S, Gendron B. A guide to parcel lockers in last mile distribution-highlighting challenges and opportunities from an OR perspective [J]. *CIRRELT*, 2020, 11: 1 – 23.

[166] Rudi A, Fröhling M, Zimmer K, Schultmann F. Freight transportation planning considering carbon emissions and in-transit holding costs: a capacitated multi-commodity network flow model [J]. *Euro Journal on Transportation & Logistics*, 2016, 5 (2): 23 – 160.

[167] Rusmevichientong P, Shen Z M, Shmoys D B. Dynamic assortment optimization with a multinomial logit choice model and capacity constraint [J]. *Operations Research*, 2010, 58 (6), 1666 – 1680.

[168] Sabbagh M S, Ghafari H, Mousavi S R. A new hybrid algorithm for the balanced transportation problem [J]. *Computers & Industrial Engineering*, 2015, 82 (4): 115 – 126.

[169] Saif A, Delage E. Data-driven distributionally robust capacitated facility location problem [J]. *European Journal of Operational Research*, 2021, 291: 995 – 1007.

[170] Salama M, Srinivas S. Joint optimization of customer location clustering and drone-based routing for last-mile deliveries [J]. *Transportation Research Part C Emerging Technologies*, 2020, 114: 620 – 642.

[171] Salcedo-Sanz S. A survey of repair methods used as constraint handling techniques in evolutionary algorithms [J]. *Computer Science Review*, 2009, 3 (3): 175 – 192.

[172] Sanei M, Mahmoodirad A, Niroomand S, Jamalian A. Step fixed-charge solid transportation problem: a Lagrangian relaxation heuristic approach [J]. *Computational & Applied Mathematics*, 2015, 36 (3): 1217 – 1237.

[173] Sarder M D. Intermodal transportation [J]. *Logistics Transportation Systems*, 2021: 109 – 136.

[174] Schaffer J D. Multiple objective optimization with vector evaluated

genetic algorithms [C]. *First International Conference on Genetic Algorithms & Their Applications*, Lawrence Erlbaum Associates, 1985.

[175] Schwerdfeger S, Boysen N. Optimizing the changing locations of mobile parcel lockers in last-mile distribution [J]. *European Journal of Operational Research*, 2020, 285 (3): 1077 – 1094.

[176] Schwerin P, Wäscher G. A new lower bound for the bin-packing problem and its integratininto MTP [J]. *Pesquisa Operacional*, 1999, 19: 111 – 129.

[177] Sethanan K, Pitakaso R. Improved differential evolution algorithms for solving generalized assignment problem [J]. *Expert Systems with Applications*, 2016, 45 (1): 450 – 459.

[178] Seyed M S, Mahmoud G, Gokhan I. A capacitated biobjective location problem with uniformly distributed demands in the UAV-supported delivery operation [J]. *International Transactions in Operational Research*, 2019, 5: 1 – 20.

[179] Shoja A, Molla-Ahzadeh-Zavardehi S, Niroomand S. Adaptive meta-heuristic algorithms for flexible supply chain network design problem with different delivery modes [J]. *Computers & Industrial Engineering*, 2019, 138 (12): 106107.

[180] Simoni M D, Bujanovic P, Boyles S D, Kutanoglu E. Urban consolidation solutions for parcel delivery considering location, fleet and route choice [J]. *Case Studies on Transport Policy*, 2017, 6: 116 – 124.

[181] Singh A, Gupta A K. Two heuristics for the one-dimensional bin-packing problem [J]. *OR Spectrum*, 2007, 29 (4): 765 – 781.

[182] Soltani S H K, Sham M, Awang M, Yaman R. Accessibility for disabled in public transportation terminal [J]. *Procedia-Social and Behavioral Sciences*, 2012, 35: 89 – 96.

[183] Srinivas N, Deb K. Multiobjective Optimization Using Nondominated Sorting in Genetic Algorithms [J]. *Evolutionary Computation*, 1994, 2 (3): 221 – 248.

[184] Stanisław I, Kinga K, Justyna L. Analysis of parcel lockers' effi-

ciency as the last mile delivery solution-The results of the research in Poland [J]. *Transportation Research Procedia*, 2016, 12 (6): 644 –655.

[185] Steuer R E. Multiple Criteria Optimization: Theory, Computation and Application. N. Y. Wiley [J]. *Journal of the Operational Research Society*, 1988, 39 (9): 879 –879.

[186] Storn R, Price K. Differential Evolution-A Simple and Efficient Heuristic for global Optimization over Continuous Spaces [J]. *Journal of Global Optimization*, 1997, 11 (4): 341 –359.

[187] Sun M H. A tabu search heuristic procedure for the capacitated facility location problem [J]. *Journal of Heuristics*, 2012, 18: 91 –118.

[188] Syam S S, Cote M J. A location-allocation model for service providers with application to not-for-profit health care organizations [J]. *Omega*, 2010, 38 (3 –4): 157 –166.

[189] Tan X, Zeng Y, Gu B, Tang J, Wang D, Guo J. Assessment of the macro-economic impacts of low-carbon road transportation policies in Chongqing, China-ScienceDirect [J]. *Advances in Climate Change Research*, 2020, 11 (4): 429 –441.

[190] Tan Y Y, Li J H, Wang X. A modification to MOEA/D-DE for multiobjective optimization problems with complicated Pareto sets [J]. *Information Sciences*, 2012, 213 (6): 14 –38.

[191] Toro E M, Franco J F, Echeverri M G, Guimarães F G. A multi-objective model for the green capacitated location-routing problem considering environmental impact [J]. *Computers & Industrial Engineering*, 2017, 110: 114 –125.

[192] Trivella A, Pisinger, D. The load-balanced multi-dimensional bin-packing problem [J]. *Computers & Operations Research*, 2016, 74 (10): 152 –164.

[193] Tsai Y T, Tiwasing P. Customers' intention to adopt smart lockers in last-mile delivery service: A multi-theory perspective [J]. *Journal of Retailing and Consumer Services*, 2021, 61 (2): 102542.

[194] Ulmer M W, Streng S. Same-Day delivery with pickup stations and au-

tonomous vehicles [J]. *Computers & Operations Research*, 2019, 108: 1 – 19.

[195] Vakulenko Y, Hellstrom D, Hjort K. What's in the parcel locker? Exploring customer value in e-commerce last mile delivery [J]. *Journal of Business Research*, 2018, 88 (7): 421 – 427.

[196] Wang F, Tang Q. Planning toward equal accessibility to services: A quadratic programming approach [J]. *Environment and Planning B: Planning and Design*, 2013. 40 (2): 195 – 212.

[197] Wang H, Jin Y, Jansen J O. Data-Driven Surrogate-Assisted Multiobjective Evolutionary Optimization of a Trauma System [J]. *IEEE Transactions on Evolutionary Computation*, 2016, 20 (6): 939 – 952.

[198] Wang P, Rao Y, Luo Q. An Effective Discrete Grey Wolf Optimization Algorithm for Solving the Packing Problem [J]. *IEEE Access*, 2020, 99 (8): 115559 – 115571.

[199] Wang S, Ling W, Ye X, Min L. An effective estimation of distribution algorithm for the flexible job-shop scheduling problem with fuzzy processing time [J]. *International Journal of Production Research*, 2013, 51 (11 – 12): 3778 – 3793.

[200] Wang W F, Yun W Y. Scheduling for inland container truck and train transportation [J]. *International Journal of Production Economics*, 2013, 143 (2): 349 – 356.

[201] Wang Y, Ong T, Lee L H, Chew E P. Capacitated competitive facility location problem of self-collection lockers by using public big data [C]. 13th *IEEE Conference on Automation Science and Engineering*, Xi'an, China, 2017.

[202] Wang Y, Zhang D, Liu Q, Shen F, Lee L H. Towards enhancing the last-mile delivery: An effective crowd-tasking model with scalable solutions [J]. *Transportation Research Part E Logistics & Transportation Review*, 2016, 93 (9): 279 – 293.

[203] Wei L, Li X, Fan R. A new multi-objective particle swarm optimisation algorithm based on R_2 indicator selection mechanism [J]. *International*

Journal of Systems Science, 2019, 50 (10): 1920 – 1932.

[204] Wei L, Luo Z, Baldacci, Lim A. A New Branch-and-Price-and-Cut Algorithm for One-Dimensional Bin-Packing Problems [J]. *INFORMS Journal on Computing*, 2020, 32 (2): 428 – 443.

[205] Wei L, Zhang Z, Zhang D, Leung S. A simulated annealing algorithm for the capacitated vehicle routing problem with two-dimensional loading constraints [J]. *European Journal of Operational Research*, 2018, 265 (3): 843 – 859.

[206] Wen X, Wang K, Li H, Sun H, Jin L. A two-stage solution method based on NSGA-II for Green Multi-Objective integrated process planning and scheduling in a battery packaging machinery workshop [J]. *Swarm and Evolutionary Computation*, 2021, 61 (10): 100820.

[207] Woerz S, Bernhardt H. A novel method for optimal fuel consumption estimation and planning for transportation systems [J]. *Energy*, 2017, 120: 565 – 572.

[208] Wu H, Shao D, Ng W S. Locating Self-Collection Points for Last-Mile Logistics Using Public Transport Data [C]. *Pacific-Asia Conference on Knowledge Discovery and Data Mining*, Singapore, 2015.

[209] Xiao Y, Zhao Q, Kaku I, Xu Y. Development of a fuel consumption optimization model for the capacitated vehicle routing problem [J]. *Computers & Operations Research*, 2012, 39 (7): 1419 – 1431.

[210] Xu S X, Cheng M, Huang G Q. Efficient intermodal transportation auctions for B2B e-commerce logistics with transaction costs [J]. *Transportation Research Part B*, 2015, 80 (10): 322 – 337.

[211] Ye T, Ran C, Zhang X, Jin Y. An Indicator Based Multi-Objective Evolutionary Algorithm with Reference Point Adaptation for Better Versatility [J]. *IEEE Transactions on Evolutionary Computation*, 2018, 22 (4): 609 – 622.

[212] Yi J, Bai J, He H, Peng J, Tang D. ar-MOEA: A Novel Preference-Based Dominance Relation for Evolutionary Multiobjective Optimization [J]. *IEEE Transactions on Evolutionary Computation*, 2019, 23 (5): 788 – 802.

[213] Yin X, Chen W, Eom J, Clarke L E, Kim S H, Patel P L, Yu S, Kyle G P. China's transportation energy consumption and CO2 emissions from a global perspective [J]. *Energy Policy*, 2015, 82 (7): 233 – 248.

[214] Zfa B, Yi F A, Wl A, Xcc D, Cw E, Eg F. MOEA/D with angle-based constrained dominance principle for constrained multi-objective optimization problems [J]. *Applied Soft Computing*, 2019, 74 (1): 621 – 633.

[215] Zhang J, Zhang Q, Zhang L. A Study on the Paths Choice of Intermodal Transport Based on Reliability [C]. *Springer*, Berlin, Heidelberg, 2015.

[216] Zhang Q, Li H. MOEA/D: A Multiobjective Evolutionary Algorithm Based on Decomposition [J]. *IEEE Transactions on Evolutionary Computation*, 2008, 11 (6): 712 – 731.

[217] Zheng H Y, Wang L. Reduction of carbon emissions and project makespan by a Pareto-based estimation of distribution algorithm [J]. *International Journal of Production Economics*, 2015, 164 (6): 421 – 432.

[218] Zheng Y, Liao H, Yang X. Stochastic Pricing and Order Model with Transportation Mode Selection for Low-Carbon Retailers [J]. *Sustainability*, 2016, 8 (1): 48 – 67.

[219] Zhou A, Zhang Q. Are All the Subproblems Equally Important? Resource Allocation in Decomposition-Based Multiobjective Evolutionary Algorithms [J]. *IEEE Transactions on Evolutionary Computation*, 2016, 20 (1): 52 – 64.

[220] Zhou L, Lin Y, Wang X, Zhou F. Model and algorithm for bilevel multisized terminal location-routing problem for the last mile delivery [J]. *International Transactions in Operational Research*, 2017, 26 (1): 113 – 156.

[221] Zhu Z. A hybrid indicator many-objective optimization algorithm for the selection and delivery of disaster relief materials problem [J]. *Concurrency and Computation: Practice and Experience*, 2020, 33 (2): 1 – 12.

[222] Zitzler E, Künzli S. Indicator-Based Selection in Multiobjective Search [C]. *International Conference on Parallel Problem Solving from Nature*, *Springer*, Berlin, Heidelberg, 2004.

［223］ Zitzler E, Laumanns M, Thiele L. *SPEA2：Improving the strength Pareto evolutionary algorithm* ［M］. In Evolutionary Methods for Design, Optimization and Control with Applications to Industrial Problems. Berlin. *Springer-Verlag*, 2002：95 – 100.

［224］ Zitzler E, Thiele L. Multiobjective Evolutionary Algorithms：A Comparative Case Study and the Strength Pareto Approach ［J］. *IEEE Transactions on Evolutionary Computation*, 1999, 3（4）：257 – 271.

［225］ Zou J, He Y, Zheng J, Gong D, Pei T. Hierarchical preference algorithm based on decomposition multiobjective optimization ［J］. *Swarm and Evolutionary Computation*, 2021, 60：100771.

［226］ Zudio A, Costa D S, Masquio B P, Coelho I M, Pinto P. Hybrid Algorithm for the Classic Three-dimensional Bin Packing Problem ［J］. *Electronic Notes in Discrete Mathematics*, 2018, 66（4）：175 – 182.

图书在版编目（CIP）数据

装载—运输—配送优化问题的多目标模型与算法／
罗蓉娟，李作成著．--北京：经济科学出版社，
2023.10
ISBN 978 - 7 - 5218 - 5158 - 8

Ⅰ.①装…　Ⅱ.①罗…②李…　Ⅲ.①物流 - 系统工
程 - 多目标（数学）- 数学模型 - 最优化算法　Ⅳ.
①F250 - 05

中国国家版本馆 CIP 数据核字（2023）第 178315 号

责任编辑：初少磊　杨　梅
责任校对：孙　晨
责任印制：范　艳

装载—运输—配送优化问题的多目标模型与算法
ZHUANGZAI–YUNSHU–PEISONG YOUHUA WENTI DE
DUOMUBIAO MOXING YU SUANFA

罗蓉娟　李作成　著
经济科学出版社出版、发行　新华书店经销
社址：北京市海淀区阜成路甲 28 号　邮编：100142
总编部电话：010 - 88191217　发行部电话：010 - 88191522
网址：www. esp. com. cn
电子邮箱：esp@ esp. com. cn
天猫网店：经济科学出版社旗舰店
网址：http：//jjkxcbs. tmall. com
北京季蜂印刷有限公司印装
710 × 1000　16 开　18.25 印张　281000 字
2023 年 10 月第 1 版　2023 年 10 月第 1 次印刷
ISBN 978 - 7 - 5218 - 5158 - 8　定价：75.00 元
（图书出现印装问题，本社负责调换。电话：010 - 88191545）
（版权所有　侵权必究　打击盗版　举报热线：010 - 88191661
QQ：2242791300　营销中心电话：010 - 88191537
电子邮箱：dbts@ esp. com. cn）